合肥工业大学新经济系列研究报告

U0883538

国家科学中心科技金融发展研究报告(2021)

洪　进　王　帅　编著

合肥工业大学出版社

图书在版编目(CIP)数据

国家科学中心科技金融发展研究报告.2021/洪进,王帅编著.—合肥:合肥工业大学出版社,2022.12
ISBN 978-7-5650-5956-8

Ⅰ.①国… Ⅱ.①洪… ②王… Ⅲ.①科学技术—金融—研究报告—中国—2021 Ⅳ.①F832

中国版本图书馆 CIP 数据核字(2022)第 231699 号

国家科学中心科技金融发展研究报告(2021)

洪 进 王 帅 编著　　　　责任编辑 王钱超

出 版	合肥工业大学出版社	**版 次**	2022 年 12 月第 1 版
地 址	合肥市屯溪路 193 号	**印 次**	2022 年 12 月第 1 次印刷
邮 编	230009	**开 本**	889 毫米×1194 毫米 1/16
电 话	人文社科出版中心:0551-62903205	**印 张**	12.25
	营销与储运管理中心:0551-62903198	**字 数**	282 千字
网 址	press.hfut.edu.cn	**印 刷**	安徽联众印刷有限公司
E-mail	hfutpress@163.com	**发 行**	全国新华书店

ISBN 978-7-5650-5956-8　　　　定价:52.00 元

前　言

综合性国家科学中心是提升国家原始创新能力的重要平台。2017 年 5 月，国家发展改革委、科技部联合批复同意建设北京怀柔综合性国家科学中心，使该中心成为继上海张江、安徽合肥后批复的第 3 个综合性国家科学中心。综合性国家科学中心是经国家批准、依托国家实验室与大科学装置、支持多学科与多领域的前沿性基础科学研究和重大技术研发的开放式基地。2019 年颁布的《中共中央　国务院关于支持深圳建设中国特色社会主义先行示范区的意见》正式提出以深圳为主阵地推动建设综合性国家科学中心。至此，四大综合性国家科学中心的布局基本形成。全面推动 4 个综合性国家科学中心建设，有助于集聚高技能型人才，破解重大卡脖子科学难题，显著提升中国在全球价值链中的地位，强化原始创新水平。

综合性国家科学中心的建设不仅包括大科学装置等关键科研基础设施的建设，还包括科技型产业体系的构建。科技金融的作用至关重要，是支撑综合性国家科学中心建设的重要手段。科技金融作为一种创新的金融模式，是一系列金融政策、金融体系、金融工具以及金融服务创新的系统化安排，其在科技型企业技术创新需求和金融供给之间架起一座桥梁，促进科技创新与金融供给结构相互匹配，为科技型企业发展的各个阶段提供融资支持，并发挥风险分散、激励监督、资源配置、信息传导等功能，对于创新发展具有重要作用。合肥、北京、上海和深圳 4 个综合性国家科学中心在实践中探索和积累了一系列典型的科技金融做法，对于全国科技金融体系建设具有一定的示范作用。本书在剖析科技金融内涵机制的基础上，对综合性国家科学中心的典型科技金融做法进行分析、评价与总结，以期为全国科技金融体系的构建提供有益参考。

全书共分为 4 篇 9 章。第 1 篇为概论篇，包括 2 章，主要介绍综合性国家科学中心与科技金融的相关背景知识、科技金融作用机制。第 2 篇为实践篇，包括 2 章，主要介绍合肥、北京、上海和深圳 4 个综合性国家科学中心的科技金融典型实践，以及硅谷、东京和伦敦 3 个发达国家创新中心的科技金融典型实践，为全国科技金融体系的建设提供启示。第 3 篇为评价篇，包括 3 章，分别为科技金融发展状况评价指标体系构建、综合性国家科学中心科技金融发展状况评价和各省份科技金融发展状况评价，从创业风险投资、科技贷款、科技保险、科技资本市场、科技金融环境 5 个维度对 4 个综合性国家科学中心和各省份的科技金融体系运行态势进行科学测评，深化科技金融理论与实践研究，为相关部门提供进行科技金融决策的理论依据和实践支撑。第4篇为趋势篇，包括2章，主要对科技金融发展面临的阻碍因素、科技金融技术手段和政策监管的发展趋势进行讨论，并进一步提出优化科技金融体系建设的对策建议。全书第1章至第9章内容撰写依次由张紫韵、王鹏、胡良玉、陶阿梅、叶凯旋、吴康佳、顾祥祥、张亚和徐新浩负责。

限于作者的水平和时间，书中还有一些不足之处，敬请读者批评指正。

目　录

第 1 篇　概论篇

第 2 篇　实践篇

第 3 篇　评价篇

第 1 篇　概论篇

第 1 章　综合性国家科学中心与科技金融概述

1.1　综合性国家科学中心建设背景

1.1.1　综合性国家科学中心定义

关于综合性国家科学中心的概念最早可追溯到贝尔纳（1959）关于“世界科学活动中心”的论述中。此后，随着定量分析方法在经济学中的广泛运用，一些学者刻画了“世界科学活动中心”的维度，认为世界科学活动中心的成果必须达到全球科学成果的 1/4 以上。Bialic - Davendra（2016）研究发现，信任机制与良好的行政管理是形成综合性国家科学中心的必要条件；Desrochers 和 Leppal（2017）指出，经济的多元化与集聚性是形成国家科学中心的基础；杜德武和何舜辉（2016）认为，综合性国家科学中心不仅具有科技创新的功能，还必须具有文化包容与产业带动的功能。已有的一系列研究表明，中国的综合性国家科学中心具有开放式、规模大、设立程序规范化、集群式发展的特点，是国家实验室与大科学装置的集合体，是集创新基地、研发基地、产学研平台、孵化平台于一体，支持多领域合作及其产业化的综合性载体（王智源，2016；张耀方，2017；钱智，2017；连瑞瑞，2019）。概括来说，综合性国家科学中心是国家创新战略平台，是发挥知识要素集聚、创新能力提高与创新成果辐射效应的集合体，是创新生态系统和区域创新系统的有机结合，承担了创新发展、学科交叉融合和前沿研究等关键任务。

1.1.2　综合性国家科学中心建设背景

1. 综合性国家科学中心建设是顺应科技发展规律的必然要求

纵观近代科学技术发展史，科技创新可谓层出不穷，组织形式更是变换多样，目前可以将其划分为 3 个阶段：个人探究阶段、非系统的集体研究阶段以及实验室研究阶段。随着科学技术的不断发展，众多研究领域涉及多种学科，需要多种学科交织配合并协作研究。目前的科学领域逐渐形成一个系统，研究无法依靠单一学科进行，需要组织系统的、有一定规模的研究中心进行整体布局并合力研究，综合性国家科学中心便应运而生。

2. 综合性国家科学中心建设是应对日益激烈的全球科技竞争的必然要求

科技发展推动了人类文明建设，当今世界已经进入创新竞技发展的新阶段，新科技革命和产业变革方兴未艾。各国都在全力应对并积极参与其中，大多数国家相继出台实施了针对本国发展需要的创新战略、规划和政策。美国创新战略首次发布于 2009 年，用于指导联邦管理局工作。该战略指出，要实现研发税收减免永久化，从而促进科技研发。2011 年，澳大利亚联邦创新、工业与科研部联合财政部推动研发税收减免立法，加强科研税收激励。2012 年 12 月，俄罗斯出台《俄罗斯 2013—2020 年国家科技发展纲要》；2014 年，英国发布《我们的增长计划：科学和创新》战略文件；2018 年，德国联邦政府出台《高科技战略 2025》科技政策报告。各国政策不断出台以促进科技创新发展，创新成为世界发展的主流。目前中国也在极力促进创新发展，综合性国家科学中心的建设便是顺应世界创新发展的潮流，为世界创新贡献自身力量。

3. 综合性国家科学中心建设是创新型国家建设的必然要求

党的十八大以来，我国的科技创新正发生重大的转变。2019 年，研发经费支出约 21737 亿元，与 2018 年相比增长 10.5%，约占国内生产总值的 2.19%。截至 2019 年年底，国家重点实验室累计运行 515 个，建设国家工程实验室 217 个、国家企业技术中心 1540 家，总共建设国家级科技型企业孵化器 1177 家。全年境内外专利申请 438.0 万件，与 2018 年相比增长约 1.3%；授予专利权 259.2 万件，与 2018 年相比增长约 5.9%。创新系统整体能力的提升已经成为当前科技创新的核心。党的十九大报告强调，综合性国家科学中心是提升国家原始创新能力的重要平台。因此，全面推动 4 个综合性国家科学中心建设，有助于集聚高技能型人才，突破重大卡脖子科学难题，显著提升中国在全球价值链中的地位。

1.1.3 综合性国家科学中心发展目标

1. 合肥：具有国际一流水平、面向国内外开放的综合性国家科学中心

合肥综合性国家科学中心是国家批准成立的第二个综合性国家科学中心，位于安徽合肥高新区，拥有华东地区较强的科研实力和集群化的高新技术企业，重点在信息技术、能源工程、医学健康、环境科学等领域进行研究，从核心到中间到外围到联动 4 个层次，逐步形成研发、转化、新兴产业的完整科技产业化道路，成为具有国际一流水平、面向国内外开放的平台。今后合肥将进一步建设针对专精领域的国家实验室和合肥地方特色的滨湖科学城，打造科研基础设施群。

2. 北京：世界知名的综合性科学中心

北京综合性国家科学中心位于北京怀柔，主要探索物质科学、空间科学、地球科学等领域，通过结合北京高集群的国内外顶尖科研、高校资源，集成重大科技设施，筹建国家实验室，成为世界知名的综合性科学中心。

3. 上海：具有全球影响力的科技创新中心

2016 年 4 月，根据国务院印发的《上海系统推进全面创新改革试验加快建设具有全球影响力的科技创新中心方案》，上海张江综合性国家科学中心被列为主要任务，标志着上海中心的建设拉开序幕。上海张江综合性国家科学中心坐落于上海浦东张江地区，是上海科学

研究最发达、科研成果转化最成熟的区域之一，在生命科学、材料科学、环境工程、能源工程、物质科学等领域进行开拓攻坚，通过打造开放的科研氛围、形成灵活有效的运行机制，逐步将上海的大科学设施部署、集成，使上海中心产生全球影响力，引领国内科研发展，融入全球科技进程。为此，上海张江综合性国家科学中心将进一步在管理体制革新、行动规划设计、高等院校和科研院所影响力增强等方面进行积极探索。

4. 深圳：粤港澳大湾区国际科技创新中心

2019 年 8 月，《中共中央　国务院关于支持深圳建设中国特色社会主义先行示范区的意见》（以下简称《意见》）正式印发。《意见》明确指出，要以深圳为中心建设综合性国家科学中心，促进粤港澳大湾区国际科技创新中心的建设。目前对于深圳综合性国家科学中心的建设路线由北向南主要为光明科学城、西丽湖国际科教城和深港科技创新合作区。鹏城实验室、深圳湾实验室、人工智能与数字经济广东省实验室等重大创新载体的建设可以大大提升深圳的创新能力。

1.1.4　建设布局

通过对综合性国家科学中心的建设背景和发展历程进行分析，结合相关文献资料，我们可以将合肥综合性国家科学中心、北京怀柔综合性国家科学中心、上海张江综合性国家科学中心以及深圳综合性国家科学中心的总体建设布局情况总结如下。

1. 合肥综合性国家科学中心建设布局

合肥综合性国家科学中心建设主要是通过对核心层、中间层、外围层和联动层 4 个层级的加强来展开，通过对基础研究的统筹，对前沿高新技术的探索以及对战略性工程技术的研究，促进创新技术产业的发展。

（1）建设重大科技基础设施集群

作为国家重大战略需求的核心层，合肥筹划建设了多个重大科技基础设施。目前量子信息科学国家实验室正在筹备建设中，联合微电子中心项目的主体建设完成，稳态强磁场实验装置项目也正在稳步推进，多项重大科技基础设施均在稳步筹建中。

（2）推进世界一流大学和科研机构建设

合肥综合性国家科学中心的建设主要依托于中国科学院合肥物质科学研究院和中国科学技术大学。目前合肥拥有中国科学技术大学、中国科学院合肥物质科学研究院以及中电 38 所等一流高校和科研院所，研究机构超 1000 家，科技实力不容小觑。作为国家重大战略需求的中间层，合肥将通过加强对世界一流大学和科研机构的建设，打造共性技术研发平台和实现交叉学科关键技术突破来推进创新发展。

（3）促进新兴产业高端发展

目前合肥大力促进重大新兴产业基地、重大新兴产业工程、重大新兴产业专项、创新产业体系建设，将科学中心与“三重一创”相联结，彼此互为支撑，形成“源头创新—技术开发—成果转化—新兴产业”的创新产业链体系，形成具有较强国际竞争力的产业集群，从而进一步促进新兴产业高端发展。

（4）组织实施大型科技行动计划

以大科学装置为基础，汇聚国际一流科技人才，统筹基础研究、前沿高新技术、战略性工程技术，积极承担国家重大科技任务，实现与全国大科学装置的协同、创新资源的协同、学科建设的协同、人才建设的协同。在区域规划布局上，积极构建大科学装置集群核心区、“双一流”建设核心区、科技成果转化层核心区三大核心区。

2. 北京怀柔综合性国家科学中心建设布局

（1）建设重大科技基础设施集群

北京怀柔综合性国家科学中心是我国目前重大科技基础设施和创新平台集聚度最高的区域之一，通过对怀柔科学城建设的大力推动，将加速培育创新生态环境。目前中国科学院纳米能源所已搬迁入驻，综合极端条件实验装置、材料基因组平台等率先进入了科研状态，“科学＋城”的城市框架扎实起步。通过对重大科技基础设施集群建设的推进，将加速北京怀柔综合性国家科学中心建设。

（2）推进国家实验室和尖端研发机构建设

目前，怀柔科学城正在建设物质科学和空间科学两大领域中的许多大科学装置和交叉研究平台，已基本具备在这两大领域组建国家实验室的条件。通过结合大气环境科学、地球科学、生命科学、信息与智能研究等领域，以大科学装置为中心组建新型研发机构，促进科技创新活动的有序开展。

（3）建设交叉研究平台

建设交叉研究平台是北京怀柔建设综合性国家科学中心的重要途径。目前北京已建设材料基因组平台、清洁能源材料测试诊断与研发平台、先进光源技术研发与测试平台、先进载运和测量技术综合实验平台、空间科学卫星系列及有效载荷研制测试保障平台等5个前沿交叉研究平台，后续还将继续建设更多交叉研究平台。

（4）吸引大量高精尖人才汇聚

依托科教融合、重大科技基础设施和重大科技任务，通过成建制、吸附式、网络式等多种方式，组织一批科研院所和高水平创新团队入驻怀柔科学城，聚集“数万量级”的科研骨干人才、“数万量级”的高端流动人才和“数万量级”的研究生。通过吸引大量高精尖人才，可以持续推动科创实力提升，加速北京怀柔综合性国家科学中心建设。

3. 上海张江综合性国家科学中心建设布局

（1）打造高度集聚的重大科技基础设施集群

打造高度集聚的重大科技基础设施集群是上海张江综合性国家科学中心建设布局的重要途径。依托张江地区已形成的大科学基础设施可以加快上海光源线站工程、蛋白质科学设施、软X射线自由电子激光、转化医学等大设施建设；瞄准世界科技发展趋势，根据国家战略需要和布局，积极争取超强超短激光、活细胞成像平台、海底长期观测网、国家聚变能源装置等新一批大设施落户上海。

（2）建设有国际影响力的大学和科研机构

依托复旦大学张江校区、上海交通大学张江校区，重点推动复旦大学建设微纳电子、新药创制等国际联合研究中心，重点推动上海交通大学建设前沿物理、代谢与发育科学等国际前沿科学中心。推动同济大学建设海洋科技研究中心、中美合作干细胞医学研究中心。发挥上海科技大学的体制机制优势，加快物质、生命、信息等领域特色研究机构建设，开展系统材料工程、定制量子材料、干细胞与再生医学、新药发现、抗体药物等特色创新研究，建设科研、教育、创业深度融合的高水平、国际化创新型大学。发挥中国科学院在沪科研机构的科研力量作用，推动中国科学院按规定建设微小卫星创新研究院、先进核能创新研究院、脑科学卓越创新中心等机构。大力吸引海内外顶尖实验室、研究所、高校、跨国公司来沪设立全球领先的科学实验室和研发中心。着力增强上海地区高校和科研机构服务并辐射全国的能力，进一步发挥国际影响力。

（3）开展多学科交叉前沿研究

聚焦生命、材料、环境、能源、物质等基础科学领域，由国家科学中心在国家支持和预研究的基础上，发起多学科交叉前沿研究计划，开展重大基础科学研究、科学家自由探索研究、重大科技基础设施关键技术研究，推动实现多学科交叉前沿领域重大原创性突破，为科技、产业持续发展提供源头创新支撑。

（4）探索建立国家科学中心运行管理新机制

成立国家有关部委、上海市政府，以及高校、科研院所和企业等组成的上海张江综合性国家科学中心理事会，下设管理中心，探索实施科研组织新体制，研究设立全国性科学基金会，募集社会资金用于科学研究和技术开发活动。建立和完善重大科技基础设施建设协调推进机制和运行保障机制。建立符合科学规律、自由开放的科学研究制度环境。

4. 深圳综合性国家科学中心建设布局

（1）打造创新型产业集群

深圳综合性国家科学中心围绕前沿引领技术、颠覆性技术、“卡脖子”技术突破等硬科技快速发展，培育一批未来产业。力争到 2025 年，广东省现代产业体系建设跨上新台阶，培育若干具有全球竞争力的战略性支柱产业集群。

（2）建设一流科研机构和研究型高校

广东省人民政府印发的《广东省科技创新“十四五”规划》中强调在建设深圳综合性国家科学中心的布局上，要重点支持中山大学、华南理工大学建设世界一流大学，推动华南农业大学、南方医科大学等高水平大学进入国家“双一流”建设高校范围。同时，还要推进香港科技大学、香港大学、澳门大学等港澳高校在粤港澳大湾区内地办学，推动广东以色列理工学院、深圳北理莫斯科大学等中外合作办学机构建设发展。力争到 2025 年，新建省级新型研发机构 50 家，培育一批标杆型研发机构。

（3）推动技术创新中心建设

加快推动粤港澳大湾区国家技术创新中心建设成为跨区域、跨领域、跨学科、跨产业的综合类国家技术创新中心，进一步推动国家新型显示技术创新中心、国家第三代半导体技术创新中心等领域类国家技术创新中心建设，支持符合条件的在粤国家工程技术研究中心转建领域类国家技术创新中心。

（4）构建基础与应用基础研究新体系

把握世界科技前沿发展态势，面向生命科学、信息科学、材料科学、资源环境、海洋科学、人口健康、工程科学、数理与交叉前沿等领域，大力开展基础与应用基础研究，着力解决前沿战略领域及产业发展中关键核心技术的重大科学问题，努力实现“从 0 到 1”的重大突破。2025 年，力争全社会基础研究经费投入占研发经费比重达 10%。

（5）强化前沿技术和颠覆性技术研究

围绕重点领域实施前沿技术和颠覆性技术专项研究，通过公开征集、专家推荐等方式遴选项目，实行常年随时申报推荐机制，建立前沿技术和颠覆性技术评审的标准和基本要求，采用非共识评审方式，建立分阶段支持机制，根据项目实际进展及时调整支持额度，实现前沿技术和颠覆性技术创新突破。

1.1.5 主要支持政策

1. 国家层面政策

我国自从确立构建创新型国家的目标以来，陆续颁布了一系列政策。2006 年 2 月，国务院发布了《国家中长期科学和技术发展规划纲要（2006—2020 年）》，强调要加快国家研究基地的建设，构建多种学科交叉性国家实验室。2012 年 9 月，中共中央、国务院《关于深化科技体制改革加快国家创新体系建设的意见》印发，强调要围绕国家战略需求展开创新研究，加速科研体制改革，从而激发创新能力。2013 年，国务院颁布了《国家重大科技基础设施建设中长期规划（2012—2030 年）》，提出要围绕能源、生命、粒子物理等重点科学领域，系统部署建设完善上海同步辐射装置、全超导托卡马克核聚变实验装置等大科学装置，有力支撑开展多学科前沿研究。2014 年，国务院《关于国家重大科研基础设施和大型科研仪器向社会开放的意见》印发，提出将大科学装置等纳入网络平台管理的要求。

2016 年 3 月 16 日，第十二届全国人民代表大会第四次会议批准《中华人民共和国国民经济和社会发展第十三个五年规划纲要（草案）》，第一次提出了建设综合性国家科学中心的要求。该文件强调要把发展重心放在创新上，通过对基础研究的加强、原始创新的强化及集成创新和引进消化吸收再创新，瞄准国际科技前沿，依托现有先进设施等资源条件组建综合性国家科学中心。2016 年 4 月，国务院印发了《上海系统推进全面创新改革试验加快建设具有全球影响力的科技创新中心方案》，提出将上海张江列为首个综合性国家科学中心建设地，通过建设上海张江综合性国家科学中心，带动我国提升基础研究水平，增强创新能力，从而提升我国在国际上的竞争话语权。2016 年 5 月，中共中央、国务院印发《国家创新驱动发展战略纲要》，提出要将北京和上海一同建设为科技创新中心；同年 8 月，国务院印发的《“十三五”国家科技创新规划》指出，要建设带动性强的创新型省市和区域创新中心，依托北京、上海、安徽等大科学装置集中的地区建设国家综合性科学中心。2018 年 1 月，国务院印发的《关于全面加强基础科学研究的若干意见》中再次说明，要支持上海张江等地建设综合性国家科学中心，提出建设国家实验室、促进创新发展等要求。2018 年 3 月，国务院印发了《积极牵头组织国际大科学计划和大科学工程方案》，提出要在世界科技前沿开展高水平的创新实践研究，努力在国际重大科技议题和规则制定中扮演关键角色。2019 年 8 月，《中共中央　国务院关于支持深圳建设中国特色社会主义先行示范区的意见》颁布，正式确定了深圳成为我国第 4 个综合性国家科学中心，促进粤港澳大湾区国际科技创新中心建设。至此，合肥、北京、上海、深圳四个中心均出现在国家层面的政策文件中。

2. 部委层面政策

2016 年 2 月，国家发展改革委和科技部联合批复了《上海张江综合性国家科学中心建设方案》，明确了张江综合性国家科学中心作为重大原创性突破的重要地位，通过建设世界一流重大科技设施群、按全球顶尖创新科研团队等方式构建上海张江综合性国家科学中心。2017 年 1 月，国家发展改革委和科技部联合批复了《合肥综合性国家科学中心建设方案》，合肥正式成为第二个获准建设的综合性国家科学中心，中心将聚焦能源、信息、生命、环境 4 大领域开展研究，提升国家创新能力。2017 年 5 月，国家发展改革委和科技部联合批复了《北京怀柔综合性国家科学中心建设方案》，同意建设北京怀柔综合性国家科学中心，通过建设重大科技基础设施集群、建设有国际影响力的大学和科研机构等方式全面推动战略性科学领域跨越式发展。2017 年 10 月，科技部联合相关部委印发的《“十三五”国家科技创新基地与条件保障能力建设专项规划》中指出，要通过建设国家实验室等途径，为自主创新提供物质技术基础，推进科技资源共享服务向大幅提高服务质量和开放程度转变。2020 年 1 月，科技部联合相关部委发布了《加强“从 0 到 1”基础研究工作方案》，明确提出北京、上海、粤港澳科技创新中心和北京怀柔、上海张江、合肥、深圳综合性国家科学中心应加大基础研究投入力度，加强基础研究能力建设。

3. 地方层面政策

与国家层面政策布局和部委层面政策规划相比，地方政策以配套支持为主。相关政策性文件随着 4 地综合性国家科学中心的批复建设而日趋完善。安徽省（包括合肥市）、北京市、上海市、广东省（包括深圳市）等地方有关政策部分文件见表 1 - 1 所列。

表 1 - 1　安徽省（包括合肥市）、北京市、上海市、广东省（包括深圳市）等地方有关政策部分文件

发文地区	发布时间	政策文件
安徽省（包括合肥市）	2017 年 5 月	《关于合肥综合性国家科学中心建设人才工作的意见（试行）》
	2017 年 6 月	《关于建设合肥综合性国家科学中心打造创新之都人才工作的意见》
	2017 年 9 月	《合肥综合性国家科学中心实施方案（2017—2020 年）》
	2020 年 7 月	《合肥综合性国家科学中心合肥市项目管理办法（试行）》
	2022 年 2 月	《安徽省“十四五”科技创新规划》
北京市	2017 年 6 月	《北京加强全国科技创新中心建设重点任务实施方案（2017—2020 年）》
	2018 年 1 月	《北京市支持建设世界一流新型研发机构实施办法（试行）》
	2018 年 4 月	《北京加强全国科技创新中心建设重点任务 2018 年工作方案》
	2019 年 11 月	《关于新时代深化科技体制改革加快推进全国科技创新中心建设的若干政策措施》
	2021 年 11 月	《北京市“十四五”时期国际科技创新中心建设规划》

（续表）

发文地区	发布时间	政策文件
上海市	2015 年 5 月	《关于加快建设具有全球影响力的科技创新中心的意见》
	2016 年 9 月	《关于深化人才工作体制机制改革促进人才创新创业的实施意见》
	2017 年 8 月	《张江科学城建设规划》
	2017 年 9 月	《上海银行业支持上海科创中心建设的行动方案（2017—2020 年）》
	2021 年 10 月	《浦东新区建设国际科技创新中心核心区“十四五”规划》
	2021 年 12 月	《新时期促进上海市集成电路产业和软件产业高质量发展的若干政策》
广东省（包括深圳市）	2019 年 8 月	《关于认真学习宣传贯彻〈中共中央　国务院关于支持深圳建设中国特色社会主义先行示范区的意见〉的通知》
	2019 年 9 月	《深圳市关于率先实现 5G 基础设施全覆盖及促进 5G 产业高质量发展的若干措施》
	2019 年 12 月	《深圳市建设中国特色社会主义先行示范区的行动方案（2019—2025 年）》
	2019 年 11 月	《关于支持深圳建设中国特色社会主义先行示范区的若干重大措施》
	2020 年 3 月	《关于大力支持社会力量参与粤港澳大湾区和中国特色社会主义先行示范区建设的意见》
	2020 年 6 月	《光明科学城空间规划纲要》
	2020 年 7 月	《深圳市人民政府关于加快推进新型基础设施建设的实施意见（2020—2025 年）》
	2020 年 8 月	《深圳经济特区科技创新条例》

1.1.6 科技金融对综合性国家科学中心的支撑作用

综合性国家科学中心作为目前国家着力打造的科技要素集成化程度最高、创新能力最强的国家级创新战略平台，要求不断发展创新基地、研发基地、产学研平台、孵化平台等，这离不开国家和社会的经济支持。而科技金融作为新时代新兴的形式，是一系列金融政策、金融体系、金融工具以及金融服务创新的系统化安排，是科技创新和产业化的重要力量，它的功能如风险分散功能、激励监督功能、资源配置功能、信息传导功能可以有效地促进综合性国家科学中心的起步和发展，为其成长快速配置金融要素，极大地满足了其对资金方面的强烈需求。科技金融对综合性国家科学中心的支撑作用不言而喻，不可替代，不可或缺。合肥、北京、上海、深圳围绕科创中心和综合性国家科学中心融合发展，在科技金融政策方面提出了创新高效的做法，为推进科创中心和综合性国家科学中心深度融合以及综合性国家科学中心高质量发展提供了有力支撑。

国家发展改革委、科技部和中国人民银行等九部委联合北京市人民政府于 2012 年 8 月发布《关于中关村国家自主创新示范区建设国家科技金融创新中心的意见》，明确提出在中关村国家自主创新示范区建设首个国家科技金融创新中心，计划打造具有全球影响力的中关村科技金融服务体系。

合肥在推进科技金融体系建设中，一方面构建覆盖科创企业全生命周期的科技金融服务体系；另一方面在推动科技信贷、政府基金引导、股权投资等创新创业融资方面，借鉴上海市科技金融创新的有关做法，鼓励商业银行设立科技支行、科技特色支行，鼓励有条件的院所和机构依托政府基金和重大创新平台，引入国内外知名创投机构和投资管理机构集聚合肥，促进综合性国家科学中心发展。

北京推进科技金融创新中心建设主要有以下 4 个方面的工作：在创业投资方面，设立政府引导基金，强化引导基金运行和投资管理；在完善融资服务方面，健全科创企业上市培育制度，建立和完善多层次资本市场融资服务平台；在科技金融服务体系方面，积极整合银行、证券、保险等金融资源，为科创企业提供创新链和产业链深度融合的创新融资服务体系；在科技信贷方面，支持银行、担保等金融机构扩大信贷规模，拓宽科创企业的融资渠道。

上海推进科技金融体系建设和北京类似，分为创业投资、资本市场融资、科技金融、科技信贷创新等 4 个方面。在股权投资方面，上海设立创业投资引导基金，并积极鼓励和吸引社会资本参与；在资本市场方面，上海股权托管交易中心设置符合科创企业需求的上市条件和审核机制；在科技保险方面，设立中小微企业政策性融资担保基金，构建中小微企业融资担保服务体系；在科技信贷方面，引导金融机构加大对科创企业全周期的信贷支持，深入完善“投贷联动”融资模式。

科技金融在科技型企业技术创新需求和金融供给之间架起一座桥梁，促进科技创新与金融供给结构相互匹配，为科技型企业发展的各个阶段提供融资支持，并发挥风险分散、激励监督、资源配置、信息传导等功能，对于创新发展具有重要作用。综合性国家科学中心的建设不仅包括大科学装置等关键科研基础设施的建设，还包括科技型产业体系的构建。科技金融的作用至关重要，是支撑综合性国家科学中心建设的重要手段之一。各个综合性国家科学中心在实践中探索和积累了一系列一定的科技金融做法，对于全国科技金融体系建设具有一定的示范作用。本书在剖析科技金融内涵机制的基础上，对综合性国家科学中心的典型科技金融做法进行分析、评价与总结，以期为全国科技金融体系的构建提供有益参考。

1.2　科技金融内涵与特征

1.2.1　科技金融的定义

尽管近年来与科技金融相关的领域被广泛研究，但国外学者在这一领域还没有形成明确的研究范畴，这主要是因为发达国家科技与金融系统比较完备，各个要素之间相互转化的效率较高，所以科技金融很少被作为一个专业术语加以讨论。20 世纪 90 年代，我国学者开始对科技金融进行研究，我国也首次明确提出金融支持科技的表述。在随后几十年的科技金融实践中，不少专家学者试图对其给出一个较为完备的定义，但仍无法形成一个统一的界定。总体而言，科技金融的定义存在着两类具有代表性的阐述：工具论和范式论。

1. 工具论观点

最典型的代表是赵昌文教授（2009）的观点，他认为科技融资是一系列金融政策、金融体系、金融工具以及金融服务创新的系统化安排，目的在于促进科技的发展、科技成果转化以及高新技术产业的发展。它是国家金融体系和科技创新体系的重要组成部分，涵盖科技创新投融资过程中的社会中介及其行为活动。钱志新（2010）对科技融资的概念也提出了自己的见解，他认为融资活动的主要参与者是政府、公司、市场、金融中介和其他社会团体，科技资金是包含融资工具、融资体系、融资政策和服务科技型企业整个发展周期的融资方式。大体而言，科技金融具有以下几个特点：第一，科技金融是一个完整的投资体系，囊括了种子基金、科技保险、风险投资、科技银行、天使投资、前期股权融资、科技融资租赁、新三板、后期上市融资等方面；第二，科技金融有着持续的创新过程，是通过金融层面的不断创新而逐步完善的一个体系，包括金融工具、金融产品、金融政策创新等；第三，科技金融有着明确的针对性和服务群体——科技型企业，而且针对科技型企业生命周期的不同阶段，有相对应的金融平台创新和金融产品创新；第四，科技金融作为一种推进手段和措施，最终是达到科技成果转化和高新技术产业化目标。

2. 范式论观点

方汉庭（2010）认为，科技金融是科技创新和产业化的重要力量，引导科技创新和产业化发展需要科技金融的支持。王权等人（2013）也持有类似观点。他们认为，科技资助是促进科技创新的金融活动的总称，其核心是组织利用金融和社会资本投资科技型企业。邹克和李喜梅（2018）从微观、中观和宏观3个角度对科技金融进行了新的定义。从微观角度，他们强调横向拓展科技金融，实现科学技术财富最大化；从中观角度，他们强调科技金融应服务于科技产业，加速科技产业的发展；从宏观角度，他们强调科技金融服务于国家战略层面，更好地促进我国科技发展。

综上，科技金融不单单是对有关技术创新活动的金融机构、金融工具等的制度性安排。它包括了金融部门对科技创新活动的各种支持及介入，既涵盖了金融支持科技型企业，也包含对各种非科技型企业技术研发活动的金融安排；不仅仅着力解决普通金融问题如技术研发、成果转化等，还在许多重大的科技问题金融解决方案的设计过程当中也有参与。

1.2.2 科技金融的内涵

科技金融的内涵是通过政府的介入解决包括市场失灵（科技型小企业与大企业的投入产出回报不成比例）、市场垄断（扶持更多的小企业增强市场的竞争力）、投资风险较高（通过政府资本背书的形式吸引其他社会资本参与项目中来）等问题，将更多的资金带给这些科技型企业以解决它们的融资问题，最终通过将科技型企业做大做强让所有的创新活动参与者共享成果。以解决这些科技型企业的融资问题为目的和观察对象，研究的落脚点涵盖以下几个方面：政府资助、创业风险投资、银行机构、资本市场和保险公司。科技金融参与主体如图1-1所示。

图1-1 科技金融参与主体

1.2.3　科技金融的一般特征

科技金融的定位就是为了在科技型企业技术创新需求和金融供给之间架起一座桥梁，促进科技创新与金融供给结构相互匹配，因此其既有一些金融和科技的共有特征，又具备一些自身独特的性质。

1. 科技金融具有高风险性

科技创新活动是对未知进行探索，具有高度不确定性。技术的不完善和未知性使得科技创新活动主体难以明确项目成功的可能性以及成功后可能产生的经济效益大小。多数科技型企业处于生命周期的萌芽和初创期，在技术研发成功后也会面临较大的市场不确定性。这些都会增加科技型企业资本投资风险。

2. 科技金融具有较高的进入门槛

与普通金融投资不同，科技金融供给具有更高的进入门槛，科技创新的高风险性以及大额融资需求，使得个体投资者以及小规模机构投资者难以独立提供所需资金支持并承担风险。同时，技术创新具有较强的外部性，技术的外溢性使得私人投资主体难以获得足额回报以抵偿投资资本，使得政府资金适当介入科技金融供给具有必要性。

3. 科技金融具有匹配性

在科技项目融资中存在两种风险与收益错配：一种是科技型企业风险与收益错配，另一种是金融机构风险与收益错配。这两种错配阻碍了科技型企业获取适当资金支持，也对科技金融存在的必要性提出了要求。在多数情况下，科技型企业融资难并非由于金融资源不足，而是金融资源供给意愿不足。科技金融的使命和任务就是通过科学规划设计，解决科技研发过程中风险—收益错配问题，实现科技需求结构与金融供给匹配，进而有效推动技术创新。

4. 科技金融具有阶段演进性

科技创新的每一个阶段都具有其他阶段所不具备的特点。企业在对科技创新进行投入的时候，会针对不同的阶段而出现投入的差异性。科技创新的整个过程中所面临的风险是不同的。因此，企业在不同的阶段都要对风险进行评估，并且合理转移与控制风险。

1.2.4　我国科技金融总体发展情况

我国在参考国外科技金融领域先进经验的基础上，结合我国的国情探索出适合自己的科技金融发展模式。自改革开放到党的十九大以来，我国科技金融的实践经历了几十年的发展，并且取得了一定的成就。笔者参照国内一些学者的研究成果，将科技金融划分为 5 个阶段，其中每一个阶段中科技金融的发展都是服从于当时的阶段性主题。我国科技金融发展的重要节点如图 1－2 所示。

1. 萌芽阶段

1978—1984 年，在当时的经济金融体制以及科技体制下，科技金融主要表现为行政计划式的财政拨款方式，而这也成为当时科技型企业的主要资金来源。此阶段的科技金融形式较为单一，科技投入在计划经济主导下进行，依托行政系统安排对科学事业费等费用进行分

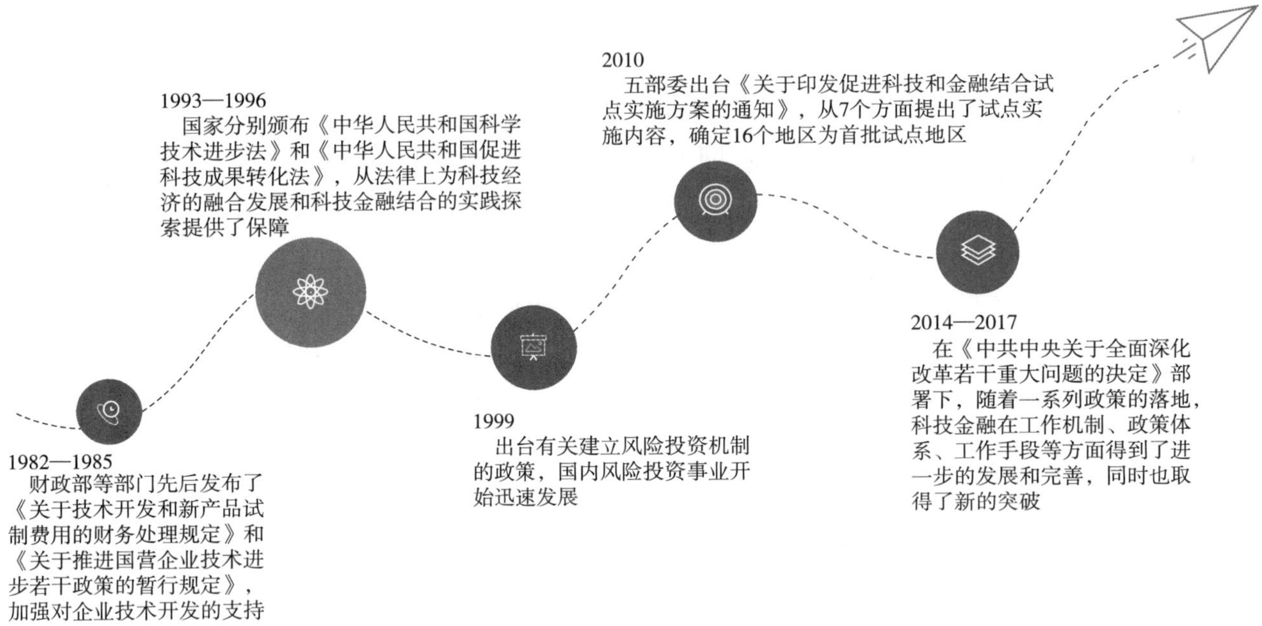

图 1－2　我国科技金融发展的重要节点

配下达。

2. 起步阶段

1985 年到 1990 年前后，国家连续出台一系列政策措施，鼓励全社会进行科学技术投资，尤其是科技型贷款形式的金融工具的支持，这是我国科技金融事业发展起步的标志。科技贷款主要用于支持国家科技发展计划和地方各级科技计划成果转化。这一阶段的科技金融发展有力促进了大量高科技型企业的技术资本化、产业规模化。

3. 探索阶段

这一阶段主要通过发行企业债、金融机构对这些企业进行信贷支持，以及设立科技型企业创投基金的形式支持其发展，推动科技成果转化和产业化发展。1999 年，国家出台有关建立风险投资机制的政策，国内风险投资开始迅速发展，在推动科技创新发展中发挥重要作用的中小企业板于 2004 年在深圳证券交易所成立，这是资本市场体系建设的重大突破。同时，科技型企业的孵化器与风险投资相结合，加强对科技成果产业化的支持。

4. 发展阶段

2006 年及其后 3 年，国务院颁布实施了《国家中长期科学和技术发展规划纲要（2006—2020 年）》和一系列配套政策，其中科技和金融领域占相当大的比重。2010 年，五部委联合下发《关于印发促进科技和金融结合试点实施方案的通知》，科技金融合作试点实施内容从创新财政科技投入方式、引导银行业金融机构加大对科技型中小企业的信贷支持、引导和支持企业进入多层次资本市场、进一步加强和完善科技保险服务、建设科技金融合作平台、建立和完善科技企业信用体系和组织开展多种科技金融专项活动等 7 个方面提出，16 个地区被确定为首批试点地区。2011 年，科技部、财政部等多部门发布了《关于促进科技和金融结合加快实施自主创新战略的若干意见》，强调科技与金融在提高自主创新能力、建设创新型国家中的重要作用，并在试点方案基础上进一步明确了科技与金融结合的重点内容、协调机制和保障机制。

5. 融合阶段

现阶段，随着党中央相关制度的出台、创新供给侧战略和体制改革的深入推进，以及经济、金融、金融科技等领域改革的深化，国家层面为产业整体发展确定了“三条链”的基调，产业链、创新链、资本链在发展中不断融合，为金融、科技、产业的融合与发展开创了新局面。通过一系列政策的实施，科技金融在工作手段、工作机制和政策体系等方面都取得了新的突破，具体表现在以下 4 个方面：一是科技金融体系从业务探索、政策分散、部门协调走向顶层设计和联动发展，是创新体系建设的重要内容，已上升到国家创新驱动战略层面；二是依托于“互联网+”和大数据发展的基础，风险防范的技术得到支持与保障，科技金融获得了进一步创新发展；三是金融技术和互联网金融的快速发展使得科技金融工具和产品的更新迭代速度也在加快；四是在地方政府开展科技金融实践探索支持创新驱动发展的过程中，逐渐形成了金融、科技和产业深度融合、协同发展的态势，进而发展成为“金科产”融合发展的区域创新经济新范式。

我国科技金融各个阶段的实践见表 1-2 所列。

表 1-2　我国科技金融各个阶段的实践

发展阶段	阶段主题	主要成就
萌芽阶段	计划体制下财政拨款	在国家经济、金融和科技体制改革的指导方针和具体措施的推动下，科技金融的雏形表现为财政、金融等支持科技发展的具体政策和工具
起步阶段	鼓励全社会开展科技投资	开办科技贷款，从法律上为科技金融结合的实践提供了保障
探索阶段	向技术资本化方向转变	科技金融的实践探索形式呈多样化特征，科技和经济发展得益于信贷市场的科技贷款、政策层面的开发性金融和财政科技投入、资本市场的企业债券和风险投资以及中小板等多方发展
发展阶段	科技金融对于提高我国自主创新能力和建设创新型国家具有重要作用	在科技金融政策体系和工作机制、科技金融服务产品及工具、科技金融平台等方面取得了重要成效，各类科技金融服务集团、科技金融服务中心陆续成立
融合阶段	金融服务于实体经济	一是以商业银行为代表的金融机构参与的深度和广度不断拓展，科技银行及其科技贷款规模和品种、科技金融服务平台及运作模式都有了突破性进展；二是全国中小企业股份转让系统和区域性股权交易市场不断发展完善，多层次资本市场建设进一步完善

1.3　科技金融促进创新发展的理论基础

综合性国家科学中心是国家科技领域竞争的重要平台，是国家创新体系建设的基础平台。建设综合性国家科学中心，有助于汇聚世界一流科学家，突破一批重大科学难题和前沿科技瓶颈，显著提升了中国基础研究水平，强化原始创新能力，带动科技型企业发展。科技金融为科技型企业发展的各个阶段提供融资支持，并发挥风险分散、激励监督、资源配置、信息传导等功能，对于创新发展具有重要作用。

1.3.1 科技金融的功能

综合性国家科学中心建设工作非常重要的一部分就是促进科技型企业的发展。科技型企业尤其是中小科技型企业出现融资约束问题的原因可以归结为内部与外部两方面：内部障碍即企业内部影响融资约束各项因素及其相互作用，如企业经营风险、抵押担保品不足等；外部障碍即金融资源错配、制度供给短缺等。而科技金融作为金融创新的重要业态，在促进科技型企业发展方面既有金融体系的一般功能，也具备一般金融体系所没有的特殊功能。

1. 风险分散功能

科技创新作为一项创造性活动，其发生过程中往往包含诸多的风险。处于萌芽期和成长期的科技型企业资金需求量大，成功研发出最终能实现盈利的产品的可能性较小，导致这类企业存活率相对较低。因此，出于风险规避偏好的投资者往往不愿提供资金支持。在金融体系运作的情况下，资本可以从具有不同风险偏好的个人投资者转移到金融市场，然后金融市场将集合资金分配给高风险、高收益的科技型企业，使投资呈多样化的特点。一方面，个人投资者可以通过分散投资，使风险水平在自己的风险承受能力范围内，使低风险偏好投资者将部分资金配置给高科技型企业；另一方面，金融市场通过多元化投资规避单一高科技型企业的风险。

2. 激励监督功能

在科技创新到产业化的过程中，往往伴随着所有权与控制权的分离。在信息不对称条件下，投资者与创新者、企业主与技术人员间容易产生逆向选择和道德风险问题，导致研发创新的失败和研发投资的低效率。完善的金融体系可以通过激励和监督功能提高资本运营效率，降低交易成本，促进科技创新投融资的和谐衔接。

3. 资源配置功能

金融系统通过运用资源配置功能，将资金要素配置给科技创新部门，从而实现对技术创新的推动作用以及促进科技型企业的成长。由于科技创新活动的高度不确定性以及高科技型企业的高风险性，在科技型企业的早期发展阶段，出于稳健经营的考虑，商业性金融为其提供资金支持的意愿较低，形成科技型企业的融资缺口现象。此时，金融系统资源配置主要依靠政策性金融实现，政策性金融利用自身政策性优势以及信息优势，通过对科技创新企业或项目进行发掘和筛选，向市场性金融传递该项目具有投资价值的积极信号，从而发挥对于市场性资金的引导作用。当市场性金融介入到一定程度时，政策性金融选择退出，转而为其他初创科技创新项目提供服务，开始新一轮循环过程。

4. 信息传导功能

信息不对称问题是制约科技型企业获取充分资金支持的重要因素，当信息不对称问题达到一定程度时，道德风险和逆向选择问题也会随之而来，资金供给方缺乏为科技型企业提供资金的行为动机，导致科技金融运行的低效率。在金融支持科技创新过程中，会涉及包括科技金融创新项目营利性在内的诸多信息。投资者在向科技型企业提供资金支持时，需要获取有关企业和项目的准确信息，以便进行有效的事前筛选和事后监督。由于科技项目内部信息的高度专业性和保密性，单个投资者缺乏足够的时间和精力去搜集和处理所需信息，也无法承担信息处理过程产生的高额成本。金融体系能有效利用规模经济效应对投资项目信息进行搜集和筛选，有效降低信息处理成本，提升投资者投资决策的可靠性和经济性。

1.3.2　科技型企业融资需求特征

按照生命周期理论的划分，在各个周期的不同阶段科技型企业筹资的必要性是不同的，笔者将其分为以下 4 个阶段进行讨论。

1. 种子期的资金需求特征

在种子期，科技型企业尚未正式成立或者仅仅拟创立，产品主要处于技术开发阶段，资金与技术还没有紧密结合。这一阶段的风险较大，因此很多投资者不愿意将资金投向这一阶段的企业，而这一阶段以技术为基础的科技型企业需要大量资金来支持其自身的技术和产品开发，主要资金来源还是依靠企业自有资本和民间借贷以及少量的天使种子基金。

2. 创业期的资金需求特征

处于初创期的企业非常脆弱，技术不成熟，前一阶段的产品和技术还在实验，产品能否最终成型以及能否被市场所接受，都存在着很大的不确定性。同时，公司管理和战略还不成熟，一般创业投资资本还是不太愿意进入，有一些专门针对早期企业的天使投资者可能会考虑进入。在这一阶段，企业需要能长期使用的资金，银行出于对风险管控的原则，一般只会为少数科技型企业提供贷款。因此，此阶段的资金主要还是来源于创业者自有资本和政府的政策性资金支持。

3. 成长期的资金需求特征

科技型企业在成长期亟需外部资金，但受限于其账面上的固定资产所占比例较少，可用抵押物较少，很难在传统的金融那里获得资金支持，此时创业风险投资可以满足这种需求。创业风险投资可以更加合理地评估项目，同时还能运用其丰富的管理经验、专业能力向这些初创企业提供管理服务，促使它们快速成长。

4. 成熟期的资金需求特征

在成熟期阶段，科技型企业已经发展形成一定的规模，基本形成具有自身特色的商业模式和拥有核心知识产权的产品或服务，管理也开始规范，可用抵押物也较为可观，银行此时愿意为其提供信贷支持。企业此时考虑进入资本市场进行融资。因此，当企业进入成熟期后，获得来自资本市场的资金是解决其现阶段融资需求问题的重要渠道。

1.3.3　科技型企业的融资渠道

科技型企业可以通过自有资本积累、政府拨款、商业银行贷款、风险投资基金、股票市场融资等方式获得生存和发展所需的资金来源。

1. 创业者自筹资金

企业自筹资金主要依靠企业创办人自有资金和其他贷款，也取决于企业自身资金的积累。许多高科技型企业自力更生的发展道路有赖于自身资金的不断积累，但积累自有资金需要很长时间。如果仅仅依靠自身资金的积累，企业的发展速度将非常缓慢，远远达不到满足市场竞争的需要。

2. 政府提供的科研创新基金

政府科研创新基金一般是优先考虑到国有企业的创新发展需求。然而，市场上的科技型企业多数是民营企业，它们受制于自身规模体量和信用的影响，能得到的资助是十分有限的，无法作为企业经营的稳定现金流。

3. 商业银行的科技开发贷款

商业银行理想的贷款目标是经营稳定、财务风险低的科技型企业，对于那些处于创业阶段的科技型企业，银行往往要承担巨大的风险。事实上，科技型企业主要以高新技术为支撑，大多数很少有实物资产，因此也就无法提供足够的贷款抵押品，而且大多数科技型企业规模很小，难以评估企业的信用状况、财务状况和发展能力，导致商业银行的监管成本很高。因此，商业银行不愿向科技型企业发放太多贷款，即使商业银行愿意发放贷款，贷款也会增加科技型企业的财务负担。尽管商业银行长期贷款的还款期较长，但商业银行贷款对企业的限制更多，因此商业银行贷款对企业资产的流动性和营利能力有更高的要求。对于大多数科技型企业来说，它们远远不能满足这些要求和条件。

4. 风险投资和创业投资基金

投资人通过股权资本投向这些具有高增长潜力但同时在技术和市场各方面存在失效风险的科技型企业，同时积极参与这些科技型企业的管理，以实现高增长率并收回投资。风险投资（创业投资）可以解决公司成长期巨大的资本需求。作为投资时间长、流动性差的股权资本，风险投资相对容易获得，所需条件较低。只要该项目具有发展潜力并在未来能够盈利，风险投资就有利于该项目的发展。

5. 股市融资

对于科技型企业来说，企业面临着巨大的技术和市场风险。股票市场融资作为高新技术企业的权益资本，具有无需还本、不增加企业债务负担的特点。股票市场融资的特点非常符合科技型企业的高风险要求，国外很多科技型企业主要通过在创业板上市来筹集长期发展资金。

第 2 章　科技金融作用机制

2.1　科技金融体系构成

2.1.1　体系构成与参与主体

科技金融的健康发展离不开完善的科技金融体系的运作。科技金融体系由科技金融供求主体、科技金融中介机构、科技资本市场、科技金融管理制度、科技金融生态环境共同构成。在该体系下，科技资源和经济资源得以高效配置，不同主体进行风险和收益的交换。科技金融体系的构成如图 2－1 所示。

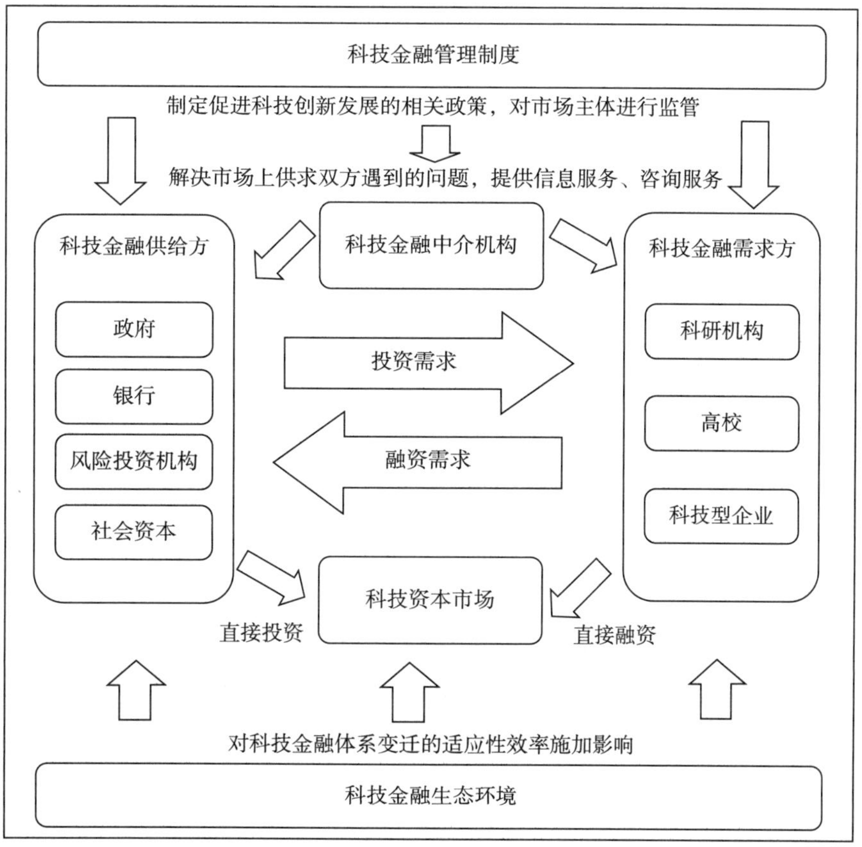

图 2－1　科技金融体系的构成

1. 科技金融供求主体

科技金融融资供给方由政府、风险投资机构、银行和社会资本等各方共同构成。政府为科技金融体系制定政策，同时也负责分配科技金融资源。政府主要通过创业投资基金和政策性银行两种方式来实现科技金融资金的供给。风险投资机构与科技型企业紧密相关，它的主要业务就是寻找并投资有潜力的新兴科技型企业，大多数科技巨头企业在发展初期就得到过风险投资机构的资金支持。在这几十年的发展过程中，风险投资机构积累了丰富的培育高新技术企业的经验，因此风险投资机构不仅可以为科技型企业提供资金支持，还可以为科技型企业提供丰富的发展经验，在科技型企业发展初期给予相关的辅导和培训。我国商业银行已经开始尝试组建科技支行，并积极开展科技型企业信贷业务。在科技型企业资金供给方面，商业银行采用市场化原则。在不同发展阶段，科技型企业的融资需求特征各不相同，商业银行可以针对不同的融资需求特征提供对应的融资服务。科技行业龙头企业由于自身业务拓展需求，往往会收购一些科技型企业，这也构成了科技金融资金的主要来源。

科技金融的需求方包括科技型企业、科研机构和高校等。科技型企业的资金需求量较大，是科技金融资金的主要需求方。在科技型企业发展的不同阶段，其资金需求特征也有所不同。为了跟上时代的脚步，高新技术企业需要不断对其科技产品进行更新换代，所以当高新技术企业发展到一定阶段时，需要更多的资金来支持科技创新。对于高校和科研机构而言，其科研资金主要来源于政府拨款和科技型企业投资。高校和科研机构研发出来的科技产品会为投资方带来可观的经济回报和社会效益。

2. 科技金融中介机构

科技担保机构、科技保险机构、信用评级机构、科技资产评估机构和科技咨询机构等各方共同构成科技金融中介机构。科技金融中介机构主要解决市场上供求双方遇到的问题，提高科技金融体系的运行效率，从而让科技金融供求主体更好地进行科技金融活动。

（1）科技担保机构

我国科技担保机构主要分为 3 类，即政策性担保机构、商业性担保机构和互助性担保机构。政策性担保机构是由政府组织创建的。政府也是政策性担保机构的主导者。政策性担保机构的资金来源于政府财政预算拨款和社会资本两大部分。商业性担保机构是一种以盈利为主要目的的商业机构，主要由企业或社会个人创建。该担保机构采用商业化运行模式。商业性担保机构在为科技型企业提供担保时，科技型企业需要提供资质证明或者用资产抵押来保证。商业性担保机构可以提高科技型企业融资的成功率。互助性担保机构是基于中小企业自愿参与原则的信用担保互助机构，资金来源主要由成员企业出资，担保服务对象主要为成员企业。担保机构不从事贷款担保以外的其他业务，也不以获取收入为目的。其资金来源主要为企业自有资金，该机构主要为组织内的企业提供服务，并且由机构自身承担违约风险。

（2）科技保险机构

科技型企业在融资过程中会遇到担保困难的情况，保险公司可以通过保险机制解决该问题，以提高科技型中小企业的融资成功率。科技型企业在项目研发和产品投产的过程中会面临各种各样的风险，这些风险的发生会导致创新活动的中断，而科技保险能够明显提高科技型企业的生存能力和发展能力，使得科技创新活动得以顺利开展，所以科技创新离不开科技保险的保驾护航。

（3）信用评级机构

信用评级机构是由众多的财务专家和法律专家组成的、在资本市场中不可或缺的金融服务中介机构，主要负责对发行的证券进行信用等级评定，公平公正、独立有效的信用评级机构对资本市场至关重要。科技金融供给方在提供融资服务的时候，需要参考信用评级机构对科技型企业做出的信用等级评定，以便制订对应的融资决策方案。

（4）科技资产评估机构

科技资产评估机构主要为科技资金投资方提供服务，它会对一些科技资产和专项技术的价值进行评估，以便企业能更好地获得科技金融支持。

（5）科技咨询机构

科技咨询机构主要为科技型企业服务。科技咨询机构为科技型企业提供各类优质信息，为科技研发活动的顺利开展提供保障。同时，该机构还可以提供各种科技信息服务，例如科技成果咨询、科研项目研发规划等。

3. 科技资本市场

我国科技资本市场体系是科技金融体系市场化的有效补充，而且科技资本市场体系还在不断完善。前期参与的机构体系可以通过科技资本市场体系退出，而且高新技术企业也可以借助科技资本市场进行信息交流。场内市场和场外市场共同构成了我国科技资本市场体系，场内市场和场外市场在交易方式、竞价方式、经济制度和市场监管力度等方面存在差异。主板市场、中小板市场、创业板市场以及科创板市场组成场内市场，地方产权交易市场和全国中小企业股份转让系统（俗称“新三板”）组成场外市场。

主板市场、中小板市场、创业板市场、科创板市场和场外市场构成了我国多层次的资本市场体系。主板市场对发行人提出了很高的要求，最终能够在主板上市的企业多为经营期限长、营业收益稳定、业务规模大的成熟企业。中小板市场、创业板市场主要为资质条件相对不足的中小企业提供融资平台。在上交所设立科创板并试点注册制，科创板主要服务于面向国家重大需求、突破关键核心技术、面向世界科技前沿的科技型企业。场外市场由“新三板”和地方产权交易市场组成。场外市场准入门槛较低，程序简单，大多数企业都选择通过场外市场进行融资。场外市场适合中小微科技型企业进行股权交易和融资，对激活民间资本具有积极作用。资本交易市场不同，对应的投资风险也不同，层次越低的市场对应的投资风险越大。与此同时，风险越大，对应的投资回报也相应增加。

4. 科技金融管理制度

我国科技金融体系尚处于初级阶段，对应的科技金融的监管体系还不完善，对信用体系和知识产权的保护还存在漏洞，目前监管制度的重点是制定相关政策促进科技创新的发展。制定科技金融管理制度的目的是降低科技型企业的贷款准备金率，增加科技金融供给，促进科技创新的发展，而科技创新的发展又会增大对科技金融的需求力度，反过来倒逼政府增大对科技金融体系变迁的供给和对科技金融管理制度的改革力度。

5. 科技金融生态环境

我国科技金融生态环境对科技金融体系变迁的适应性效率具有较大影响。一方面，政府主导我国科技金融体系变迁，主导变迁的途径为法律法规和政策环境；另一方面，科技金融生态环境自身通过对契约意识和企业家精神的影响，也可以对科技金融体系变迁的适应性效率施加影响。随着科技创新的不断发展，我国科技金融生态环境的内涵和外延还会不断丰富。

2.1.2 科技金融分类

科技金融的分类如图 2－2 所示。

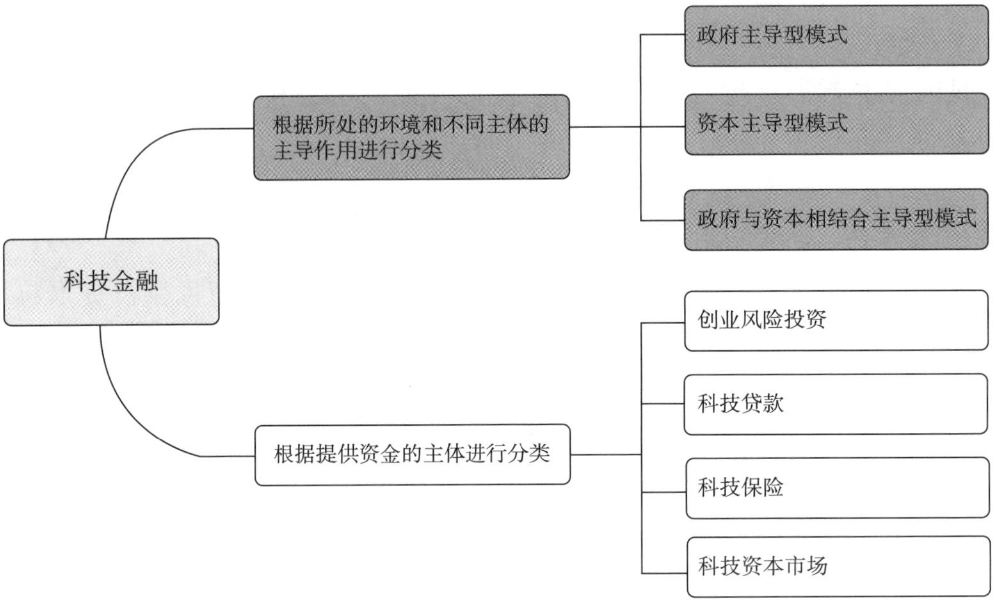

图 2－2 科技金融的分类

1. 根据所处的环境和不同主体的主导作用进行分类

科技金融的发展受到多种因素的影响。根据所处的环境和不同主体的主导作用的差异，科技金融可分为 3 类：政府主导型科技金融发展体系、资本主导型科技金融发展体系和政府与资本相结合主导型科技金融发展体系。

（1）政府主导型模式

政策性金融在政府主导型模式中起到主导作用。在该模式中，政府体现了重要职能。在科技型企业进行融资的时候，它需要从政府获取必要的支持，而且政府也需要承担相应的投资风险。综上所述，在政府主导型模式中，政府是科技型企业融资的主要推动者。该模式适用于科技金融体系不完善或科技金融起步相对较晚的国家。在政府的扶持下，科技型企业得到迅速发展。同时，科技金融应充分利用本地资源，不仅是金融资源，还包括人力资源和科技产业资源，抓住发展机遇，可以在短时间内实现科技金融发展水平的“弯道超车”。

（2）资本主导型模式

资本主导型模式是以市场为核心的科技金融模式，通过市场配置和优化科技资源、金融资源，资本起到主导作用。伴随着科技产业的不断发展和快速崛起，高新技术企业的融资需求不断增加，科技金融机构也得到了迅猛发展。科技产业和科技金融是相辅相成的，科技金融机构为科技型企业提供与时俱进的创新型科技金融产品与服务。在科技金融机构的帮助下，科技产业得到迅速发展，同时不断发展的科技产业也对科技金融机构提出了更多更新的需求，倒逼科技金融发展水平不断提高。欧美大部分国家主要采用的是资本主导型模式。

（3）政府与资本相结合主导型模式

政府与资本有机结合的中间型发展模式可以弥补前两个模式的不足，吸取前两个模式的优点，为科技金融的发展提供更大的动力。政府和资本在该模式下共同占据主导地位，同时发挥作用。政府和资本共同合作，在各自的领域发挥各自的最大优势，共同引导更多的金融资源向科技产业倾斜。在此模式下，政府为科技金融的发展提供保障和发挥基础性作用。

2. 根据提供资金的主体进行分类

科技金融可分为以下几类：创业风险投资、科技贷款、科技保险、科技资本市场。

（1）创业风险投资

创业风险投资既属于企业的权益性融资，又属于外部融资，主要定位于种子期的天使投资、初创期和扩张期的创业风险投资以及扩张后期和成熟期的私募股权投资，因此风险投资机构需要承受较高的企业经营风险，但是风险投资机构并不会直接经营被投资公司，而是通过雄厚的资本、丰富的管理经验、专业的知识协助被投资公司快速发展壮大，以获得长期高额利润。中小科技型企业最为缺乏的就是资金、成熟的管理经验和专业技术，而风险投资机构恰好可以满足中小科技型企业的上述需求，所以创业风险投资可以为中小科技型企业的创新发展发挥重要作用。

（2）科技贷款

科技贷款是一种具有间接性、债务性、偿还性的外部融资。它是科技型企业从银行等金融机构获得的与科技创新有关的贷款，用于新产品的研发、科技成果的转化等。商业银行、政策性银行以及民间金融机构是科技贷款的主要资金提供主体。第一，商业银行科技贷款：因所处行业不同、发展前景不同、企业规模不同、财务现金流不同等因素，不同的科技型企业具有不同的信用评级。针对不同的信用评级结果，商业银行采用不同的贷款定价标准；由于科技贷款具有高风险的特点，与商业银行稳健的经营策略相冲突，商业银行通过科技贷款证券化的方式分散贷款风险；由于科技型企业具有轻固定资产、重无形资产的特点，商业银行通过知识产权质押贷款解决科技型企业缺乏质押物的问题。第二，政策性银行科技贷款：政府也是科技贷款市场的一个重要的参与者，由于科技贷款市场会出现失灵的问题，政府通过政策性银行科技贷款发挥调节市场的作用，引导科技贷款市场健康发展。在投向领域方面，政策性银行科技贷款也区别于商业银行，主要投向特定的科技型企业。第三，民间金融机构科技贷款：它是科技贷款的重要补充，具有不正规、不规范的特点。中小科技型企业一般难以从正规渠道获得贷款，只能通过一定的社会关系从非正规金融机构获得贷款，其发展受到政府法规、政策限制。

（3）科技保险

由于科技创新活动是一项复杂的系统工程，各类创新主体在进行创新活动时，要面临来自外部环境和内部经营的双重压力。看似发生概率较低的风险事件，一旦发生就有可能导致整个科技创新活动的终止，浪费大量科技资源和资金，阻碍科技创新的进程。在科技创新活动的开展过程中，为避免各种不确定性导致创新发展项目偏离预期目标，科技保险是最常见的以科技创新活动中面临的科技风险为保险标的，旨在无法规避风险时获得保险公司理赔以弥补损失的保障方式。

（4）科技资本市场

多层次科技资本市场按照科技型企业的规模、成长性、风险程度和营利能力，可以划分为主板市场、中小板市场、创业板市场、科创板市场、“新三板”和地方产权交易市场。科技资本市场不仅可以为不同类型、不同规模的科技型企业提供多层次的融资渠道，支持国家创新发展战略和产业结构调整，而且能为不同风险偏好、不同资质条件的机构投资者和个人投资者提供投资机会，为社会大众提供一个共享经济发展红利的机会。同时，科技资本市场还能通过价格信号将大量社会闲置资金汇集起来并且引导流入具有发展潜力的行业和项目中去，从而促进产业发展和经济转型升级。

2.2 创业风险投资作用机制

2.2.1 创业风险投资概念

1. 国外关于创业风险投资的定义

创业风险投资起源于19世纪的美国，20世纪70年代开始在美国国内迅速发展，并很快在世界范围内风靡开来。根据美国风险投资协会[①]（NVCA）的定义，创业风险投资是指由专业金融家向具有巨大投资潜力的新兴、快速发展的企业（尤其是中小企业）投资的权益资本。William A. Sahlman认为，创业风险投资是一种由专业团队进行管理，会被投入不同发展阶段的私人公司中的资本集合。Douglas Greenwood则认为，创业风险投资是向发展潜力大的新公司或新产品注入经受市场风险考验的资金，并不是收购相关资产。Fred W. Riggs提出，创业风险投资通常不计划长期持有被投资企业的股权或资本，而是当所投资的对象发展成熟后，将股权通过合法渠道转让，从而用所收回的资本进行再投资。

2. 国内关于创业风险投资的定义

刘健钧提出，风险投资是一种投资模式，即通过投资于具有高增长潜力的初创公司的股

---

① 美国风险投资协会（NVCA，National Venture Capital Association）是美国最大的风险投资协会，会员均为风险投资公司，目前拥有240家会员（全美有600～700家风险投资公司），主要靠会费收入和一些专业会计师/律师事务所的募捐运作。

权，并通过提供创业管理服务来参与被投资公司的业务流程，旨在通过投资公司到期后的股权转让获得较高资本估值的回报。此处的定义强调风险投资者将通过自身的管理经验积极参与投资公司的管理和运营。

黄凤羽认为，风险投资是指风险投资机构通过一定的方式和手段向机构或个人募集风险资本，再将所募集到的资金投入风险企业中，以获得风险企业一定的股权，积极参与风险企业的管理，最终通过出售股权获得高回报的行为。此处的定义强调风险投资是一种金融中介行为。风险投资机构需要向外部投资者（也包含自身的一部分资金）融入资金，然后通过在市场上寻找合格优秀的项目进行投资，通过促进项目价值的增值然后获利退出。

《国务院办公厅转发科技部等部门关于建立风险投资机制若干意见的通知》（国办发〔1999〕105 号）明确提出，风险投资（又称创业投资）是指向主要属于科技型的高成长性创业企业提供股权资本，并为其提供经营管理和咨询服务，以期在被投资企业发展成熟后，通过股权转让获取中长期资本增值收益的投资行为。建立风险投资机制要创造良好的外部环境和改革制度，培育适应社会主义市场经济规律的，有利于加速技术创新和成果转化的，能将经济部门推进技术进步与金融部门保障支持有机结合的经济运行体系。

综上所述，界定创业风险投资概念的差异主要体现在以下三个方面：第一，在投资者方面，狭义的风险投资概念（如欧洲风险投资协会）强调投资者是专业投资机构，而风险资本的一般概念并不严格约束投资者，包括专业投资机构和非专业投资机构（如天使投资）。第二，在投资对象方面，一些概念强调高风险、高科技和投资对象的高增长，而其他机构（如美国风险投资协会）只强调投资对象的增长。第三，在管理模式方面，一些概念（如美国风险投资协会）仅指出投资者为投资对象提供股权，而其他机构（如经济合作与发展组织）[①]则强调投资者管理层对投资对象的协助。

2.2.2　创业风险投资特征与类型

第一，创业风险投资资金来源广泛，接近金融中介行为特征。创业风险投资公司需要向投资者募集资金，募集到一定规模的资金以后成立创业风险投资基金。接着，创业风险投资公司寻找值得投资的公司来获取公司的股权，并最终通过出售股权来实现资本增值收益。

第二，风险投资的主要投资对象为具有业务可复制性强、用户黏性足、产品服务延展性强、市场可拓展性强等特点的、有着良好成长前景的未上市技术型企业，这样的公司在创业投资者眼中就是属于“有价值的公司”范畴了。

第三，创业风险投资在选择好目标企业后，会积极地采取各种方式对企业进行监督，利用自身丰富的管理经验为目标企业提供管理、决策等咨询服务，利用培育性的投资方式，帮助企业快速成长成熟，从而提高投资收回速率。

第四，创业风险投资有明确的退出机制。当一家被创投基金投资的公司实现退出后

① 经济合作与发展组织：简称经合组织（OECD），是由 38 个市场经济国家组成的政府间国际经济组织，旨在共同应对全球化带来的经济、社会和政府治理等方面的挑战，并把握全球化带来的机遇。

（IPO、出售等），创投基金出售手头持有的股份，实现投资收益。通常情况下，创投基金给出资人分配投资收益是按照项目单独分配的，变现一个项目就分配一个项目的收益。

第五，创业风险投资通常都有一个固定的投资期限。被投资公司在获得投资后，通常需要一定时间来发展、成长并寻找退出机会，期限通常在 3 到 5 年左右。

第六，创业风险投资是高风险、高收益的投资。风险投资者对科技型企业的投资需要面临各种风险。同时，风险投资目标企业一旦发展成功，所能带来的投资回报也是相当可观的。

2.2.3 创业风险投资作用路径

1. 对科技型企业起到资金支持的作用

科技型中小企业一直存在融资约束的问题，而创业风险投资作为一种解决方案，有效地将资金引导到需要资金又面临融资困境的企业中。特别是新兴产业的初创企业，一般具有规模小、风险高、资金需求大等特点。这些公司既无能力，也无信用记录，银行和其他民间借贷机构无法确定其贷款的回报和风险，这使得许多金融机构望而却步。但创业风险投资刚好弥补了这个问题。一方面，风险投资机构往往关注那些风险高的企业，因为这些企业可能会获得高回报；另一方面，对于创新能力强或期望收益高的企业，风险投资机构可能会对其进行较好的评估，从而使其融资渠道被拓宽。一旦有创业风险资本的支持，企业就可以雇用更多的人员，增加对固定资产的投资，从事新技术或新产品的研发。

2. 为科技型企业带来专业的管理经验

由于投资对象本身具有较高的风险，风险投资机构从业者应具备专业的投资和管理能力，并熟悉金融市场、中介服务机构等。通过这种方式，他们可以利用自己的经验和社会关系来帮助公司得到更好的管理，或者成为一个更有效率的组织，从而提高成功的概率。与创业者建立合作关系后，投资者会积极输入管理经验，特别是战略管理经验，帮助企业快速成长。创业风险投资还将提供法律和金融监管、战略规划支持、人力资源支持、外部社会网络支持、对创业者的激励和约束、后续融资支持等。随着创业风险投资的进入，企业可以降低成本，学习管理经验，得到充分发展。近年来，互联网等高新技术产业吸收了大量的劳动力和资金，科学有效的管理模式和方法必不可少。创业风险投资提供了这些公司所需要的各种条件，让这些高风险的公司能够在市场上得到更好的发展和扩张。

3. 构建了良好的创业氛围

创业风险投资可以为新生创业者和潜在创业者构建一个友好的环境，这就是所谓的溢出效应。风险投资的发展为那些有想法但资金短缺的人提供了机会。风险投资机构的大量存在，使得新兴创业者更容易获得资金支持，并促进更多潜在创业者自主创业。因此，风险投资的发展可以形成一种商业氛围，让高创业精神的人敢于创业，风险投资支持的公司的成功进一步推动更多的人参与创业活动。企业家精神在创业行为过程中也会产生外部性。当地文化的催化作用、利润的激励、明星企业家的榜样，这些都会让越来越多的当地人加入同一行业，在某个地区形成充满活力的创业氛围。地理位置相近或在同一行业的公司将通过业务合作、员工流动和专利许可等方式来实现相互促进。

2.3　科技贷款作用机制

2.3.1　科技贷款概念

科技贷款是指为技术研发等科技活动以及科技型企业运营发展提供的债务性金融资本支持。科技贷款是科技型企业重要的债务融资工具，科技型企业日益成为提高国家综合经济实力、促进技术创新的主力军。科技贷款属于外部间接融资。在以间接金融为主导的金融体系中，科技贷款是科技型企业发展、科技活动顺利开展的最主要的融资渠道之一。

2.3.2　科技贷款特征与类型

科技贷款特征与类型如图 2－3 所示。

1. 科技贷款特征

（1）间接性

不同于创业风险投资和科技资本市场，科技贷款是一种间接融资，科技型企业与初始资本供应商之间没有直接融资关系。商业银行在科技型企业和初始资本供应商之间起着桥梁作用。

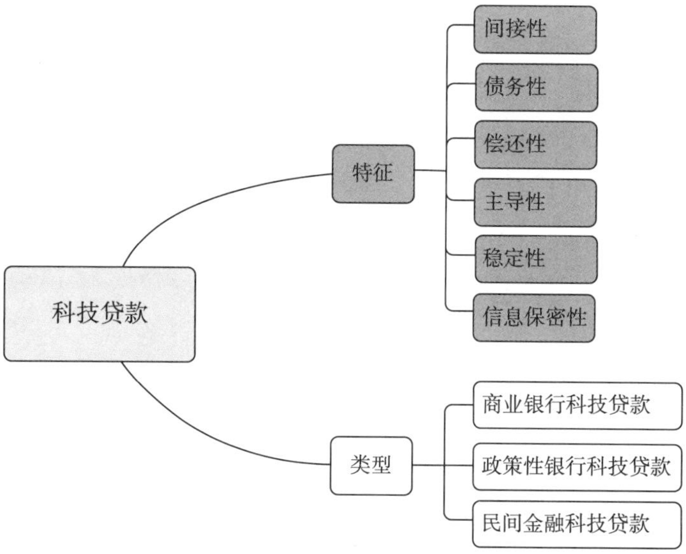

图 2－3　科技贷款特征与类型

（2）债务性

不同于创业风险投资和科技资本市场，科技贷款是一种债务融资，科技型企业与商业银行或非银行金融机构之间存在债权债务关系。科技贷款会提高科技型企业的负债率，同时也将为科技型企业带来杠杆收益。

（3）偿还性

与创业风险投资不同，科技贷款所筹集资金的使用寿命受到一定限制。科技型企业不仅要到期还本付息，还需要定期支付利息，这会给科技型企业带来一定的负担。

（4）主导性

在科技金融体系中，科技贷款继续发挥主导作用，风险资本仍处于初级阶段。科技资本市场对小型和低营利公司的金融支持力度很小。在我国，科技贷款仍然占据主导地位。

（5）稳定性

科技贷款可以保证资金的稳定。在贷款合同期内，商业银行将确保资金的稳定供应，科技型企业可获得稳定的资金支持，以确保科研项目的协调进展。

（6）信息保密性

科技型企业的项目研发信息只需要向单一主体传递，信息保密性强。科技贷款不要求科技型企业定期向市场传播信息，避免了科技型企业研发信息的泄露，降低了创新活动对外部信息的影响。

2. 科技贷款类型

（1）商业银行科技贷款

针对科技型中小企业不同的信用评级，商业银行科技贷款定价标准不同；商业银行根据科技贷款的高风险特点，有序推进科技贷款证券化，分散贷款风险；商业银行会再根据科技型中小企业的特点，推进知识产权质押贷款，不断创新贷款形式。

（2）政策性银行科技贷款

政策性银行科技贷款是政府在科技贷款市场中发挥作用的集中体现，主要用于解决科技贷款市场发展不均衡的问题，积极引导科技贷款市场健康发展。政策性银行科技贷款的投资领域也不同于传统商业银行，它主要针对于特定行业、特定地区和特定类型的企业。

（3）民间金融科技贷款

通过一定的社会关系和社会需求，从民间金融机构获得的科技贷款，即民间金融科技贷款是商业银行和政策性银行科技贷款的补充。民间金融科技贷款的服务对象是难以从银行获得贷款的中小科技型企业。但民间金融科技贷款具有不正规、不规范的特点，因此其发展受到相关法规和政策限制。

2.3.3 科技贷款作用路径

科技贷款作用路径如图 2－4 所示。

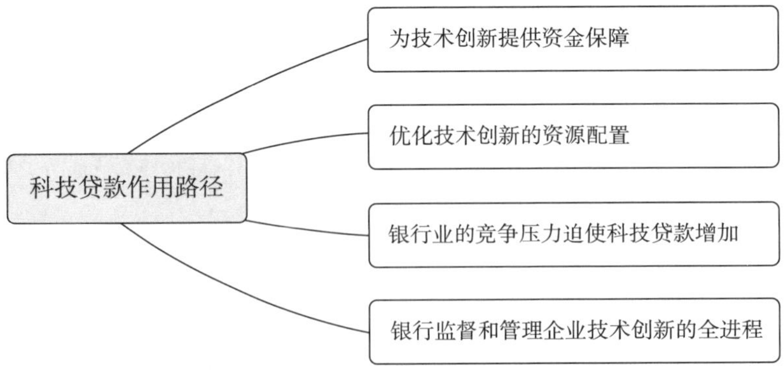

图 2－4 科技贷款作用路径

1. 科技贷款为技术创新提供资金保障

技术创新是一项庞大的系统工程，具有复杂性、长期性和不确定性等特点。科技型企业、科研院所和科研中介机构从创新理念到设计研发，从生产到市场销售，每个阶段都需要庞大的人力、物力和财力。技术创新需要的支持很多，但是充足的资金支持是技术创新得以成功的必要条件，也是最重要的条件之一。目前，我国的金融体系不够完善。仅仅依靠风险投资、天使投资、科技保险等多种融资渠道无法满足技术创新的资金需求，科技贷款仍然是一种不可或缺的融资渠道。

2. 科技贷款优化技术创新的资源配置

一方面，科技型企业进行技术创新需要源源不断的资金供给，科技贷款可以将社会闲置资金集中起来，发放给迫切需要资金支持的科技型企业，为技术创新持续提供所需资金；另一方面，银行具有强大的信息搜集能力，畅通的信息渠道、快速的信息处理能力可以提高资源配置效率，从而能够识别那些技术创新能力较强的企业，推动技术创新能力较强的、更有发展前景的科技型企业以更低的成本融得更多的资金。高度发达的银行系统可以有效避免逆向选择和道德风险的发生，避免“柠檬市场”的出现，使得资源利用效率最大化，推动技术创新活动的顺利开展。

3. 银行业的竞争压力迫使科技贷款增加

当前，中国的银行体系正变得越来越复杂和庞大，不但包括大型国有商业银行、中小型商业银行和农村金融机构，还包括各类外资银行。这直接导致各大银行竞争压力不断加大，对贷款业务和优质客户更激烈的争夺将倒逼各大银行提高信贷资金的配置效率。为了抢占贷款市场，获取更高的市场份额，各商业银行不得不积极开拓新的市场，而扩大科技贷款份额就成为商业银行发展转型的必由之路。银行业迫于竞争压力，放开贷款限制，提高了风险承担意愿，有利于促进更多的信贷资金流向技术创新领域，从而有助于促进企业技术创新，同时也提高了银行业的运营水平和运营效率。

4. 银行监督和管理企业技术创新的全进程

银行拥有大量优秀的财务专家，同时也有雄厚的资本和广泛的人脉资源，可以相对容易地与相关技术领域的专家取得联系。银行对企业进行跟踪调查，直接向企业派驻监事，监控公司财务报表，定期核查项目进展情况和企业偿债能力变化情况，对企业技术创新实施监控，通过自身的财务优势、管理优势、人脉优势为科技型企业赋能，帮助企业提高技术创新的成功率。

2.4　科技保险作用机制

2.4.1　科技保险概念

科技保险概念的提出可以追溯到 1995 年。它是为分摊企业的科技风险、减轻科研负担而提出的一种保险理念。具体来说，企业的科研开发过程需要面对 3 个阶段的风险：科技研发、成果转化和市场应用。科技保险是保险公司在某项科技研发失败时向企业支付的保险。一些学者还提出，有形资产、无形资产、人力资源和预期结果等都可作为保险标的，科技保险不应局限于研发过程中。科技保险是一种投机性风险，保险公司具有更大的运作空间。相对而言，其所承担的风险更难预测，可保性较差。胡慧源（2010）、赵俊英（2012）、李海涛

（2013）等学者一致认为科技保险具有较为明显的正外部性。从微观上看，科技保险的广泛实施既可以通过提供保障而激励科技创新，也可以显著提升企业的营利能力。从宏观上看，科技保险可以促进科技产业和保险业的共同发展，优化市场资源配置。

技术创新是一项复杂的系统工程，各类创新主体在进行创新活动时，要面临来自外部环境和内部经营的双重压力，看似发生概率较低的风险事件，一旦发生就有可能导致活动终止，浪费大量的科技资源和资金，阻碍技术创新的步伐。

2.4.2 科技保险特征与类型

科技保险特征与类型如图 2－5 所示。

1. 科技保险特征

（1）经济性

科技保险保障的科技装备和科研人员，是社会再生产过程中直接或间接的生产资料和劳动力两大经济要素。其担保手段的实现必须以货币支付和补偿。科技保险的基本目标——无论是在宏观还是微观层面——是发展经济。

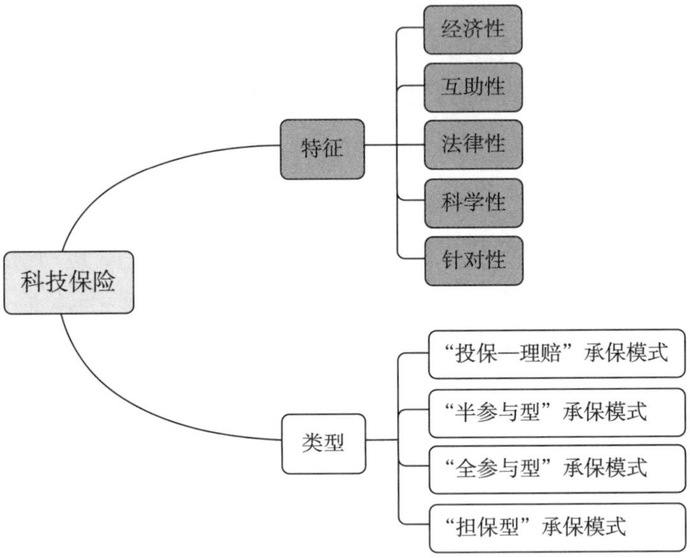

图 2－5　科技保险特征与类型

（2）互助性

科技保险具有“一人为众，众为一人”的互助性特征。这种互助性体现在保险人设立保险基金，大多数投保人支付保险费，并向少数遭受损失的被保险人提供赔偿或付款。

（3）法律性

从法律角度来看，科技保险是一种合同行为，应当以保险合同的形式建立保险关系，保险是当事人双方履行权利和义务的基础。没有保险合同，保险关系也就无法建立。

（4）科学性

科技保险是科学应对风险的有效手段。现代保险经营以概率论和大数法则等科学的数理理论为基础。保险费率的厘定和保险准备金的提存等是基于精确的数理计算。

（5）针对性

科技保险针对特定的科技型企业提供有针对性的保险方案。

2. 科技保险类型

（1）“投保—理赔”承保模式

“投保—理赔”承保模式是最简单也是最传统的保险运作方式。科技型企业将科技设备等投保所需资料交给保险公司，保险公司经过详细审查和风险评估后，确定是否可以承保，达成一致后保险公司与科技型企业签订保险合同，保险公司收取科技型企业的保险费，如果在保险期间发生了保险事故，保险公司需要按照合同要求赔偿风险事件造成的损害。

（2）“半参与型”承保模式

“半参与型”模式是最为复杂的一种承保模式，保险公司承担的风险也较大。该模式主要包括投保、理赔和收益分成 3 部分。在该模式下，企业不用支付保险费，但是一旦科研项目取得成功，保险公司就有权获得该项目的收益分成。如果科研项目发生合同约定的风险事件，保险公司需要按照保险合同的约定进行赔付。保险申请和理赔流程与传统模式类似，区别在于通常需要邀请第三方机构参与出具科研项目收益报告。

（3）“全参与型”承保模式

在“全参与型”模式下，保险公司的角色更进一步，成为科技型企业的投资者和管理者，与科技型企业共同参与科研项目的开发过程，共同承担项目失败的风险，共同分享项目成功的收益。在该模式下，保险公司可以向科技型企业注资，向科技型企业提供项目所需的人力、物力，派遣管理人员参与项目的管理活动，而科技型企业不需要缴纳保险费。

（4）“担保型”承保模式

“担保型”承保模式一般适合中小型科技企业，尤其适用于中小型科技企业的贷款保证保险。中小型科技企业由于实力薄弱、项目风险高、还款不确定性高，在向银行申请贷款时，是否投保贷款担保保险通常是科技型企业能否获得银行贷款的重要条件。在该模式下，参与主体有三方，即科技型企业、保险公司和银行，科技型企业作为投保人，保险公司作为担保人，银行作为被保险人。科技型企业向保险公司申请投保，保险公司经过审查和评估之后确定是否承保，保险公司同意承保后，为科技型企业出具信用担保证明文件，银行根据科技型企业的贷款申请材料和保险公司出具的担保证明进行审核，符合相关条件之后向科技型企业发放贷款。在保单有效期内，如果科技型企业未能在合同规定的时间内还本付息，则由保险公司替科技型企业偿还债务，保险公司有权对科技型企业进行追责。

2.4.3 科技保险作用路径

科技保险作用路径如图 2－6 所示。

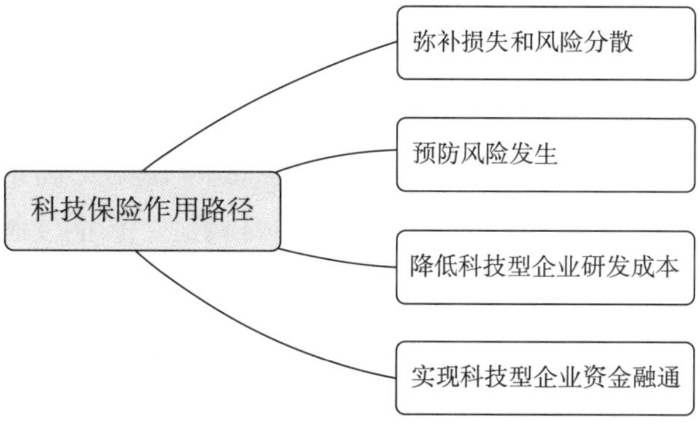

图 2－6　科技保险作用路径

1. 弥补损失和风险分散

科技型企业在进行创新活动时，会面临各种各样的风险，有些风险的隐匿性很强，但是破坏性却极大，一旦发生就会对科技型企业的人员、设备造成极大伤害。企业无论是对人员进行经济赔偿还是重新购置设备，都会付出巨大的经济代价，这种代价可能大到足以让科技型企业破产，进而终止科技创新活动。而当科技型企业选择向保险公司缴纳科技保险保费之后，企业如果发生保险单承保的风险，可以告知投保的保险公司，保险公司拥有专业的现场查勘人员和理赔人员，无论发生财产损失，还是发生科研人员的意外事故，保险公司都会动用一定的人力、物力，协助企业对受损设备进行维修拯救，并且根据保险单的责任划分对受损设备和科研人员进行经济补偿，避免了科技型企业遭受巨大的经济损失，从而让科技创新活动得以继续开展。保险公司在承保科技保险之后，科技型企业可以真正实现科技风险在时间、空间和不同风险单位主体中的分散。

2. 预防风险发生

保险的作用不仅仅在于风险事件发生之后对科技型企业进行经济补偿，更重要的作用在于提前对风险进行识别，预防风险的发生。预防风险是风险管理的主要组成部分，良好的风险管理可以有效地降低风险发生的概率。科技型企业在进行投保时，保险公司会现场调查被投保的科研设备等固定资产，从而确定相应的科技保险产品的保险费率和保险额。同时，保险公司拥有丰富的处置风险的经验，可以根据不同的科技设备所处的场景给出具体的指导，积极参与企业的科学风险预防业务。当科技型企业不配合保险公司的工作时，保险公司可以拒绝承保或是风险发生后拒绝赔偿，所以科技型企业有义务在保单生效期内向保险公司反馈可能存在的风险因子以及潜在损失发生的程度，保险公司可以根据反馈提前做出应对，从而最大限度地降低企业的损失风险。

3. 降低科技型企业研发成本

因为科技风险事件的发生会导致损失转化为研发项目的风险成本，所以企业应在项目研发之前优先考虑风险成本，当预算成本较高时，同步提高风险成本所占的比例。科技型企业如果不选择投保科技保险，那么在科研项目研发的前期准备阶段，必然会考虑风险成本。为承担潜在的技术风险，科技型企业必须预留一部分资金，从而损失了该部分资金的时间价值，这对于大部分现金流紧张的科技型企业而言，无疑是“雪上加霜”。而科技保险的优势就在于科技型企业可以用较少的科技保险费用替换较高的风险成本。一方面，科技型企业可以通过投保科技保险避免遭受潜在科技风险的损失；另一方面，科技型企业可以将多余的资金投入项目研发，降低企业研发成本。

4. 实现科技型企业资金融通

由于技术创新存在风险高、成本高、不确定性高等特性，科技型企业的融资渠道较少、融资成本较高，而且经常面临财务管理不善、现金流紧张的困境，糟糕的财务数据让投资者望而却步，导致融资渠道更少、融资成本更高的恶性循环，结果就是科技型企业越缺钱，融资难度越大。科技保险可以帮助科技型企业缓解这种困境。在损失发生后的理赔阶段，科技型企业向保险公司申请经济补偿，用以弥补风险事件造成的损失，这些经济补偿间接增加了对科研活动的投资。此外，科技型企业投保时需要经过保险公司的风险评估，此举可以向资本市场释放积极的信号，便于科技型企业拓展融资渠道、降低融资成本。

在科技保险中，科技型企业提前支付保险费，在风险事件发生之后，保险公司向科技型企业支付经济补偿。通常科技保险的保险费收取时间与保险赔付支出时间之间有一定的时间差，因此保险公司收取的保费将不会同时全额赔付，保险公司将收取的保险资金投资于银行存款、股票市场、债券市场、不动产市场，获得大量短期固定收益和长期投资收益，实现保险资金的保值和增值，提高资金收入和支付经济补偿的能力，实现资金融通的功能。

2.5　科技资本市场作用机制

2.5.1　科技资本市场概念

关于多层次资本市场，国内外学者进行了广泛的探讨，研究方向和内容也已较为全面，但随着我国经济环境和市场环境的不断发展变化，在一些具体问题上仍有较大研讨空间。在对证券市场层级结构的研究过程中，吴晓求（2002）指出，投资者的巨大需求是证券市场多层次发展的基础，配套的法律制度环境为证券市场的多层次发展和资本市场的多层次发展提供了萌芽土壤，资本市场的多层次化发展具有其必然意义。梁立群（2013）指出，以美国为代表的发达国家证券市场已逐步演变为多层次的市场结构，这些不同层次的市场分工明确，紧密相连，形成了无缝的市场体系，满足不同企业和投资者的需求。易伟（2019）认为，建立多层次资本市场的初衷是为不同发展阶段和投融资需求的企业提供更具针对性的市场准入、交易条件和监管标准等融资服务。胡海峰（2010）提出，中国多层次资本市场的构成是基于中国的经济背景，不同产业的发展需要不同数量和流通程度的金融支持。他指出新兴的高新技术产业和中小企业需要创业板和“新三板”提供灵活的融资支持；区域经济的发展也对区域证券市场提出了现实需求。因此，他得出了我国多层次资本市场仍需进行不断完善的结论。而王颖（2013）针对我国多层次资本市场的制度创新现状进行了分析，并针对相关问题提出如下建议：第一是细化多层次资本市场，使资本市场能够为我国各个阶层的经济发展主体服务；第二是调整股票和债券的品种结构，使两者达到相对平衡；第三是调整上市企业结构，为具有发展潜力的企业提供更加充足的资源供给。

多层次资本市场不仅可以为不同类型、不同规模的科技型企业提供多层次的融资渠道，支持国家创新发展战略和产业结构调整，还能向不同风险偏好、不同资质条件的机构投资者和个人投资者提供投资机会，为社会大众提供一个共享经济发展红利的机会。同时，科技资本市场还能通过价格信号将大量社会闲置资金汇集起来，并且引导流入具有发展潜力的行业和项目中去，从而促进产业发展和经济转型升级，带动就业。

2.5.2　科技资本市场特点

科技资本市场的特点如图 2－7 所示。

1. 科技资本市场亮点

（1）科创板、创业板注册制改革成果显著

2019 年 7 月 22 日，科创板正式运行。2020 年 8 月 24 日，创业板改革并试点注册制首批 18 家首发企业上市交易。截至 2020 年 10 月 30 日，已有 41 家企业通过注册制审查成功上市，重点关注成长型创新创业企业，实现与科创板的错位竞争。

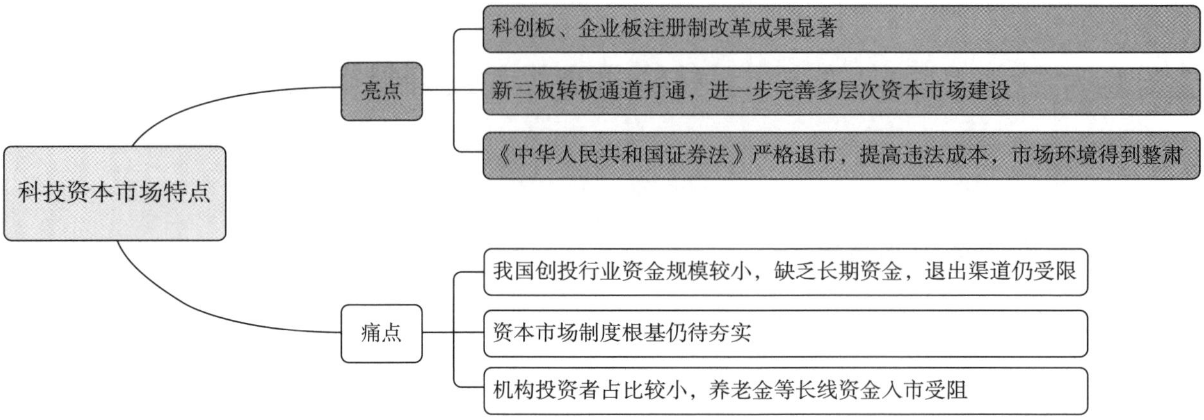

图 2-7　科技资本市场的特点

（2）新三板转板通道打通，进一步完善多层次资本市场建设

2020 年 6 月 3 日，新三板转板机制正式落地实施，精选层企业连续挂牌满一年、符合上市条件的挂牌公司，将可以直接申请转板到科创板或创业板上市。截至 2020 年 10 月 30 日，基础层、创新层、精选层挂牌公司分别为 7087、1163、32 家，新规落地后共有 25 家挂牌企业申请转板。

（3）《中华人民共和国证券法》严格退市，提高违法成本，市场环境得到整肃

在退市方面，自 2019 年登记制度改革实施以来，退市标准逐步弱化了营利指标，取消了暂停和恢复上市程序。自 2019 年以来，共有 29 家 A 股退市公司，超过了过去 5 年的退市总数。在执法方面，新版《中华人民共和国证券法》将财务造假处罚上限从 60 万元大幅提高到 1000 万元，为集体诉讼留出了空间。

2. 科技资本市场痛点

（1）我国创投行业资金规模较小，缺乏长期资金，退出渠道仍受限

创业投资基金属于协会备案的私募基金，民间资本参与门槛较高，决定了其融资渠道受限，政府发起或由国企设立的创投企业国有资本应用受严格监管，不能有效发挥创投资金灵活高效的优势。风险投资资本变现回收主要有 IPO、股权转让、并购、企业回购等，A 股市场当前上市门槛高、大股东减持受限等都会成为创投机构退出获利的阻碍。

（2）资本市场制度根基仍待夯实

新版《中华人民共和国证券法》不足以阻止动辄数亿元的证券欺诈案件，仍需推动《中华人民共和国刑法》联动修订，加大执法力度，完善对证券犯罪的处罚规制，增强监管威慑力，提高事中、事后监管水平，从单位到个人将“违规披露、不披露重要信息罪”的主体认定扩大。

（3）机构投资者占比较少，养老金等长线资金入市受阻

占比较少的机构投资者不利于引领价值投资理念，发挥市场稳定器的作用。养老金等沉睡的长线资金尚未被充分调动，养老金赤字、低回报率现象普遍。我国养老金起步较晚，且在运营过程中出现了需要财政兜底的问题，养老金投资股票市场目前面临着较为严格的约束。

2.5.3　科技资本市场作用路径

科技资本市场的作用路径如图2-8所示。

1. 实现科技型企业资金融通

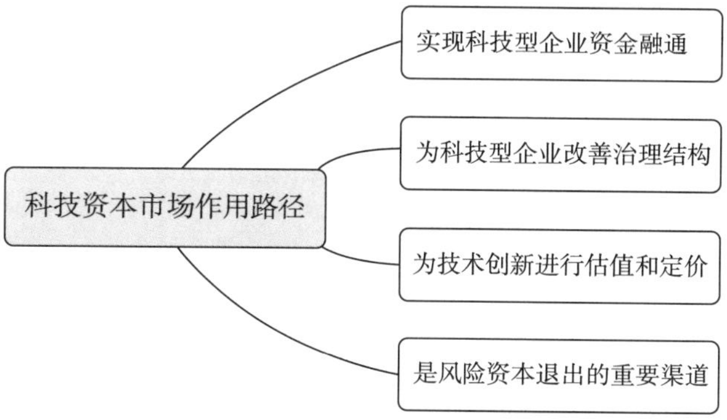

图2-8　科技资本市场的作用路径

科技型企业的发展通常需要经历种子期、萌芽期、上升期、成熟期、衰败期5个阶段，每个阶段都需要大量的资金支持项目研发、项目投产、市场推广。不同阶段的科技型企业对资金的需求特征不同，不同层次的资本市场需要契合处于不同发展阶段的科技型企业的融资需求。处于种子期和萌芽期的科技型企业通常规模较小、实力较弱、还未开始营利，很难获得风险偏好较低的银行的贷款，创业风险投资的高风险、高收益属性恰好契合这一阶段的科技型企业的融资需求特征；处于上升期的科技型企业通常规模迅速扩大、市场份额加速上升，创业板市场成为这一阶段科技型企业的一种重要的融资渠道；处于成熟期的科技型企业通常规模保持平稳、盈利稳中有升，主板市场成为这一阶段科技型企业的一种重要的融资渠道。

2. 为科技型企业改善治理结构

多层次资本市场不仅解决了科技型企业的融资问题，还可以极大地改善科技型企业的治理结构。处于种子期和萌芽期的科技型企业多数是私有企业或者合伙制企业，企业的运作不够规范、治理结构不够完善，创业风险投资不仅提供了科技型企业发展所需要的资金，还通过独有的运作模式——有限合伙制，改善科技型企业的治理结构。有限合伙制具有合伙制和股份制双重特点，风险投资机构承担有限责任，而科技型企业的创始人则承担无限责任。这种制度安排具有良好的激励机制和约束机制，有助于科技型企业变革内部治理结构。处于上升期和成熟期的科技型企业在上市之前，必须建立健全股东大会、董事会、监事会、独立董事、董事会秘书制度，完善内部控制制度。可以说，上市的过程也是科技型企业完善治理结构的过程；在上市后资本市场改善科技型企业治理结构，可以通过股权激励、股票价格波动、信息披露等方式发挥对企业的激励、约束和监督的作用。

3. 为技术创新进行估值和定价

科技型企业通常只有少量的固定资产，而无形资产和科研人员则是科技型企业的核心资产，但是无形资产和科研人员的价值又难以进行准确计量，科技资产市场提供了解决方案。多层次资本市场拥有大量的投资者，其中不乏专业的投资机构、行业调研员。同时，资本市场还具有充足的流动性和较完善的信息披露制度，有价值、有前途、有核心竞争力的科技型企业会被投资者追捧，没有价值、没有未来、没有核心竞争力的科技型企业会被投资者舍弃，一切的信息都被反映在价格之中。

4. 是风险资本退出的重要渠道

科技型企业发展要经历 5 个阶段，不会从种子期直接跨越到上升期和成熟期，所以如何让科技型企业从种子期、萌芽期顺利过渡到上升期、成熟期至关重要，而创业风险投资在这一过渡阶段就发挥了重要的承上启下的作用。所以，要促进科技型企业发展由弱变强，就需要让创业风险投资的付出有所回报。创业风险投资愿意支持种子期、萌芽期科技型企业的关键在于疏通风险投资退出渠道。而流动性充裕、多层次、制度完善的资本市场会大大降低风险投资的退出成本，退出的风险投资又会去寻找下一个种子期的科技型企业，形成风险投资支持科技创新的正向循环。

第 2 篇　实践篇

第 3 章　综合性国家科学中心科技金融典型实践

自 2010 年五部委联合下发《关于印发促进科技和金融结合试点实施方案的通知》，强调科技金融在加快成果转化、培育战略性新兴产业和增强自主创新能力建设等方面的重要作用，并在拥有国家自主创新示范区、国家重点实验室等科技金融资源密集的创新型城市先行试点。本篇主要介绍了在首批开展科技金融试点工作中发挥了本土特色优势且表现较为突出的合肥、北京、上海、深圳 4 座城市的典型实践。作为国务院部署的 4 大综合性国家科学中心所在地，4 座城市拥有世界一流的核心技术尖端研发水平和完备的重大研究基础设施，更加注重把握科技和金融发展规律，探索两者结合新机制，通过政策引导、创新财政投入方式，合理分配社会资本，提高企业科技自主创新能力。这 4 座城市开展试点取得的科技金融成果，为我国全面推进科技金融建设提供实践基础，以试点带动示范，通过推广地区成功经验，在全国范围内培育更多战略性新兴产业，形成多元化、多层次、多渠道的科技投融资体系，对加快建设创新型国家具有重要意义。

3.1　综合性国家科学中心——合肥

3.1.1　合肥综合性国家科学中心发展现状与定位

合肥水渠流系发达，是我国唯一怀拥五大淡水湖之一——巢湖为内湖的城市，同时也是科教名城，集“国家科技创新型试点市”“国家首批科技金融试点城市”“综合性国家科学中心”等“国字号”创新品牌于一身。合肥创新科技发展历程如图 3 - 1 所示。

1. 大湖名城，创新高地

合肥综合性国家科学中心建设方案于 2017 年 1 月 10 日获得国家发展改革委和科技部联合复批，汇聚国家大科学装置和顶尖科研人才，其中信息、能源、健康、环境 4 大领域为核心聚焦产业，同时辅以多学科交叉技术研究。它的建立意味着安徽省在全国科技创新布局中具有重要战略地位，未来将成为我国参与国际科技合作与竞争的中坚力量。根据建设方案中的发展定位，合肥将不断探索新型运行管理模式，在 2020 年已基本建成的国家创新体系平台基础上，激发创新驱动源动力，向重难点科研项目制高点奋进，致力于 2030 年建成面向国际开放型的综合性国家科学中心。

以合肥综合性国家科学中心为指引，合肥已形成在 4 大高新技术专项领域的独特优势，分别是量子通信、智能语音、核聚变和强磁场领域，且在全球都处于领先地位。如中国科学

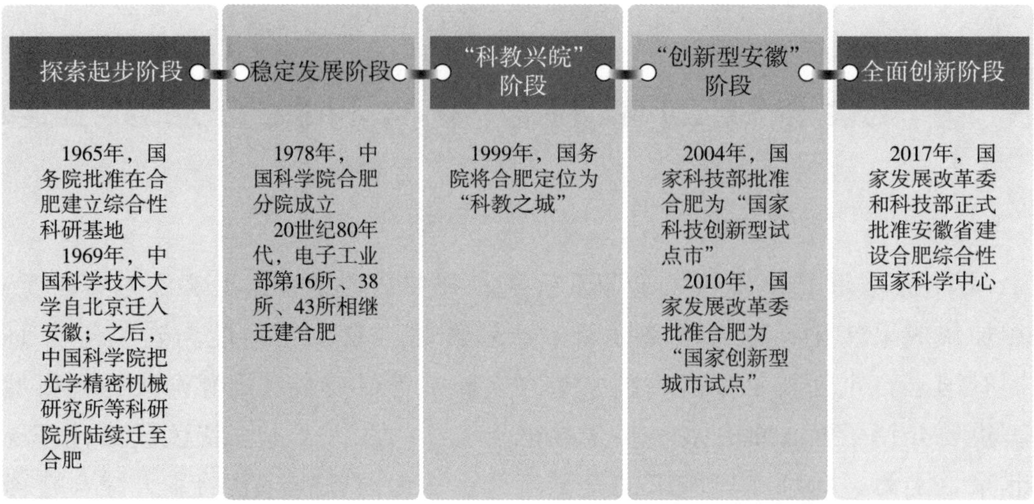

图 3-1 合肥创新科技发展历程图

（资料来源：中金公司研究部）

院批准依托中国科学技术大学成立的量子信息重点实验室，是中国量子信息领域第一个省部级重点实验室。世界首个全超导托卡马克装置位于合肥科学岛，多项专利实现国际技术突破。

2. 金融活水，“贷”动创新

合肥拥有深厚的科技底蕴和创新基因，通过创新金融模式为战略性新兴产业注入金融活水。目前合肥形成以高新区为核心区，经开区、新站区、合巢经开区为三大拓展区的科技金融示范片区。图 3-2 展示的是合肥科技金融示范片区产业分布。

图 3-2 合肥科技金融示范片区产业分布

从高新核心区来看，合肥高新区以建设“世界一流高科技园区”的总体目标，打造产业、创新、人才、金融支持链条，在对科技型企业的支持方面，充分发挥政府引领作用，推出新型特色金融产品，集聚众多金融机构力量打造全方位、多元化、多层次的科技金融服务体系，建立围绕战略性新兴产业的金融链资金生态圈。

（1）创新金融产品

高新区根据企业不同成长阶段、抗风险能力等因素，量体裁衣提供覆盖全生命周期的金融产品，精准投放适合企业的融资方式，推出“创新贷”“青创资金”等金融产品。表 3-1 展示了高新区不同生命周期的代表性金融产品。截至 2020 年年底，各金融产品累计支持 4664 家企业，提供超 90 亿元资金贷款。

表 3－1　合肥高新区不同生命周期的代表性金融产品一览表

类　别	代表产品	成　效
初创期	“天使投”“孵化基金”“青创资金”等	通过股权及债权方式，累计支持 179 家企业，支持资金达 2.67 亿元
成长期	“创新贷”“政保贷”“税融通”“转贷资金”等	通过债权方式，累计支持 174 家企业，支持资金达 4.43 亿元
成熟期	“订单贷”“挂牌贷”“产业投资基金”等	通过股权及债权方式，累计支持 76 家企业，支持资金达 9.80 亿元

（2）多层次资本市场

除了鼓励初具规模成型企业在主板、中小板上市，还为初创型科技型企业找到合适的融资渠道，位于高新区的安徽省股权托管交易中心（以下简称“安徽股交”）作为场外市场为中心挂牌托管企业提供融资服务，助力企业转板上市。此外，高新区推出双创投资引导基金融资模式，双创投资引导基金为企业成长全周期提供天使投资、PE/VC 融资；双创孵化引导基金侧重引领众创空间、孵化器为种子期、初创期企业提供融资服务。

总体来看，资本市场为科技型企业提供遍布场内场外、股权债权、天使风险投资、私募的多层次体系。图 3－3 展示了合肥高新区多层次资本市场体系的具体架构。2020 年，高新区实现国盾量子、皖仪科技、会通新材料、立方制药 5 家企业首发上市，成功募集资金 23.8 亿元。

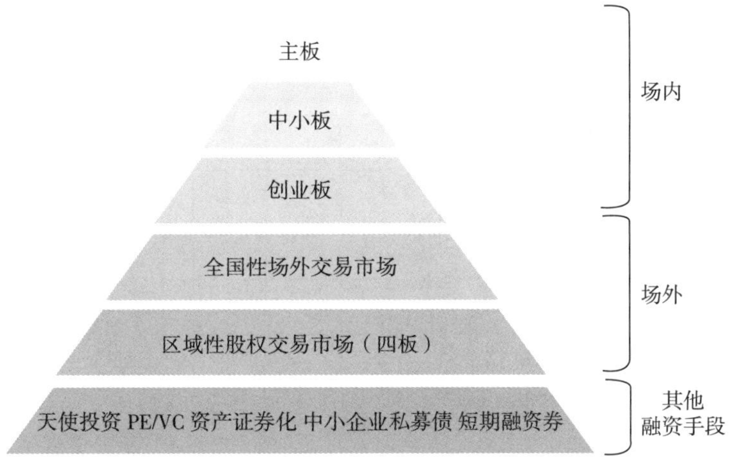

图 3－3　合肥高新区多层次资本市场体系

（3）政府引导多机构共同助力

高新区政府发挥引领作用，出资 4.28 亿元设立并参股中兴合创、兴皖创投等投资基金，为园区内科技型企业提供资金扶持，同时引进合肥高新建设投资集团公司（以下简称“高新集团”）等 20 多家投资机构、安徽省科技融资担保公司、合作银行等金融协作组织共募集到 25.61 亿元。高新集团以高新区重点产业发展为工作指引，促进园区产业转型升级，与政府合作率先设立了安徽省第一支政府引导天使基金，并引导社会资本共同参与助力企业投融资支撑体系。截至 2020 年年底，高新区参与 200 多支股权投资基金，汇集资金规模超过 2500 亿元，形成“政府引导、市场管理、产业培育、企业壮大”的科技创新良性循环。

3. 龙头引领，产业集群

合肥市政府运作管理基金进行产业投资引导，带领其他风险投资机构联动投贷集聚发展，筹集资金服务于高科技产业，吸引高尖端技术企业入驻合肥。实践证明从京东方到兆易创新再到蔚来汽车，这种产业基金运作形式取得了巨大成功。合肥市培育出实力雄厚、专利技术水平高的龙头企业在众多企业中勇立潮头，带领产业集群茁壮成长。

龙头企业主要集中在八大核心产业，它们分别是芯片产业、新型显示产业、新能源汽车产业、人工智能与产业的融合、集成电路产业、智能终端产业、生物医药产业、智能语音及人工智能产业。2021 年 1 月，合肥市正式将八大产业概括为“芯屏汽合、集终生智”，作为构建现代化产业体系战略指引。

合肥京东方光电科技有限公司（以下简称“合肥京东方”）是一家从事显示屏相关产业的高科技企业，合肥市政府在企业显示屏项目研发设计过程中提供大量资金扶持，组建合肥芯屏产业投资基金（以下简称“芯屏基金”），创新投融资新模式，调动资本市场募资对显示、集成电路等新型产业的积极性，构建良好的科技金融支撑体系。合肥京东方现已建成国内首条第六代液晶显示器件生产线，成为我国显示领域综合实力最强的高科技企业之一。截至 2020 年 12 月，芯屏基金实缴规模已达 265 亿元，规模上迈入全国私募股权基金头部方阵，募集的资金全部投向集成电路和新型显示上下游产业链，累计完成对外投资 366 亿元，实现资源在市场、金融、产业等领域充分融合，为重大产业项目资金需求提供坚实的保障。图 3 - 4 显示出 2015—2019 年合肥六大主导产业增加值年均复合增速。

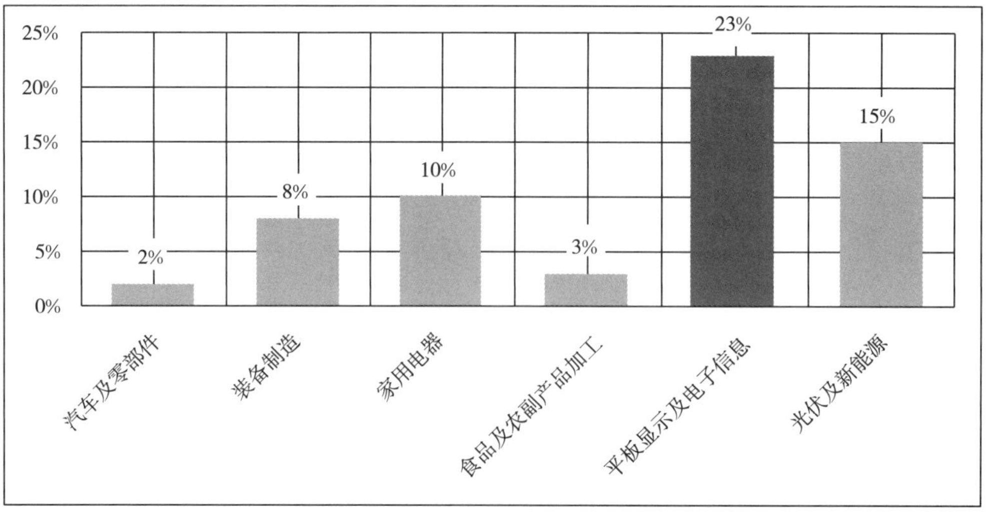

图 3 - 4　2015—2019 年合肥六大主导产业增加值年均复合增速

（数据来源：合肥市统计局）

此外，“合肥长鑫”积极投身芯片研发制造；“合肥京东方”“维信诺”深耕显示屏技术领域；“长鑫存储”“晶合晶圆”推动集成电路产业崛起；“科大讯飞”引领中国声谷项目在智能语音和人工智能领域打造创新高地；蔚来中国总部入肥，助力合肥打造新能源汽车之都。截至 2020 年 12 月，合肥共有 59 家 A 股上市公司，市值累计达 7346.43 亿元，其中 16 家市值超 100 亿。从图 3－5 可以看出，这些企业大都集中于电子信息、通用技术等新兴科技产业，带动合肥市经济增长。

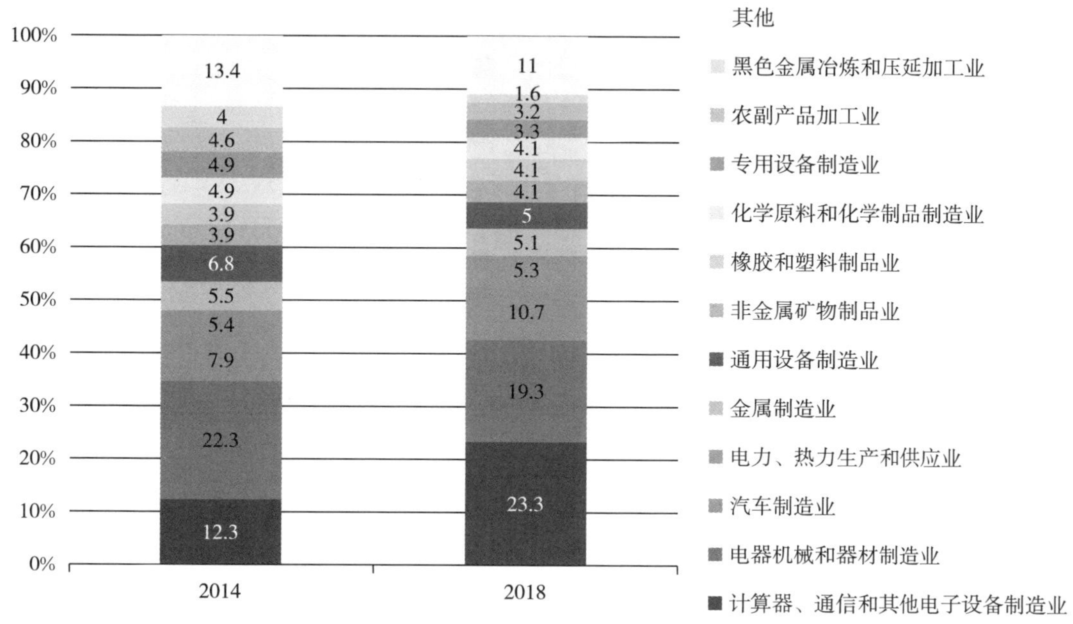

图 3－5　合肥规模以上工业企业主营业务收入行业分布

（数据来源：中金公司研究部）

虽然合肥市在电子显示屏等技术创新领域处于领先地位，但科技金融总体绩效与发达地区还存在一定的差距，主要体现在科技金融产品创新品类较少、直接融资工具数量有限等方面。在贷款风险评估方面，合肥市没有较为匹配的科技保险风控体系来承担风险，缺乏企业征信库系统建设，导致创投机构投资积极性不高。此外，合肥市在科技成果实现产业化投产方面存在壁垒，如何打通科技创新最后一道关卡成为亟待解决的问题。

3.1.2　合肥科技金融典型实践

1. 天使投资基金

合肥作为冉冉兴起的科技之城，近年来在集成电路、智能交通、移动互联等战略性新兴产业中涌现出一大批具有发展潜力的科技型企业，这些正处于萌芽生长阶段（种子期、初创期）的企业在研发投入和创新成果转化等方面迫切需要资金援助，因此合肥市政府采用设立天使投资基金的办法为企业提供资金扶持。

2014 年 5 月，合肥市正式设立以政府为导向的天使投资基金，出台《合肥市天使投资基金管理办法》。图 3－6 展示了截至 2018 年 6 月，合肥市天使投资基金运营情况。

（1）天使投资基金产生的原因

① 初创期的科技型企业传统融资方式受困。科技型企业发展模式一般要经历种子期、初创期、成长期、扩张期、成熟期，其中成熟期又分为未上市成熟期和上市成熟期。处于种

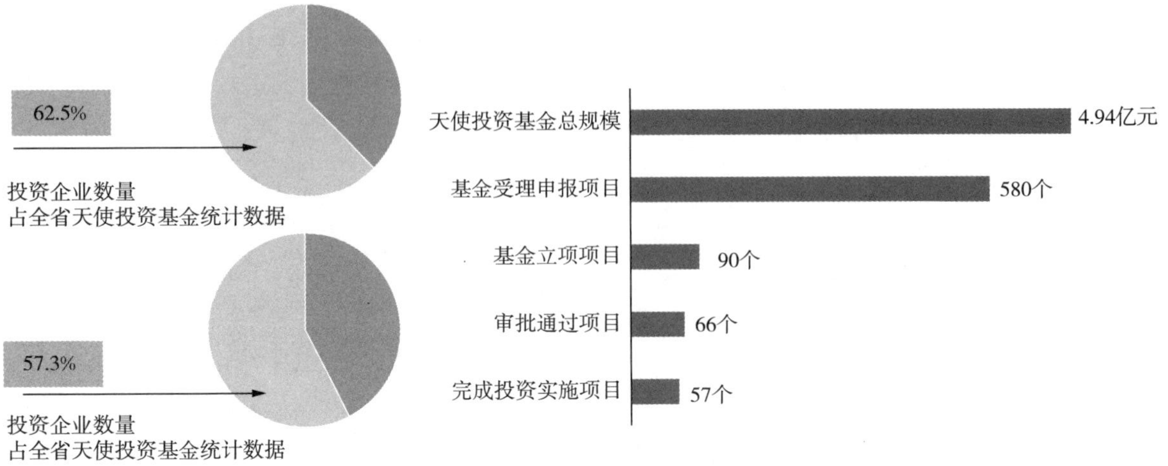

图 3-6　合肥市天使投资基金运营情况

（数据来源：安徽省科技厅）

子期、初创期的科技型企业没有较多营利收入、拥有的轻资产不能作为抵押，缺乏固定资产作担保，很难从银行获取贷款。

② 风险投资偏好成熟期科技型企业。风险投资金融机构倾向于投资处于成熟期但未上市的企业，这些企业已经具备一定的规模和盈利水平，风险投资机构可在企业上市后卖出所持股份获得巨额收益，投资收益不确定性极大降低。因此，对于种子期、初创期的科技型企业来说，资金成为阻碍其发展道路的绊脚石。图 3-7 展示企业不同生命周期融资结构情况。

（2）天使投资基金投资对象

天使投资基金投资对象大多是科技型企业，具有科技含量高、拥有知识产权、创新程度高、商业模式新颖等特点，所属领域都是合肥市重点规划战略中的高新技术新兴产业。此外，这些企业还有一个共通点，那就是大多数处于种子期、初创期。如省级以上孵化器内孵化的种子期科技型企业、由科研院所高新技术成果创立的科技型企业、大学生创业种子期科技型企业、以合肥市创新创业竞赛获奖的优秀项目为依托创立的种子期科技型企业等，都涵盖在天使投资基金投资范围内。图 3-8 展示了合肥市天使投资基金的投资细则。

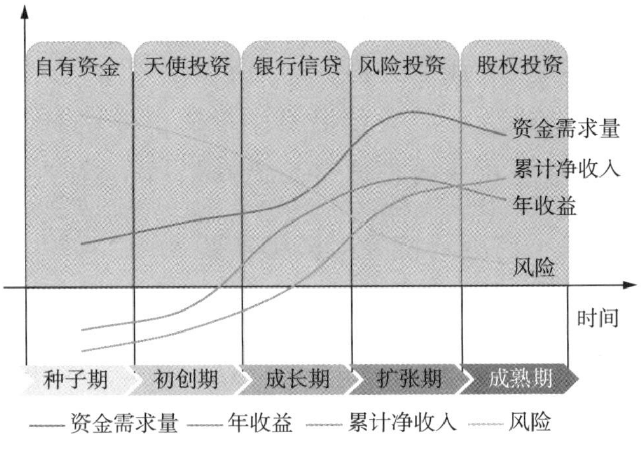

图 3-7　企业不同生命周期融资结构

（3）天使投资基金运作模式

① 组织框架。设立天使投资基金管理委员会（以下简称“管委会”），下设办公室（以下简称“基金办”）。管委会作为基金决策机构，委托专业基金管理公司负责日常基金管理，

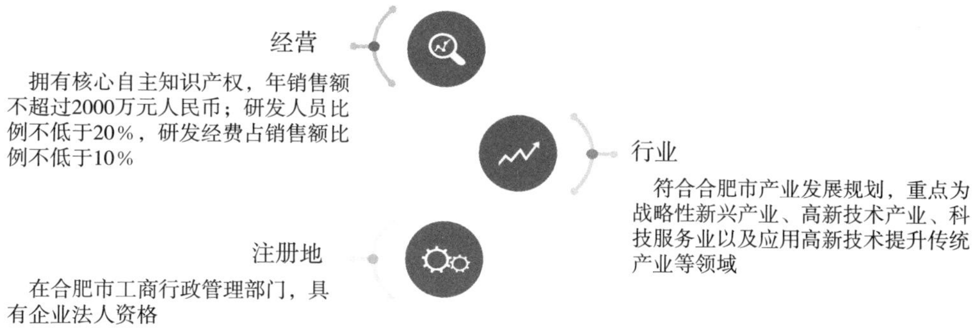

图 3-8 合肥市天使投资基金投资细则

批准投资项目，以及监督、辅导被投资企业经营发展情况，定期向基金管理公司支付一定费用。基金办作为管理机构，搜集部分被投资企业信息，帮助建立天使投资项目资源库，成立基金咨询专家组对项目进行评审，后报管委会批准。基金管理公司作为第三方委托机构，对被投资项目进行财务、行业等分析后提出评审意见，报基金办批准，与被投企业签署协议后，设立基金专户管理，以基金出资方式买入被投企业的股权、债权，并定期进行监督检查，提出管理建议，每个年度结束分析投资损益、重大事件披露情况，生成基金运行报告，并提供会计报表供注册会计师审计。基金托管银行（以下简称“托管行”）主要负责托管专项基金账户，每月向基金管理公司出具监测报告。具体架构如图 3-9 所示。

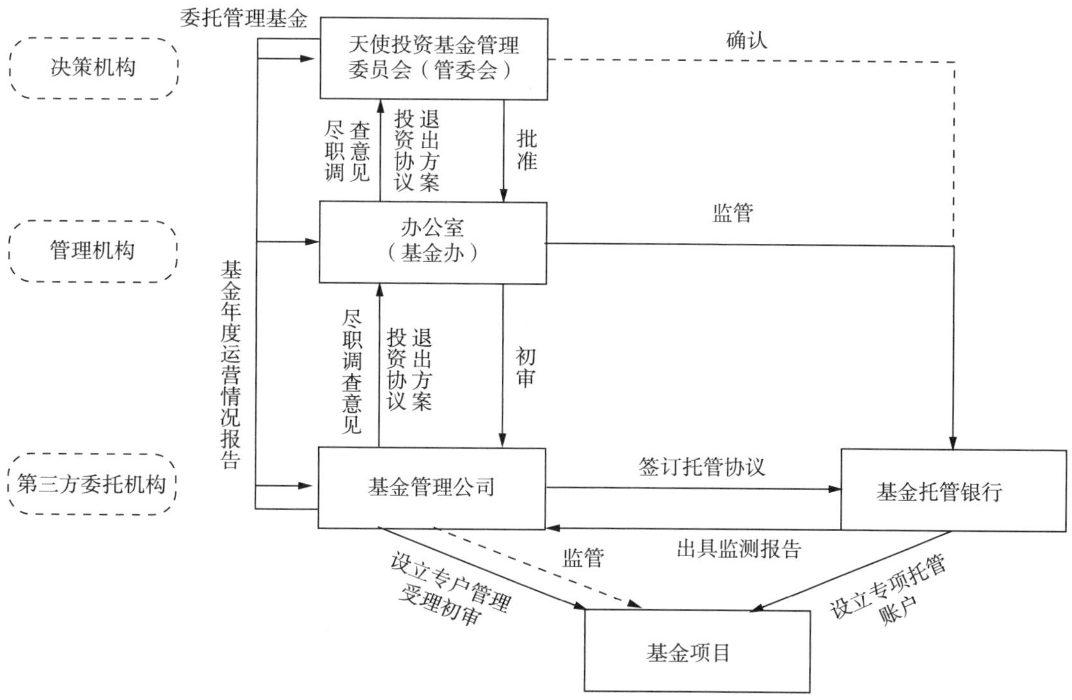

图 3-9 合肥市天使投资基金具体架构

2017 年 4 月，合肥市政府对天使投资基金模式进行升级改造，由资金托管改为公司制经营模式，成立合肥市天使投资基金有限公司，由母公司合肥市创新科技风险投资有限公司作为基金管理人。

② 资金投资形式。天使投资基金资金主要来源于合肥市政府指定国有企业初始投资额、投资项目收益。政府具有基金运作管理最终决策权。

基金以购买企业股票参股形式或购买企业债券形式对企业进行投资，还可以与其他区、县共同设立天使投资子基金的形式鼓励吸引高层次科技人才来合肥创办企业。表 3－2 为合肥市天使投资基金具体管理细则。

表 3－2 合肥市天使投资基金具体管理细则

天使投资基金管理细则	
投资额度	各类引进高层次科技人才团队，基金投资不超过 1000 万元，基金对单个企业股权（债权）投资额度原则上不超过 500 万元
项目投资	天使基金用于 200 万元以下扶持额度的项目投资资金占比，可达到天使基金总额的 30%左右；100 万元以下的投资项目，由基金管理公司报基金办备案后投资
股权、债权投资	股权投资，累计持股比例最高不超过 35%；债权投资期限原则上不超过 3 年，最长不超过 5 年，3 年期满评估确定是否展期到 5 年或转为股权投资

③ 退出机制。基金管理公司当初与被投资企业签订的投资协议约定期限已满或打算提前退出项目，报经管委会批准同意后，无特殊情况下，按照基金管理公司、被投企业、其他出资人的顺序依次转让。对于原先以股权出资的退出方式有：企业若实现上市，则可在股票市场上公开卖出股票；也可找下一个投资方进行股权转让；或者直接由企业自身赎回进行股票回购等。基金退出的价格制定一般先看当初签订的投资协议事先有无规定退出价格，有约定的按照合同价格执行，若没有约定，按照当前市场公允价格进行计算。

④ 奖励机制。

上市奖励。科技型企业发展到一定规模最理想状态是达到上市条件。能够达到上市标准的企业，意味着资产规模达到了一定的抗风险能力，收益稳定。上市可提供给企业更多渠道的融资平台，筹集到更多社会资金。如果被投资企业 5 年内在我国主板、中小板、创业板等成功上市，天使基金在退出时，只拿走当初投资的金额，剩余股票或债权出售的溢价部分将全部奖励给被投企业。

规模奖励。制定一定经营时间范围内，主营业务收入或上缴税收基准，当被投企业达到标准时给予奖励。

其他奖励方式。管委会批准被投企业拟定的奖励方案，由被投企业股东大会审议实施。

（4）天使投资基金创新优势

天使投资基金转变了政府投资模式，由直接给企业资金补贴转变为基金投入模式，在企业初期就开始投入，参与企业成长整个过程，能够更加及时地在科技型企业遇到资金困难时提供帮助。

以往合肥市政府针对科技型企业采用直接补贴的方式，钱款单方向从政府汇入企业就结束了，两者不能直接建立联系，作用效果并不明显。天使投资基金可使政府和企业受益共享，政府也获得一定利润来源，改变了政府以往非营利性投资政策，政府获得的收益可以滚动式投资延续到下一项目周期或另一高新技术项目中去，因此投资规模不断壮大且不断吸引其他机构投资者加入。天使投资基金覆盖科技领域圈层不断扩大，投资数额相较于过去更大、更集中、更持久，助力科技型企业走得更加长远。

天使投资基金并不直接参与企业日常运营，仅提供资金帮助，给企业创造了极大的自主经营环境。高层次专家团队在自己的专业技术领域进行创新研发，金融机构人员运用所学金融知识提供资金扶持，大家各司其职，更好地发挥各自的专长，降低信息沟通成本并提高公司整体运营效率。

2. 特色金融产品

合肥市科技金融体系出台了一系列较为有特色的金融产品。从产品设立参与方角度来看，它们拥有一个共通的属性，简称“政银担”模式。下面介绍几款典型的“政银担”金融产品模式。

（1）“DT”贷

合肥市庐阳区推出的安徽省首个主要支持大数据科技产业发展的新型金融产品，由政府联合银行、担保机构共同组建，为数字科技型企业提供贷款支持。

自 2020 年 1 月开始实施，10 个月内已有 13 家科技型企业获得“DT”贷支持，大多从事大数据、节能环保、智能健康等高新技术领域，累计发放贷款近 4000 万元，促进“金融＋大数据”紧密结合发展。

① 风险共担延长贷款期限。“DT”贷由合肥市庐阳区政府、银行、担保机构共同合作并共担风险。区财政局负责搭建风险补偿资金池，承担违约还款企业的债务，减轻了银行因不能及时收回贷款的放贷压力，为企业申请借款增信，从而让银行能够提供给企业更长期的贷款。“DT”贷规定贷款期限可申请至 2 年，贷款金额最高可达 500 万，极大地解决了大数据科技型企业因缺乏固定资产抵押没有资格获取贷款以及研发周期较长无法获得长期贷款的难题，精准匹配了大数据科技型企业的融资痛点问题。

② 撬动杠杆扩大资金池。合肥市庐阳区政府财政出资 1000 万作为风险补偿资金池，合作银行以此为基准，利用杠杆扩大放款规模，提供贷款金额为风险补偿金额的 10 倍，即“DT”贷产品总规模为 1 亿。“DT”贷产品充分发挥了政府资金引导作用和银行信贷杠杆作用，汇集社会各方资金流，为更多大数据科技型企业资金需求提供帮助，更大程度地激发社会创造活力。

③ 贴息支持低成本。“DT”贷按照同期贷款基准利率的 70％予以补贴，企业最高可获得 30 万贴息补偿金额，极大地降低了企业融资成本，减轻债务负担，增强企业创新动力。

（2）青创贷

“青创贷”于 2015 年 1 月率先在合肥高新科技园开展试点工作，由高新区政府引导，合肥市高新区高创公司和园区内银行机构合作，为青年创业群体提供金融贷款服务，共有两种模式产品，分别是“创意贷”和“助跑贷”产品。

①“创意贷”和“助跑贷”共同点：两者服务对象都是青年创业公司，具有一般萌芽期企业的共通属性，缺少资产抵押物，传统融资路径较困难。

②“创意贷”和“助跑贷”的区别：“创意贷”侧重于提供免抵押贷款，但为了降低违约事件发生，要求企业在申请贷款时明确创业领域，对创业项目有详细的规划方案，资金用途明晰。因此，“创意贷”更多的是针对初创期企业，仅有一定的自筹资本，单户贷款不超过100万元。“助跑贷”侧重于贷款企业凭借放大2倍抵押资产融得更多创业资金，对企业有一定的要求，需要具备一定的固定资产、财务信息真实、财务制度完善、资产负债率不高于60%。因此，“助跑贷”更多的是针对成长期企业，企业要具有一定的资产规模，较“创意贷”提供贷款额度更高，单户贷款不超过300万元。

③“青创贷”取得成就。“青创贷”引导的创新金融产品模式正在青年群体中成规模效益扩大，已由最初1.5亿元引导资本扩大近5倍，共支持698家项目，直接投资金额超4.69亿元，80%企业是首次获得贷款，100%助力于“80后”“90后”青年创业者。

（3）科创贷

“科创贷”泛指为合肥高新技术企业提供的低利率贷款的金融产品，现在合肥不同市区得到广泛开展应用。以合肥蜀山区为例，蜀山区科技局为引导，中国银行安徽省分行、区城投金鼎担保公司（以下简称“金鼎担保”）加入“科创贷”合作单位，共同为蜀山区科技型中小企业提供贷款。

蜀山区科技局出资250万元作为“科创贷”引导资金，金鼎担保按1∶1比例出资，建立500万风险资金池，银行在此基础上扩大10倍向企业提供5000万元信贷资金。同时，“科创贷”为进一步降低企业融资成本，出台相应贴息、贴费政策。

3.1.3 合肥科技金融经验总结

1. 基金引导产业集群发展

合肥依托现有政府引导天使投资基金为基础，未来将拥有更高水准引导基金模式，主要体现在引导基金退出机制、激励机制、利益让渡政策等方面更加成熟完善，充分调动政府引导扩资杠杆作用，调动创投市场积极性。基金引导投资机构未来持续为创新产业链集聚蓄力，通过加强与科技园区联系，形成园区带动片区发展，片区带动聚焦整个产业生态建设。

2. 创新银行投贷联动业务

合肥银行业已形成较为突出的金融产品特色，未来将继续保持优良传统，不断创新金融产品，以提供更精准的配套融资服务。此外，未来在肥银行发展趋势将重点支持以“投贷联动”为核心组织开展的信贷活动，以投资带动贷款面积扩大，债权和股权投资融合有助于银行、证券、创投机构等加强合作，构建交流信息服务平台，降低融资成本。

3. 破除知识产权成果转化壁垒

合肥市现阶段知识产权成果转化率较低。未来建设的知识产权托管体系，使得知识产权价值得到更加科学的评估，无形资产价值得到充分的挖掘，从知识产权质押起步，贯穿贷款、研发、生产到最终成果转化的整个过程，简化了科技成果转化流程。未来，整条科技产业链上的各个节点将积极践行市场化运营，引入的担保、评级、评估机构优化使得技术转让、合同签订、许可证明等环节更加科学，最终实现知识产权成果转化破壁。

3.2　综合性国家科学中心——北京

3.2.1　北京综合性国家科学中心发展现状与定位

新一轮科技和产业革命突飞猛进，北京作为我国科技金融发展的“领头雁”，一直致力于打造“首都特色、全国辐射、国内示范、国际标准”的科技金融发展示范高地。

1. 科技园区集聚金融产业

北京向打造国际科技创新中心迈进，以围绕几大科技园区为主平台聚焦前沿领域、攻克尖端技术，汇聚科研人才。图 3－10 展示了北京市几大科技园区产业资源情况。

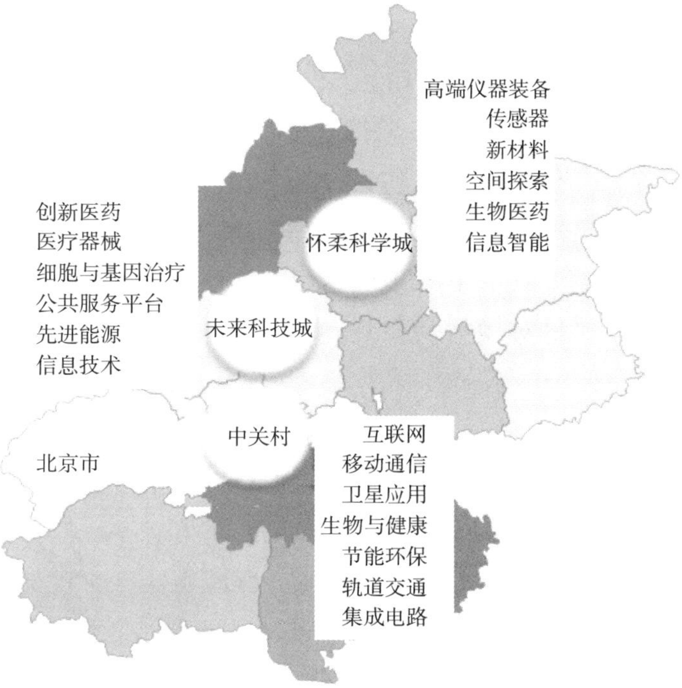

图 3－10　北京几大科技园区产业资源分布

北京怀柔综合性国家科学中心于 2017 年 5 月获国家发展改革委和科技部联合复批，以高端仪器装备和传感器为产业着力点，截至 2021 年 9 月，已布局 40 多个大科学装置和科教设施，是全球大科学装置最密集的地区之一。为打造世界级仪器装备先导区，怀柔综合性国家科学中心采取“头部企业＋科学装置”的发展模式，对焦国际顶级科研机构引入和开展合作工作，加快“1＋1＋N”产业园区布局进程。该科学中心致力于 2030 年实现专项领域重大突破，依托高端设施集群创新策源地顶层设计，孵化顶尖品牌在世界级广阔应用场景起到引领示范作用。

中关村科技水平雄厚，国家科研所、重点实验室和工程研究中心都汇聚于此，科学大装置等设备基础完善，40 多所高等院校源源不断地为科研团队输送人才后备军。截至 2020 年年底，入驻的高新技术企业多达2.8万家，发明专利超14万件，上市公司总数量达406家，其中新增上市公司40家。中关村培育着“中国硅谷”，涌现出一大批优秀的科技型企业，众多金融机构逐渐向中关村靠拢，形成科技牵引、金融助推的科技金融集群产业。中关村异军突起逐渐成为北京第四大金融集聚区，构建的中关村PE大厦吸引近163家股权投资机构入驻，其中外资银行8家。市场化运作“天使＋孵化”投资，投入巨额资金为创业者提供企业培训等，主要聚焦于互联网、人工智能等高新产业。

2. 信息交流平台服务升级

北京科技金融发展时刻从企业自身出发，注重企业获取金融资源的通畅度，积极构建企业和金融机构间的信息交流平台。中关村科技金融服务平台（以下简称“中金服”）于2020年10月上线，意味着为科技型企业的金融服务实现“线上＋线下”闭环回路。平台主要为企业提供股权、债权和增值服务三大业务，企业在线提交所需融资金额、有无抵押、有无补贴、审批时间等融资申请，平台对企业精准画像，从而智能匹配出适合企业的金融产品，极大地缩短了企业获得贷款的时间，提高了工作效率。仅试运营期间，服务约890个项目，企业上市融资培训多达33场，培训人数超4300人次。

在股权业务板块，平台以创业投资和天使母子基金为主要融资方式。在债权业务板块，从企业种子期起步到最终上市和并购重组实现全面覆盖，平台提供保姆式“一条龙”金融服务。同时，平台还与银行、担保、租赁合作设计多品种债权产品以供企业选择，仅小贷业务线就提供了9种产品。图3-11展示了“中金服”债权服务品种。此外，平台还为园区内企业提供额外增值服务，通过项目对接活动促进产融对接，为创业者提供咨询培训服务，构建融资融智的科技金融服务新体系。

3. 打造专营科技金融支行

银行机构作为推进北京科技金融发展的“排头兵”，是为科技型企业提供贷款资金的主力军。北京银行率先成立专为科技型中小企业打造的特色支行，主要特点是创新设计金融产品，为企业提供适配的金融服务。

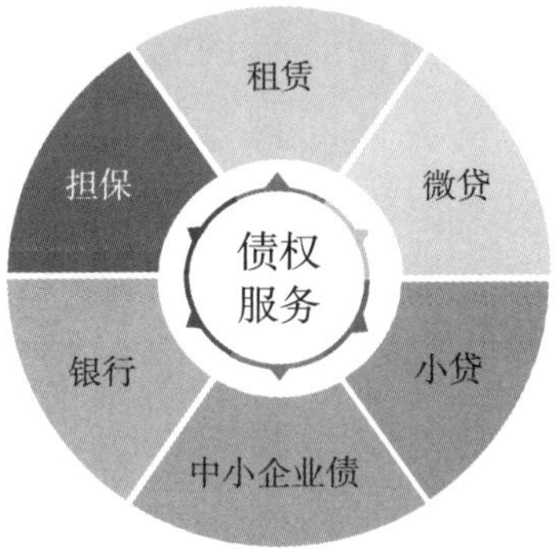

图3-11 “中金服”债权服务品种

在企业个体层面，尊重科技型企业生长周期规律，对处于不同生命周期企业的资产配置情况、风险承受能力等方面进行差异化综合评估，提供符合自身发展需求的金融产品。同时，辅助专门理财顾问小组，通过分析企业内部组织结构、财务状况，为其资产配置提供增益的理财方案和投资债券类、信托类等稳定收益型方案，有助于企业保值增值。在产业供应链层面，针对企业所处产业上下游提供整条供应链金融服务，主要包括票据贴现业务、保理业务、同业代付、电子票据等，并整合各类业务合理分配到上中下游企业，为其提供一整套资金链解决方案。截至2021年10月，北京银行已为3万多家科技型企业提供7000多亿贷款。交通银行北京分行鼓励企业创新，拓展“展业通”品牌效应，开展小企业知识产权质押贷款，有效解决小企业因缺乏固定资产而融资难的困境，开通知识产权质押绿色通道，简化审批流程，使小企业能及时获得资产，从而发展壮大。

需要注意的是，作为科技金融创新策源地，北京科技金融发展仍存在一定的短板，主要体现在资本市场创投规模远不能满足科技型企业发展的需要、政府引导基金杠杆放大作用有限、企业科技创意成果信息传递受阻、创投机构活跃度不强等方面。

3.2.2 北京科技金融典型实践

1. 新三板

（1）创立背景

2013 年 1 月 16 日，全国中小企业股份转让系统（以下简称“新三板”）在北京正式成立，是继上交所、深交所之后我国第三家证券交易平台。最初设立新三板主要是为了中关村科技园区内非上市的科技型企业进行股权、债权融资，这些中小企业无法满足上市的条件进行融资，但从事的尖端技术研发隐藏着巨大潜力和创造活力，因此这类企业群体催生了新三板的诞生。

新三板与我国现有的主板、中小板、创业板、科创板一起打造多维度交易所板块体系。2013 年 6 月，新三板把服务范围扩大至全国，由此奠基了全国非上市科技型企业股权交易平台的核心地位。

（2）组织结构

新三板的企业组织架构呈金字塔形状，最底层为基础层，中间层为创新层，最上层为精选层，形成层层递进的关系。不同企业的经营方式、资本结构、产业发展方向等存在差异，风险程度也不相同，因此分层管理更加精准地为企业提供金融服务，使金融扶持和企业成长阶段实现更精准的匹配。只有在精选层挂牌的企业达到一定时间且满足上市公司制定标准，才可转板上市。

（3）转型升级

2021 年 9 月 3 日，新三板迎来了历史性机遇转折，北京证券交易所（以下简称“北交所”）正式成立，在原有新三板的基础上进行了升级。新三板正式成为法律上独立的证券交易所。

① 北交所的组织架构

保持原有新三板中的基础层和创新层，对精选层进行整体平移至北交所进行上市，可以说新三板在原有精选层的基础上进行改革再升级，处于新三板的创新层企业挂牌 12 个月后满足相关条件，即可进入精选层在北交所进行上市。图 3－12 展示了北交所改革创新架构。由上市的企业来源可以看出，北交所的定位依旧是服务

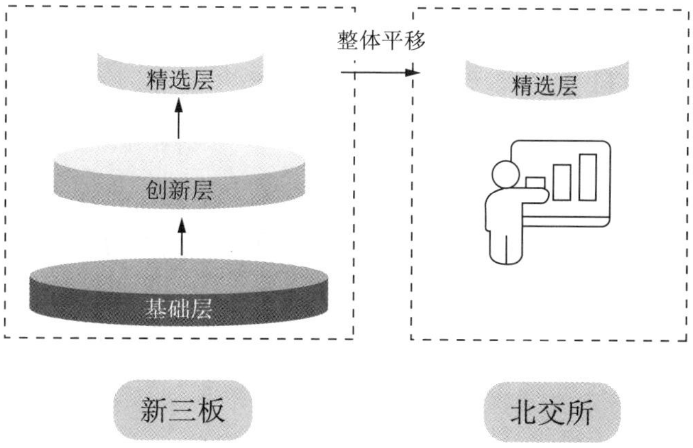

图 3－12　北交所改革创新架构

创新型中小企业的普惠金融机构。

② 服务对象

服务对象除了原有新三板挂牌的企业，还增加了潜在服务对象，重点关注“专精特新”小微企业，作为未来北交所挂牌后备军。原有新三板服务企业的资产规模和业绩标准已较符合小微科技型企业特征，此次改革扩大筛选范围，更小规模、更早生命周期、更具有创新性的小微科技型企业都将纳入考察范围。

③ 改革意义

北交所成立突破了原有新三板精选层机制发展瓶颈的限制，提升其法律地位，进一步为科技型中小企业在创新领域资本聚集功能。

新三板此前相当一段时间未能充分发挥融资功能，北交所的创立激发了原有精选层的活力，同时对创新层起到优化激励的作用，进而调动整个多层次资本市场的积极性，增加产业投资回报收益。

北交所专为科技型中小企业提供金融服务，吸引投资机构在企业起步阶段开始介入，完成早期投资之后退出，因此北交所的成立有助于活跃早期退出通道，调动创投市场资金的流动性。

2. 中关村担保

（1）公司简介

中关村科技融资担保有限公司（以下简称“中关村担保”）作为国有政策性专业担保机构，发挥自身担保优势，探索创新科技金融发展新模式，为园区内科技型中小微企业提供融资担保服务，成为中关村科技金融政策实施的重要渠道。截至 2019 年 6 月，中关村担保累计为 45000 多家科技型中小微企业提供超 2500 亿元的担保服务。其中，服务的客户中有 800 多家企业在新三板等国内外资本市场上市。

中关村担保积极寻求其他金融合作机构，借助信用公司评级信息，把信用作为科技型企业市场化筛选标准，促进中关村科技型企业信用体系不断完善。为信贷产品提供担保服务是“政银担”三位一体合作机制的完美实践，有利于汇聚金融资源、在优化科技金融生态环境方面发挥良好的社会经济效益。

（2）瞪羚计划

瞪羚计划是中关村担保全程参与的科技金融服务，项目最大特色在于以担保业务为纽带，融合信用机制，形成“担保＋”创新科技金融模式。该计划主要涵盖中关村管委会主持的多种政策性担保融资产品，政府部门、中关村担保、中关村企业信用促进会、信用评级公司、银行共同组建企业信贷融资平台，助力科技型企业获得资金高速成长。截至 2018 年年底，中关村担保累计为 12851 家瞪羚企业提供 811 亿元融资担保。其中，200 多家瞪羚企业成功上市，600 多家企业新三板挂牌，提供的就业岗位合计超 30 万个。

① 服务对象

瞪羚计划正如其名，形象地比喻了融资定准投放对象，即已安全度过创业失败率极高的萌芽、初创期，转身投入下一高速成长期阶段的科技创新企业，特点就是增长速度极快，像瞪羚一样跑得快、跳得高，能够实现百倍千倍增速，甚至快速达到上市条件，俗称“瞪羚企业”。瞪羚企业认定标准见表 3－3 所列。

表 3－3　瞪羚企业认定标准表

瞪羚企业认定标准		
标准 1	中关村园区内被认定的高新技术企业	
标准 2	企业信用等级达到 ZC3 以上（含 ZC3）	
级别	A 级	销售收入规模在 1 亿元～5 亿元，与上一会计年度相比，销售收入增长率不低于 5%或利润增长率不低于 10%
	B 级	销售收入规模在 5000 万元～1 亿元，与上一会计年度相比，销售收入增长率不低于 10%或利润增长率不低于 10%
	C 级	销售收入规模在 1000 万元～5000 万元，与上一会计年度相比，销售收入增长率不低于 20%或利润增长率不低于 10%

② 业务模式

中关村担保负责为瞪羚企业提供担保申请和认定，随着企业资产规模的增加提高担保额度，以此承担瞪羚企业违约责任保留追偿权。信用评级机构负责对瞪羚企业进行信用调查，划分信用等级，及时向中关村担保上报企业资产信用情况，同时也受到中关村企业信用促进会的监督指导。协作银行最后负责对中关村担保的瞪羚企业进行放贷，对归属于担保额度范围内的贷款提供利息优惠。瞪羚计划担保项目优惠政策 见表 3－4 所列。此外，中关村担保还设置奖惩机制，提升守信企业利息补贴力度，对失信企业强制退出。瞪羚计划信用奖惩细则如图 3－13 所示。

表 3－4　瞪羚计划担保项目优惠政策

优惠政策	
担保手续费率	年基准担保费率 1.782%，评审费率 0.3%/次
担保贷款额度	总收入规模在 1000 万～5000 万元，最高担保贷款上限为 1000 万元
	总收入规模在 5000 万元～1 亿元，最高担保贷款上限为 2000 万元
	总收入规模在 1 亿元～5 亿元，最高担保贷款上限为 3000 万元
利息补贴	协作银行利率上浮幅度不得超过同期贷款基准利率的 20%； 收入 2 亿元以下的企业给予 20%的利息补贴

③ 创新点

瞪羚计划突破传统抵押模式贷款，开发信用价值为基准的融资担保模式，降低了融资担保交易成本，更加注重科技型企业具备的高成长性属性、发明专利等无形资产隐藏的巨大潜力。担保、信用机构打造担保和信用结合主链条，政府、银行等金融机构辅助信用激励约束机制，最终契合形成高成长、守信的科技型企业实现高效、低成本的融资通路。

瞪羚计划最大潜力激发了瞪羚企业自主创新能力，加快其成果转化和产业升级，作为北

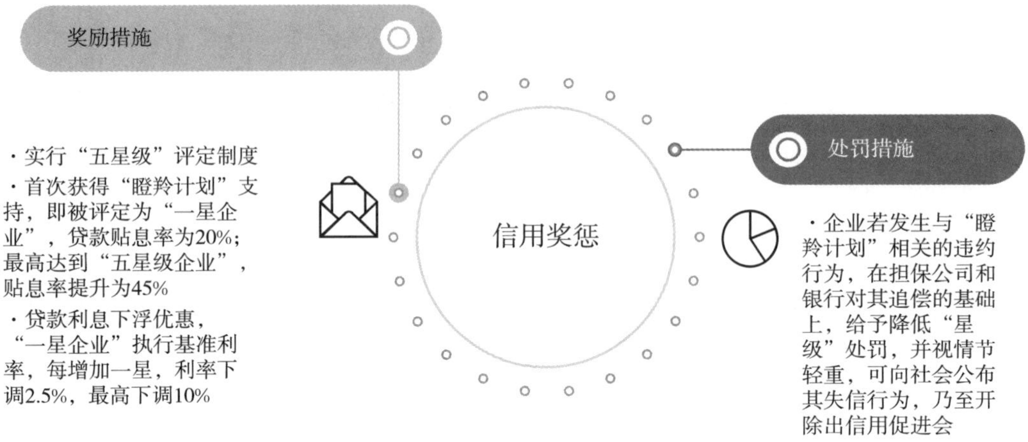

图 3－13　瞪羚计划信用奖惩细则图

京市战略发展高度被写入“十二五”政策发展规划纲要，其成功模式推广到宁波、苏州、无锡、杭州等地，辐射范围未来将进一步扩大。

3.2.3　北京科技金融经验总结

1. 科技金融联合赋能

北京市现有科技金融空间布局主要以中关村为核心区域，随着北京市政府统筹推进科技金融功能区建设，未来各片区搭建科学城园区、科技金融服务平台、金融城等实现科技与金融交流融合，在放大已有科技片区特色功能的同时，挖掘新区域功能建设，整合金融资源，集中力量使得各片区特色功能潜力释放到最大，形成各具特色、交相呼应的科技金融产业生态圈。

2. 股权融资持续创新

现阶段北京市股权投资市场还未得到充分开发，存在着巨大的市场空间。债权、股权等常见融资方式在未来将持续发力，同时开始向并购、兼并等活跃度较低的资本运作方式拓宽发展。产业投资生态圈未来也会引入创新投资模式，银行投贷联动应用范围将持续扩大，更多经验丰富、背景雄厚投资人的参与使得股权投资市场专业化程度提高，市场抗风险能力不断提升。未来海外投资市场也将逐渐成为新的风向标，境外投资者将有更多的渠道参与国内资本市场建设。

3. 风险保障机制完善

北京科技金融未来在风险保障方面将会有一套完整的风险防控机制，源于政府加大对科技保险政策的支持。借鉴北京银行业做法，科技型小微企业拥有专门保险专营机构，细分化设计了多种，以险种覆盖科技型企业生命全周期。此外，科技信贷风险补偿机制得到完善，众多保险、担保机构的引入壮大了风险补偿资金池，保障了投资资金的安全性。未来担保模式将不断得到革新，借鉴集合债的形式弥补小微企业资产规模小的特性，通过联保、互保等形式达到担保标准，发挥众多机构的耦合效应。

3.3 综合性国家科学中心——上海

3.3.1 上海综合性国家科学中心发展现状与定位

在当前金融业深化改革的大背景下，上海市自 2011 年成为科技金融试点城市以来，便积极寻求以科技金融为突破口，通过切实提高科技型中小企业服务质效，让金融业务更好地服务于实体经济。上海市现已围绕科技信贷、创业投资、科技保险、多层次资本市场为主形成较完整的科技金融生态。2021 年 12 月，上海市最新“十四五”规划指出，未来将持续优化科技金融生态多样化，各金融机构相互协作支持科技自主创新的金融服务体系。上海科技金融地区分布如图 3－14 所示。

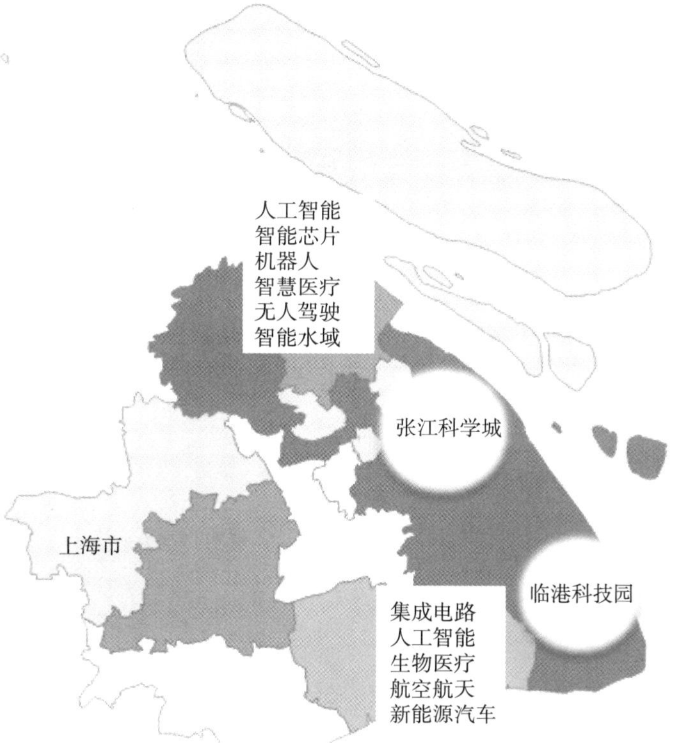

图 3－14 上海科技金融地区分布

1. 打造国际科创中心

上海张江综合性国家科学中心于 2016 年 2 月经国家发展改革委和科技部复批，其中张江高新技术产业开发区（简称“张江高新区”）作为上海市核心技术创新地带，毗邻陆家嘴，地处上海国家级金融中心辐射区，具有科技与金融结合得天独厚的地理条件。截至 2021 年 2 月，区内现有 22 个园区，2000 多家研发机构，8000 多家高新技术企业。

上海以张江高新科技园作为核心承载区，扩大张江科学城区建设，提升各园区金融资源配置和科技金融服务辐射范围。临港园作为战略增长极，进一步发挥科技金融政策制度的吸引力。科技金融助力张江高新区“3＋X”创新产业集群建设，在继续做强集成电路、生物医药、人工智能三大产业的同时，发展航空航天、高端装备制造、绿色低碳等新兴特色产业。

2. 创投展现新式面貌

创业股权投资作为企业融资的重要方式之一，上海高科技型企业和高端技术产业发展已成为创投市场的重点支持方向，股权投资市场得到蓬勃发展。

图 3－15 展示了 2010 年到 2020 年上海市股权投资市场投资情况：2018 年达到峰值；2019 年进入调整期，投资金额和案例数有所下降；2020 年受疫情影响持续调整，但投资额明显上升，投资金额同比上涨 44％，市场投资活跃度开始恢复，表现出稳中提质回暖趋势。

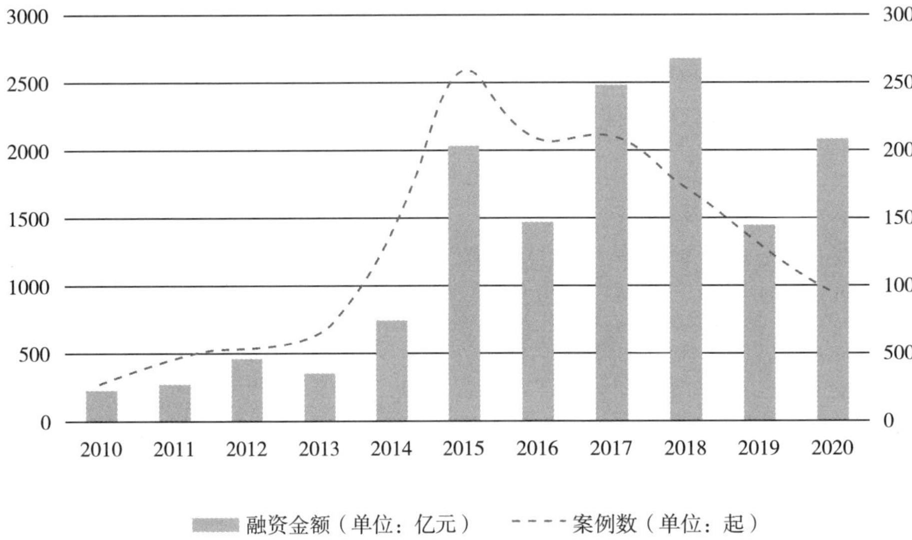

图 3－15 2010—2020 年上海市股权投资市场投资情况

（数据来源：上海市科学学研究所）

（1）政府引导多品类创投基金

从创投方式来看，基金表现突出、种类较齐全，包含政府引导基金、产业基金、公益基金等，在政府政策支持下，社会各方共同参与创投基金，为科创企业提供良好的股权融资环境。截至 2020 年年底，上海市创投引导基金已和 80 多家创投子基金达成合作，承诺出资近 113 亿元，撬动近 6 倍杠杆，吸引各类天使投资、子基金等社会资本参股，投资规模近 700 亿元。在 1000 多个投资项目中，近五成项目投资于初创型企业，46 家企业完成 IPO 上市，19 家企业于科创板上市。

此外，上海市还积极引进外商投资，2011 年启动 QFLP 试点实践，通过境外投资有限合伙人出资认缴私募股权基金的方式，吸引境外优质投资资源。截至 2020 年年末，已有德太集团、黑石集团、软银、橡树资本等 70 多家国际知名资产管理机构获得上海 QFLP 试点资质，累计投资 431 个项目，主要从事生物医药、信息科技、环境保护等领域，投资总额约

390 亿元。

（2）募集机构头部集中

图 3－16 展示了 2020 年上海股权投资市场投资机构分布情况。无论是从投资额还是从案例数来看，PE 机构和 VC 机构为大多数，其中在投资额方面，PE 机构超过五成比例，总投资额为 1466.68 亿元。我们从中可以看出，上海市创投市场投资机构更加集中，能够汇聚足够的金融资源投入大科学装置等“硬核”产业，有望突破尖端技术瓶颈，培育高端产业链自给自供。

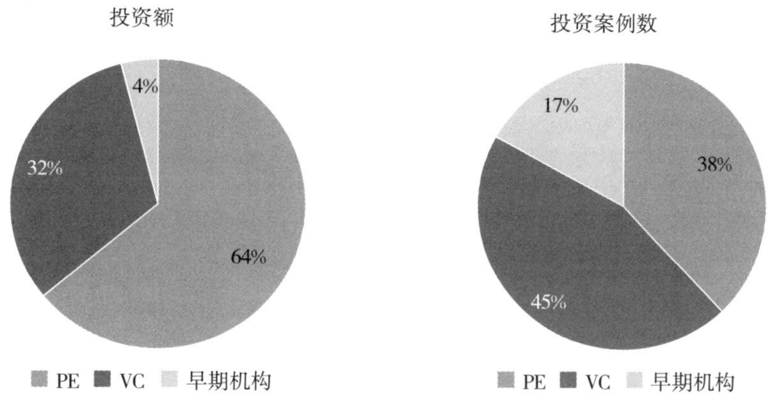

图 3－16　2020 年上海股权投资市场投资机构分布

（数据来源：上海市科学学研究所）

（3）投资项目趋前明显

从投资产业周期来看，图 3－17 展示了 2019 和 2020 年上海股权投资市场投资阶段分布情况。扩张期无论是在投资额还是在案例数方面，总体数量都是最高的。种子期虽然在投资额和案例数方面都是最少的，但增速不容小觑：2020 年投资额较上年增长了 3.8 倍，成为增速最快的企业生命周期。初创期投资额数量较少，但案例数较上年增幅近一倍。总的来

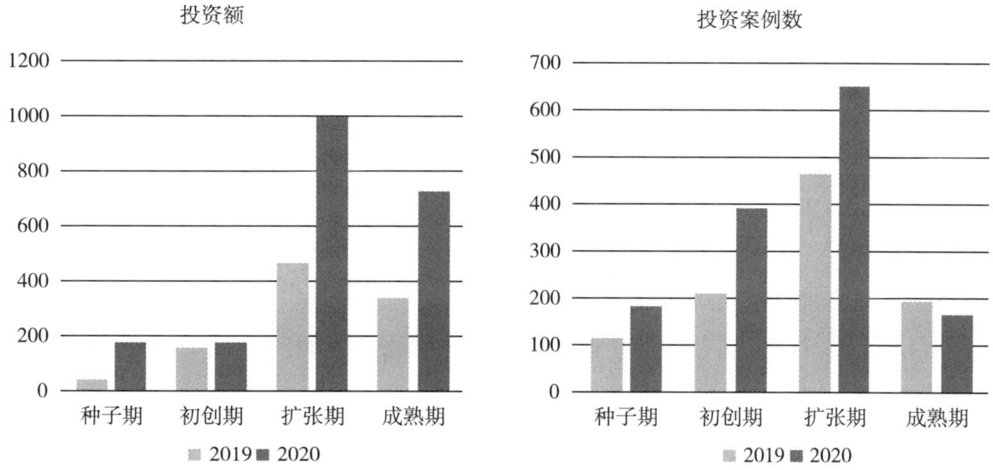

图 3－17　2019—2020 年上海股权投资市场投资阶段分布

（数据来源：上海市科学学研究所）

说，创投机构开始转变投资方向，向企业生命周期源头汇集，发现有潜力的企业早期进入从而获得更多的投资收益，对创投机构自身产业投资分析能力有一定的提升，有助于激发市场价格发现能力，提升资本市场有效性，“投早”“投小”趋势愈发明显。

（4）科技型企业受到青睐

科技产业成为创投机构新的投资目标，近几年围绕“两新三化”主题开展投资活动，人工智能、集成电路、生物医药等领域的科技型企业为重点关注对象。图 3－18 展示了 2020 年上海股权投资市场投资行业分布情况。从投资金额来看，半导体和生物医疗两大热门产业表现尤为突出。在投资案例数方面，IT 和互联网产业表现出较强的活跃度。

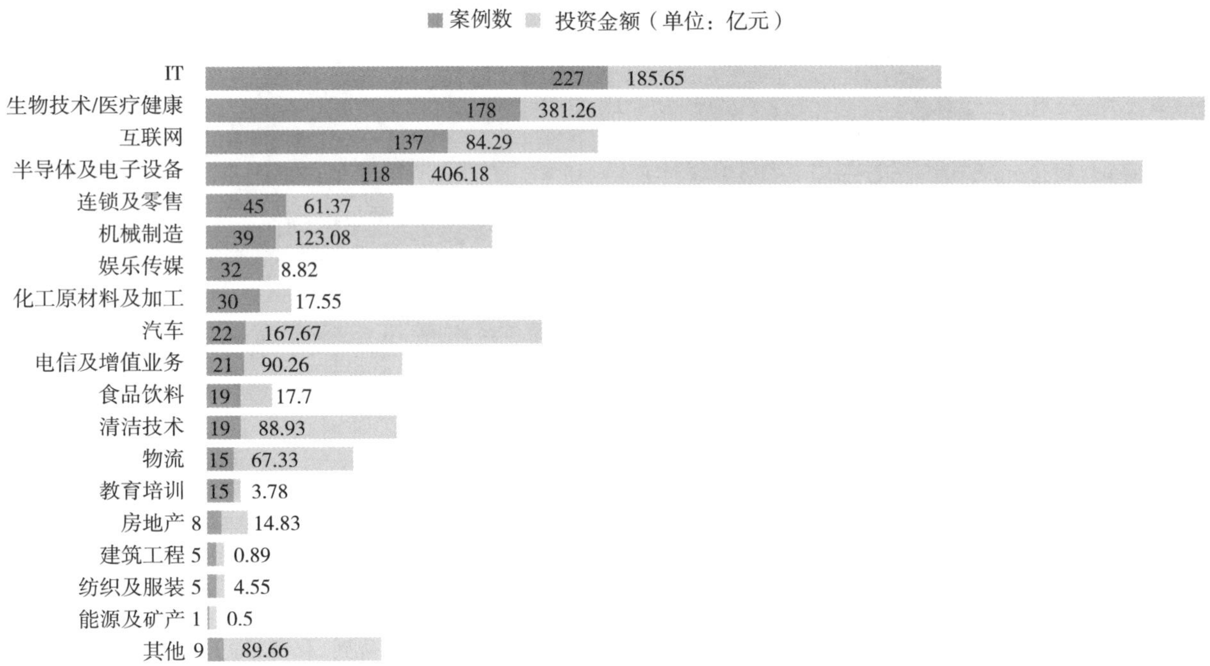

图 3－18　2020 年上海股权投资市场投资行业分布

（数据来源：上海市科学学研究所）

3. 平台共融优势互补

上海积极筹措搭建各类科技金融服务平台，承载科技与金融有效对接的使命，集聚金融信息资源为科技型企业提供融资增值服务，是上海市科技金融体系的重要组成一环。

2013 年 8 月 20 日，上海市科技金融信息服务平台正式开通，并设立官方网站，旨在打造一个科技型中小微企业专属的投融资公益服务平台。该平台为投资者和融资者信息互通搭起了桥梁，需要融资的企业通过平台可以在线查询到政府对科技型企业的最新战略导向和金融政策补贴，而投资机构也可在平台进行信息查询和了解最新动态，利用平台发布信息和进行沟通交流，实现资源最优配置。平台主要板块是为科技型企业提供一系列线上申请服务，包括科技贷款、股权融资和上市培育入库。平台实现了审批流程全部在线受理，简化手续流程进而提高审批工作效率。

平台现已与银行、投资公司、保险公司等 200 多家金融机构建立合作，共同为科技型企业提供金融服务，同时还额外配备科技金融专业人才团队覆盖全市高新技术园、产业孵化基地，给科技型企业提供投资咨询、保险业务、上市辅导等相关服务。上到政策扶持，下到金融产品落地实施，从线上（网站和微信公众号）一直延伸到线下（科技金融专员和金融服务站）的精准对接服务，科技金融信息平台努力打造多层次、专业化对话交流平台，根据科技型企业个性化融资需求量身制定科技信贷产品、股权融资和科技保险等金融服务。

2017 年 9 月，上海银税互动信息服务平台上线。上海市开创了税务部门和银监部门两部门业务联动的先河，平台提供银行贷款和税务资质融合的综合性业务服务。企业在线选择金融产品、查询涉税信息，银行通过税务部门共享的企业信用、纳税信息进行审核，更安心地贷款给企业。因信息交互带来的工作效率便利性，平台自上线就获得众多机构积极参与，成立 4 个月已有 45 家在沪银行机构与市税务局签署银税合作协议，合作贷款达 166.65 亿元。

尽管上海在科技金融创新方面取得成效，但仍面临着政策限制和亟待解决的环境适配性等问题。数据显示，上海市每年约 80%的科学研究与试验发展经费用于投入新产品研发和新设备建设方面，要解决科技成果产业化融资中面临的“麦克米伦缺口”，政府资金投入力度还远远不够。而金融供给层的社会融资工具还在创新探索阶段，股权众筹、地方性 OTC 交易平台等市场还在发育过程中，潜在的资金错配风险不容忽视。上海布局各类众创空间、孵化器、技术交易所等科技金融场景设施，但整体市场化、专业化运营程度不高，真正形成品牌效应且具备专业技术孵化能力的机构并不多，营造适配上海建设科创中心，创新“大众化”“社会化”科技模式新特征的科技金融软环境还有较长的路要走。

3.3.2　上海科技金融典型实践

1. 科技信贷

上海科技信贷稳步维系在服务规模、服务对象和服务范围的“三提升”趋势，搭建起“科技履约贷”“小巨人信用贷”“科技微贷通”为主，“创投贷”等其他个性化产品为辅的“3＋X”科技信贷架构，形成覆盖科技型企业全生命周期的科技信贷资金链。

（1）总体特征

图 3－19 展示了 2016—2020 年上海科技信贷发展情况，表 3－5 展示了 2020 年“3＋X”科技信贷产品情况，通过数据分析可以概括出上海市现有科技信贷体系总体特征。①量增。2020 年上海市科技金融贷款余额突破 3000 亿元大关，较 2016 年贷款数额翻了一番。“3＋X”信贷产品提供给 763 家企业，累计贷款达 66.16 亿元。②面扩。与 2019 年相比，科技型企业贷款存量户数增长了 27.28%，尤其是中小企业获得贷款增速明显增加，增长了 22.12%。③价低。这主要体现在商业银行大幅降低科技信贷产品利率，国有银行变现最为突出，平均利率破至 5%以下，其他股份制银行、城商行也均维系在 5%～6.5%范围。④质优。这表现为科技型企业按时还款率高，不良贷款率整体维持低位。2020 年科技型企业贷款不良率为 0.65%，较上年下降 0.09 个百分点。

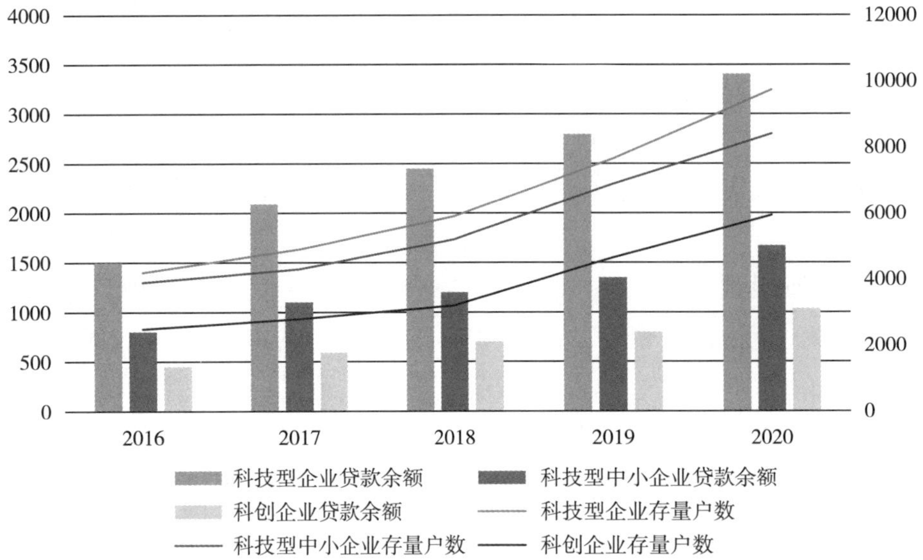

图 3－19　2016—2020 年上海科技信贷发展情况

表 3－5　2020 年“3＋X”科技信贷产品一览表

类别	代表产品	成　效
初创期	“天使投”“孵化基金”“青创资金”等	通过股权及债权方式，累计支持 179 家企业，支持资金达 2.67 亿元
成长期	“创新贷”“政保贷”“税融通”“转贷资金”等	通过债权方式，累计支持 174 家企业，支持资金达 4.43 亿元
成熟期	“订单贷”“挂牌贷”、产业投资基金等	通过股权及债权方式，累计支持 76 家企业，资金达 9.80 亿元

（2）专营机构组织

上海银行业鼓励企业科技创新，不断推出新的组织结构设计，通过在总分行层面成立科技金融管理部门、开辟特色科技支行等模式，提高专业化科技金融服务和风险管理水平。截至 2020 年年底，已设立 7 家科技支行、91 家科技特色支行。表 3－6 汇总了截至 2020 年年底开展科技金融特色服务的银行机构。针对银行业科技信贷制定“六专机制”“新三查”政策标准，优化科技型企业专属信贷标准，注重核心技术、专利等“软信息”评级模板，丰富专用风险管理技术手段，针对科技型企业设置 3％不良容忍度，建立差异化尽职免责管理办法。同时，上海市将科技金融纳入银行业经营指标，并配备相应的专家评审团队对科技金融业务进行审核，差异化制定授信准入要求。

表 3－6　开展科技金融特色服务的银行机构

分　类	银行及分支机构
设立科技金融管理部门	上海华瑞银行设立科创金融业务总部
	浦发银行成立总行级科技金融服务中心
	工商银行成立总行级科技型企业金融服务中心（上海）
	建设银行上海市分行成立科技信贷部
	中信银行上海分行成立科技金融部
	平安银行上海分行设立科创战略金融部
	杭州银行上海分行设立科创金融事业部

（续表）

分　类	银行及分支机构
特色支行	中国工商银行张江科技支行
	上海农商银行张江科技支行
	上海银行浦发科技支行
	浦发银行张江科技支行
	南京银行张江支行
	兴业银行张江支行
	北京银行杨浦支行
首批投贷联动试点银行	上海银行
	上海华瑞银行
	浦发硅谷银行

（3）产品业务

① 投贷联动。投贷联动业务是商业银行通过本行下设股权投资机构或与其他创投合作，以股权投资带动贷款业务面增幅的一项创新投资模式，在拓宽商业银行业务的同时，精准发力聚焦区域重点产业规划，主要投放在信息技术、软件科学等行业。截至 2020 年年底，上海市已为 697 家企业提供该项服务，累计发放贷款 230.96 亿元。

② 专项扶持。上海市应对经济“黑天鹅”事件有配套的应急措施，在科技信贷方面给予专项扶持，推出“小微企业流动资金应急贷”，专门针对受到疫情冲击的小微企业面临严重的流动资金周转问题以及复工复产延迟引发的担保代偿风险，最高给予了 70%的补贴额度。此外，“科创企业上市贷”在疫情防控期间为 66 家企业提供了 27.55 亿元贷款。上海市 9 家银行联合市担保融资基金为“专精特新”企业提供担保融资业务推出“千家百亿计划”，截至 2020 年年末已为企业提供资金 6.9 亿元。

③ 品种繁多。上海市银行信贷业务繁荣，银行业生态创新众多产品，量体裁衣满足不同体量级企业的信贷需求。表 3－7 展示了部分银行科技信贷创新产品。

表 3－7　部分银行科技信贷创新产品一览表

分　类	科技信贷产品创新
200 万以内	工商银行推出面向上海地区国家高新技术企业高管的科创精英信用卡
	交通银行推出针对大学生创业的贷款项目
200 万～500 万	建设银行推出了针对科技类中小企业的科技云贷和小微快贷
	交通银行针对注册或经营于张江高科技园区的企业金额不超过 500 万元的张江企业易贷通
	浦发银行推出面向科技型中小微企业和创业者个人设计的信用贷款科技创客贷
500 万～1000 万	工商银行针对在上海注册的高新技术企业以及拥有知识产权的企业推出科创信用贷和科创知产贷
	多家银行针对在上海成立的科技类中小企业推出了各自的贷款项目
1000 万以上	中国银行推出面向注册在张江高新区的科技型中小企业最高 5000 万元的张江模式贷款
	交通银行针对注册在上海的中小微企业最高 2000 万元的担保基金贷

（4）配套体系

① 多机构合作。科技信贷主要以银行为主导，同时政府、保险和担保辅助配套体系。科技履约贷就是由浦发银行、太平洋保险和上海市科委共同发起的履约保证保险贷款，区别于传统贷款方式，专门为科技型中小微企业创新打造的无抵押信用式贷款。企业通过购买保险公司的履约保证保险，向银行即可申请无担保、无抵押的贷款，风险由政府、保险机构和银行三方共同承担。具体做法是政府出资建立风险补偿准备金，金额为贷款的 5%，一旦企业发生违约，剩下的贷款金额政府承担 25%、保险公司承担 45%、银行承担 30%。具体参与方和实际贷款操作流程如图 3－20 所示。

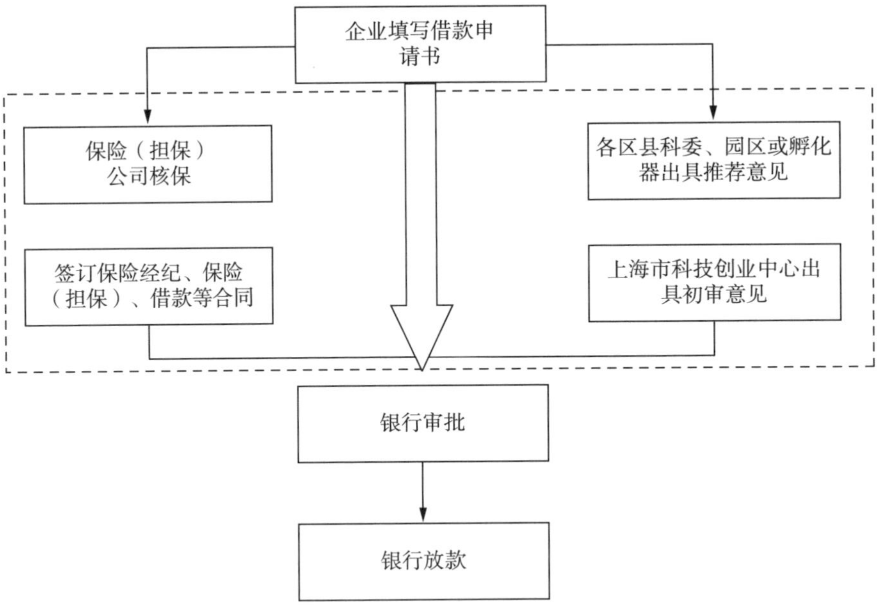

图 3－20　履约保证保险申请流程图

② 融资担保基金。上海市政府于 2016 年 6 月专门针对中小企业建立政策性融资担保基金，为企业提供融资增信服务，规定担保机构贷款放大倍数不低于 5 倍，不断为企业贷款业务提质增效。截至 2020 年年底，累计承做 3.1 万个担保项目，发放 793.7 亿元担保贷款。

2. 科技创新板

区域性股权市场设置科技创新板是上海市场外融资的一大创举，并作为成功经验在全国 8 个改革试验区得到推广。上海股权托管交易中心（以下简称“上股交”）于 2015 年 11 底获批设立科技创新板，俗称“新四板”，作为场外市场改革进一步完善上海多层次资本市场。科技创新板是以国家创新驱动战略为导向，为科技型中小企业找到融资难题的突破口，对加快上海建设国际科技中心进程具有重要意义。

（1）服务对象

科技创新板定位打造专业化服务于科技型、创新型中小微企业的场外市场板块，是企业发展成熟转板进入上交所、深交所等场内市场的培育孵化器。因此，科技创新板把目光更多瞄准在正处于种子期、初创期的创业，沿着企业生命周期不断向早期延伸，进一步扩大科技金融服务圈层范围。首期主要面向上海张江高新区的 22 个科技园区内企业，作为先行试点着重从企业科技创新属性进行严格筛选，如今服务范围扩大。截至 2020 年年底，共有 374 家企业在科技创新板挂牌，这些企业集中分布在信息技术、先进制造、节能环保、生物医疗等科技新兴产业。图 3－21 展示了科技创新板挂牌企业行业分布情况。

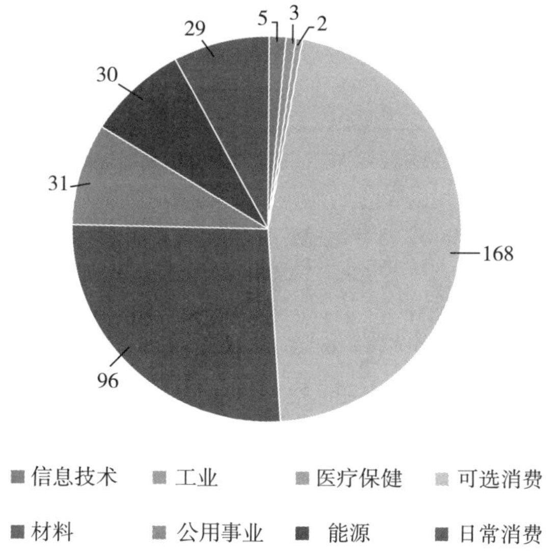

图 3－21　科技创新板挂牌企业行业分布
（资料来源：WIND 数据库）

（2）挂牌条件

为了突出科创、成长等特色属性，科技创新板采用多样化指标设置挂牌条件和程序，把研发投入占比、研发人员占比、高新技术产值占营业收入比重等指标纳入量化标准，同时参照《上海“四新”经济发展绿皮书》关于企业在新技术、新业态、新模式、新产业的认定标准，“专精特新”“小巨人”“小火炬”等科技型企业也属于涵盖范围。此外，上海市为了强调支持成长性企业的初心，在核定标准上进行大胆创新，企业可以没有利润，但营业收入要持续增长以表示企业较强的成长能力。总的来说，企业可以在众多个性化标准中选择自身符合的标准作为挂牌条件。表 3－8 展示了科技创新板挂牌条件。科技创新板尤其为不满足主板上市条件的科技型中小微企业提供了广阔的融资平台，解决其在发展初期急需资金的困窘，也为机构投资者开辟另一片投资“蓝海”，由于挂牌企业未来发展前景较好，因此投资收益较可观。

表 3－8　科技创新板挂牌条件一览表

基础挂牌条件 （满足下列所有条件）	个性化或可选择挂牌条件 （满足下列条件之一）
属于科技创新型的股份有限公司	最近一年内研发投入较大，并取得较为明显的技术突破
业务基本独立，具有持续经营能力	拥有行业领先的投资技术
最近一年（或一期）末公司经审计的净资产不低于 300 万元	具有创新的商业模式或属于新兴业态企业
不存在显著的同业竞争、显失公允的关联交易	拥有特许经营资质
在经营和管理上具备风险控制能力	近一年营业收入增长率不低于 30%

（续表）

基础挂牌条件（满足下列所有条件）	个性化或可选择挂牌条件（满足下列条件之一）
公司治理结构完善，运作规范	近一年营业收入不低于3000万元，净利润不低于300万元，且持续增长
公司股权归宿清晰	近一年营业收入不低于3000万元，现金流净额不低于500万元，且持续增长

（3）服务内容

① 融资。除了企业挂牌采取非公开发行股份的私募融资作为主要的融资方式，科技创新板为了助力科技型中小微企业茁壮成长，积极拓宽私募债券投资、股权众筹、优先股、夹层融资等多渠道融资方式。截至2020年年底，194家企业挂牌融资33.97亿元，已有580多家企业通过银行信贷、股权质押贷、科技履约贷等债权融得资金27.81亿元，科技创新板累计产生1464笔交易，总额达28.93亿元。

② 金融服务平台。搭建线上线下一体化金融服务平台，挂牌企业可一站式享受多元化金融服务，直接提高板内工作服务效率，促进板内市场各机构间密切合作，广泛开展“投贷联动”“投保联动”业务，加强与银行、证券、保险、私募、资管、担保等机构联动，形成“投智＋融资”的综合性服务平台。

③ 交易制度。不断优化交易规则，创新协议转让、做市商等多种并存的交易方式来提升市场活跃度，逐步完善科技创新板登记结算系统，简化企业挂牌注核程序。完善PE/LP份额报价功能，建立投资者退出通道，通过细化并购交易规则，促进企业并购壮大，间接上市实现投资者合理退出。

④ 科技型企业储备库。作为引导培育科技型企业发展成熟上市主板的初期孵化平台，科技创新板十分重视企业资源的培养，设置科技型企业储备库用来存储优质后备军，实行备案制，中介服务机构和智能化系统从市场众多企业“大浪淘沙”出优质企业，通过对入库企业给予资金扶持精准培育，按照上股交企业股权报价系统制度标准对入库企业进行融资、信息披露、市场监管，不断为科技创新板注入“源头活水”。

3.3.3 上海科技金融经验总结

1. 转变财政投入角色

上海现有财政科技投入整体呈现“量大”但“质不优”的特征，未来上海市政府将升级科技金融治理理念，从传统“行政审批”行驶到“市场发现”的轨道上来。风险分担机制保障为基石，“简政放权”更多的是突出政府引导和撬动资本的作用，最大化放大社会资本流入科技型企业创新成果研发，未来在国资创投管理部门业务管理决策、营利模式要求、市场风险监管和科技型企业资质考核等方面将会面临不小的挑战。

2. “双自联动”改革契机

与我国其他省、区等地域科技金融发展相比，上海市更加具有开放性和国际化特点。随着上海自贸试验区建设进一步推进，人民币国际化、汇率结算、国外投资基金等金融创新制度不断突破。在“双自联动”战略指引下，张江自主创新示范区与自贸试验区划拨片区交错融合，科技和金融发挥相互叠加优势，促进创新技术共享互惠和链接上海与国际资源流转，未来张江将成为国际交流的承载体，吸引全球顶尖技术和国际资本汇入，为国内创新成果提供“养分”，提升上海全球产业链布局。

3. 信用体系建设完善

企业信用体系不健全导致商业银行和风险投资机构面临较高的道德风险，致使投资供给率偏低，上海将形成多层次信用体系建设，征信参与方不断扩大，征信措施不断革新，评级机构将积极加入科技金融项目机构组建群，起到“润滑剂”的作用，减轻企业和投资机构间信任摩擦，充分调动创投市场整体参与的积极性。上海市将形成各科技园区为单位组建的科技型企业信用融资服务平台，园区地理位置优势得到充分发挥，信用体系整合更加容易，以信用夯实融资基石，科技型企业融资渠道得到进一步扩宽。

3.4　综合性国家科学中心——深圳

3.4.1　深圳综合性国家科学中心发展现状与定位

深圳市是我国首个以城市为基本单元来创建国家自主创新示范区的城市，科技创新能力位于全国前列。为深入贯彻落实国家创新驱动战略，促进高新技术产能实现量级式跨越增长，深圳引入金融业和科技产业进行多层次融合，建立了从技术研究、成果转化到规模生产全过程的科技金融发展模式，为高新技术产业转型升级赋能。

2020 年 3 月，国家五部委方案下放，深圳成为我国第 4 个综合性国家科学中心，深圳综合性国家科学中心依托光明科学城、深港科技创新合作区和西丽湖国际科教城，积极部署国家实验室、大科学装置，为科研人才攻关技术难题搭建全新平台。深圳市尤其重视开展“从 0 到 1”基础性研究工作，对人工智能、3D 打印和激光制造等核心关键技术给予长期支持，其中光明科学城脑解析与脑模拟工程已落地实施，西丽湖国际科教城已有杰曼诺夫数学中心等 5 家实验室落地。

此外，因其具有的独特地理位置，深圳综合性国家科学中心对接大湾区科研创新管理体系，对布局粤港澳大湾区国际科技创新中心具有战略意义。图 3 - 22 展示了深圳区域科技建设情况。

1. 创新产业链条政策支持体系

深圳市人民政府当前正加紧金融助力科技产业迅猛发展，致力于打造世界一流的全球科创中心，探索灵活多变的政策体系。2020 年 6 月，《深圳市人民政府关于印发扶持金融业发展若干措施的通知》指出，引导金融机构与评估机构、信用机构等建立合作，为科技型企业完善配套的金融支持体系，深化布局深圳科技金融创新试点建设，提高金融机构业务拓展能力。

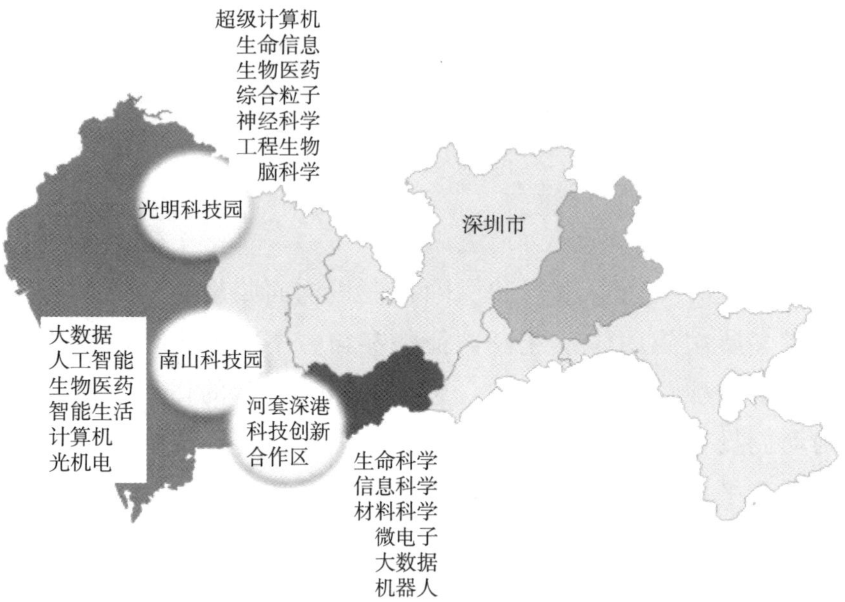

图 3-22 深圳区域科技建设布局

2020 年 10 月，国家发展改革委发布《深圳建设中国特色社会主义先行示范区综合改革试点首批授权事项清单》明确规定，完善金融支持科技创新机制，鼓励银行等传统金融机构加强与市场投资机构合作，探索多样化科技金融服务模式。2020 年 11 月，《深圳经济特区科技创新条例》正式实施，深圳结合雄厚的科技实力和创新活力量体裁衣，为科技型企业打通从基础研究、技术攻关到成果转化的融资渠道，同时配备人才培养为支撑两翼，成为我国首个探索金融扶持覆盖科技创新全生态链的城市。

2019 年 2 月，国务院印发的《粤港澳大湾区发展规划纲要》明确指出支持深圳开展科技金融试点，科技与金融协同发展共同打造大湾区国际科技创新中心。2020 年 8 月，深圳银保监局、证监局针对《关于金融支持粤港澳大湾区建设的意见》制定了深圳市具体行动指南，以科技金融为载体，提升大湾区在国家经济发展和科技创新中的引领作用，同时将深圳建设为全球科技金融中心。

2. 健全信贷市场引领科技生态

深圳积极构建特色化科技金融银行，尤其针对种子期、初创期企业融资难的特性打造专营化金融服务，在金融产品设计上更是独具匠心，开创知识产权质押贷，有效针对轻资产资本化，跳脱传统抵押融资缺乏纾困。

此外，深圳市人民政府还积极寻求天使投资合作伙伴，在全球范围内寻找资质良好的私募、风险投资等天使投资机构来深圳，建立良好合作关系，发掘正处于起步阶段但拥有巨大潜力的高新技术企业，在早期投资入股为新兴产业发展提供“阳光雨露”，营造良好的创投环境。截至 2020 年年底，天使投资助力下的战略性新兴产业为深圳经济增加值贡献超过 1 万亿元，培育了华为、腾讯、比亚迪等知名高新技术企业超过 1.8 万家，研发投入占经济收入的 4.93%，位居全国前列，PCT 专利申请量达 2.02 万件，连续 17 年处于全国榜首位置。

3. 南山科技园区圈层梯度战略

尊重产业发展规律，围绕打造科技金融产业生态圈，深圳市加强科技园区开发建设，集中规划凝聚资源为科技型企业成长提供金融“土壤”。

深圳南山区正奋力打造“中国硅谷”核心区，科技金融模式已进入 3.0 阶段，打造南山科技金融在线平台，架起科技型企业和金融资源之间的桥梁，融合政府、银行、保险等金融机构提供金融产品与服务供给，形成具有融资和信息交互性质的交流平台。平台三大举措开通股权融资服务，为企业提供上市培育基地、支持高新科技型企业投融资巡回路演、与深交所共同设立全国首个创新企业股权融资服务平台，对符合路演条件的企业提供高效低成本融资对接服务。首创以创新能力综合评价指标体系为核心，为企业提供标准化金融产品，下沉服务企业实现中小微科技型企业全覆盖。截至 2020 年 6 月，入驻 1100 多家科技型企业，含 11 家世界 500 强企业，年产值超 2500 亿元。

“深圳湾”作为南山核心园区品牌，以创投大厦为凝聚点，以深圳湾创业广场为科技金融载体，除了深圳高新投、投控东海、担保集团等老牌投资机构汇聚于此，孵化器、创客中心正作为创新投资生态新生力量，腾讯建造的众创空间可直接投资创业者。在深圳湾科技园区，企业足不出户即可获得一站式融资服务，科技金融服务品牌效应外溢，呈现出“一区多元，圈层扩大”辐射趋势。图 3 - 23 展示了深圳园区外溢发展空间。

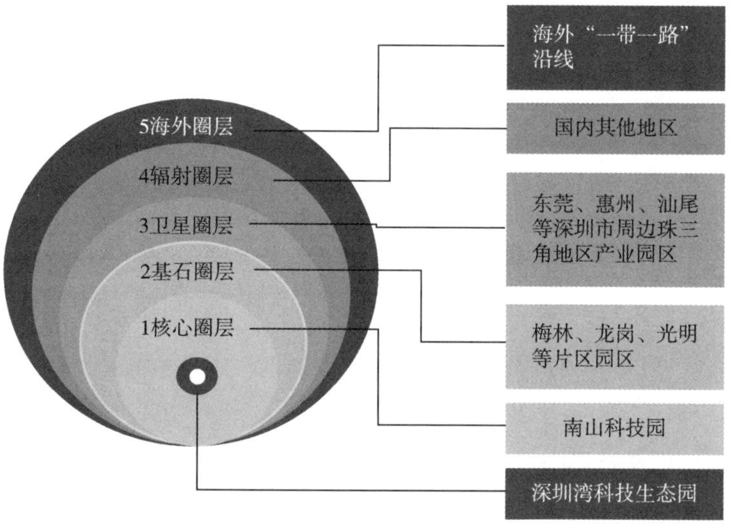

图 3 - 23　深圳园区外溢发展空间

虽然深圳市人民政府重视对科技金融的政策支持，培育大众创新、万众创业的活跃市场环境，但科技金融监管制度尚不健全。有些企业“包装”从事科创产业链，但只是进行虚假宣传从而“圈钱”。如果不加强监管审核，可能导致金融资源错配，效率低下，不利于科技金融发展。

3.4.2　深圳科技金融典型实践

1. 知识产权证券化

（1）搭建知识产权与资本有效对接平台

轻资产无法抵押一直是手握知识产权的科技型企业融资路上的绊脚石，而这些知识产权往往是顶尖研发团队核心技术的成果结晶，具有极高的科研价值。因此，如何将知识产权变现，实现破壁式资金运作是科技金融亟待解决的问题。

现如今主要采用知识产权证券化的手段来解决，国务院出台一系列鼓励政策，深圳在该领域有较突出表现。2019年8月，《中共中央　国务院关于支持深圳建设中国特色社会主义先行示范区的意见》正式颁布。其在创新驱动指引办法中提到，支持探索知识产权证券化模式，助力科技型企业融资，建设有序的科技成果产权交易中心作为科技金融交流平台。

知识产权通过证券化实现市场价值变现，使科技型企业拥有类传统可质押物，提高企业抗风险能力，从而更易获得资本投资，融资成本大大降低。同时，银行、创投等金融机构也更愿意向科技型企业提供贷款，实现资金流互通。

（2）首单知识产权证券化项目落地

2019年12月26日，深圳市首个知识产权证券化项目，也是我国首个以小额贷款为主的知识产权证券化产品诞生。标志性事件即“平安证券—高新投知识产权1号资产支持专项计划”在深交所挂牌，整体规模为10亿元，首期共有15家科技型企业成功发行知识产权证券化产品，规模达1.24亿元。

（3）知识产权证券化原理机制

与发行普通债权方式一样，但相较于传统证券产品来说，债权标的资产不是实物资产，而是知识产权这种无形资产，未来债权所产生的收益也是由该无形资产为标的进行计算的。总的来说，知识产权证券化为科技型企业提供一种以无形资产为依托发行证券的融资方式，从根源上解决科技型企业轻资产融资难的问题。

知识产权1号资产支持专项计划核心参与金融机构是深圳市高新投集团有限公司（以下简称“高新投”）旗下的小额贷款公司（以下简称“高新投小贷”）。贷款企业向高新投小贷申请贷款，并把名下的发明专利质押给高新投小贷，开展知识产权资产证券化业务。此外，平安证券作为管理人，平安银行、高新投担保等对贷款企业还本付息业务担保，中证鹏元评级、立信会计师事务所等履行监管职责。

（4）知识产权证券化激发深圳创新城市活力

深圳知识产权证券化契合我国知识产权强国发展战略。进入新发展时期，加强知识产权保护对优化创新生态环境建设，提高国际核心资源竞争力有着重要作用。深圳在建设知识产权营商环境方面有着较为坚实的传统基础，早在2012年高新投就办理了第一笔知识产权质押业务，成为深圳最早一批开展知识产权质押服务的机构，之后逐渐扩大服务领域向电子信息、生物医疗、材料制造等深圳优势产业聚集，聚焦知识产权证券化特色化优势服务面向全国复制推广。据深圳知识产权局数据显示，截至2019年12月，深圳市已完成541个知识产权质押项目，累计提供27.83亿元的资金支持。2020一年内新培育出30个高价值专利组合，8家商标品牌示范基地完成布局，建设了4家知识产权大数据平台，对18家知识产权质押融资的企业贴息补贴，向67家知识产权投保业务的保险公司提供资助。

独特的“深圳模式”知识产权证券化打通了科技型企业融资担保渠道，激发企业创新研发活力。截至2020年12月底，深圳专利申请量达3.1万多件，同比增长18.62%，平均每万人拥有发明专利 119.1 件，是全国平均水平的 8 倍之多，其中 PCT 国际专利申请量在全球创新城市中仅次于日本东京，排名第二。深圳正在向高质量知识产权保护标杆城市迈进，发明专利密度在全国起到示范带头作用。图 3－24 展示了深圳市 2020 年发明专利情况。

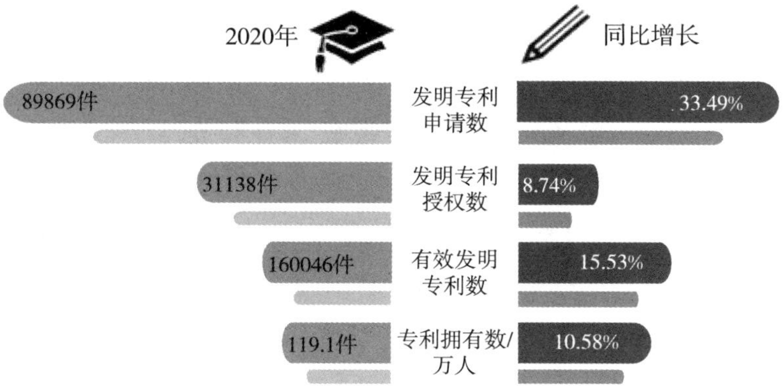

图 3－24　深圳市 2020 年发明专利数据

（数据来源：深圳市知识产权局）

2. 深投控

（1）深投控发展战略定位

深圳市投资控股有限公司（以下简称“深投控”）是深圳最大的国资运作平台，自 2004 年成立以来，贯彻落实深圳科技创新城市发展战略，加紧自身市场定位转型升级，逐渐发展成为国内领先的科技金融控股集团。作为培育深圳科技产业的实践者，在巩固自身传统金融优势的基础上，深圳市积极推进科技金融平台、科技园区平台、实业投资平台建设。

（2）深投控全方位多功能科技金融体系

深投控科技金融体系架构庞大，构建银行、证券、保险、基金、创投、租赁等众多机构联动的科技金融服务。旗下控股国信证券、高新投集团、投控东海、深圳担保、天使母基金等机构开展的科技产业投资业务获得规模效益、经济效益均处于国内领先水平。

各金融机构之间相互协同、共担风险，为企业筹措资金，主要投资科技园区、新兴产业领域的企业，获得的红利储备投入下一生产阶段，循环往复谋求长远发展。紧密围绕科技金融为高新技术企业整个生命周期提供全方位资金支持，自成一体开拓独具特色的全生态产业集群化金融服务。图 3－25 是深投控为企业构建生命周期全覆盖金融服务。

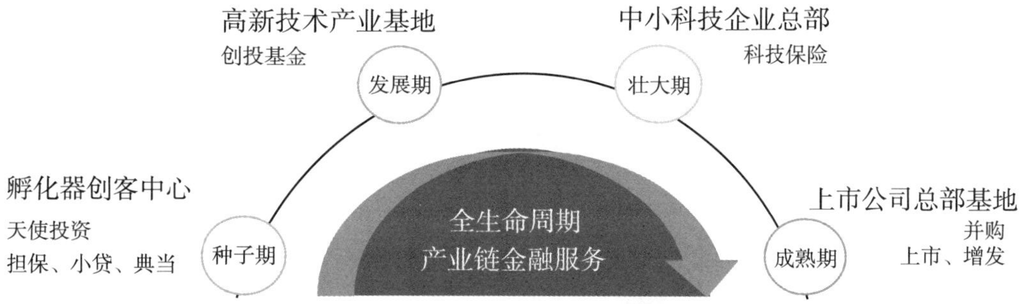

图 3－25　深投控全生命周期金融服务图

（3）以天使投资基金为标杆的投资体系

深投控构建的科技金融服务体系，以天使基金带头的千亿级基金群最为特色，利用基金投资的市场发现、信息传递、资源汇聚等功能为深圳湾科技园区内科技型企业提供资金支持。

① 政府引导基金市场化运作

2018 年 11 月，深投控参与设立深圳市天使母基金，是国内规模最大的政府引导基金，作为政策性基金探索出一条市场化运作管理新模式。在全球范围内遴选实力雄厚的投资机构，引导社会资本投向天使项目，实现市场化运作，主要为种子期、初创期企业补齐融资短板。此外，创新天使投资服务，设立天使投资人联盟，在企业早期投资期汇聚创投机构，成熟期为企业配备科技成果转化机构。设立种子库，为库中高成长性科技型企业搭建融资平台，对企业进行投资管理、投后增值培训等多元化生态服务。

② 资金杠杆投资新兴产业

深圳天使母基金围绕信息技术、新材料等科技产业投资，完善人工智能、生物医疗等战略性新兴领域天使投资生态。截至 2021 年 8 月，天使母基金已与 450 多家创投机构建立合作，管理控股 54 支天使子基金，撬动社会资本 94 亿元，由首期 50 亿元扩大近 3 倍杠杆，如今初始投资规模再次扩大为 100 亿元。

③ 子基金投资为抓手

母基金只收取本息，超额收益全部让渡给子基金，充分发挥子基金聚集资金、项目发现、广泛参与作用，在培育高新技术企业发展方面取得了不错的成绩。

深圳市天使母基金首个引导子基金投资成功的项目是“无限数”芯片项目，母基金率先发出投资意向，引入英诺天使子基金等社会资本参与投资深圳无限数科技有限公司，该公司专门从事设计高性能以太网芯片，填补该领域空白，对我国半导体、集成电路产业发展具有重要战略意义。政府引导基金把控，有助于把握高新技术领域最新前沿动态需求。

3.4.3 深圳科技金融经验总结

1. 监管加强健全市场机制

对科技创新企业资质审查是深圳市人民政府强化监管的重要目标，通过监管部门和其他金融机构合作，共同筛选出科研实力雄厚、创新活力强等资质良好的科技型企业。这类企业将优先放贷或享受贷款优惠，金融贷款资源将得到优化配置。同时，后期资金配套有监管程序，扶持企业产业资金链将实现全程监管，资金使用更加透明化，资金利用效率将达到最大化。

2. 产业集聚区域共同发展

深圳市现阶段科技金融取得的成果位居全国前列，但各区发展水平参差不齐，在金融资源配置和产业结构等方面存在着明显差异。为此，深圳市重点关注弱势片区，集中力量补足短板，形成围绕南山核心片区为模范带头作用，科技金融信息交流平台辐射到周边片区，区域间搭建起沟通的桥梁，科技金融服务范围再次外溢，产业资源加快凸显集聚效应，激发深圳市创新活力。

3. 科技成果转化收益较快

科技型企业将科研成果转化，实现量产投入市场，获得经济利益偿还贷款，从而促进科技金融良性循环。深圳市构建承接起科技与市场对接机制，通过加大对知识产权的保护力度，科技成果转化流程变得更加通畅，技术发明直接投入生产环节的时间得到缩短，技术发明实现资本收益获得最大化。

第 4 章　发达国家创新中心科技金融典型实践

随着科技与金融的不断发展，以及近年来所提倡的“大众创业、万众创新”政策，加之我国当今经济结构亟需转型，科技金融在理论和实践界已越发受到重视。相较于发达国家，我国科技金融发展历史较短，发达国家已经积累了大量经验，也根据各国情况形成了多样化的科技金融模式。因此，本章选取美国硅谷、日本东京以及英国伦敦三个具有代表性的国际创新中心，探究其所形成的各具特色的科技金融模式，并为我国科技金融可持续、健康发展提出相应的建议。

4.1　美国——硅谷

4.1.1　硅谷发展概况

事实上硅谷并不是一个地理上的概念，它大致位于美国加利福尼亚州旧金山湾区的南部，该地区最初的研究对象为半导体芯片，而半导体芯片的主要原料为硅，故被称为硅谷，如今已成为享誉国际的技术创新与开拓中心。根据硅谷区域研究所的数据，2020 年硅谷地区的年均收入达到 152185 美元，美国整体的年均收入 71671 美元。2020 年美国年均收入如图 4－1 所示。

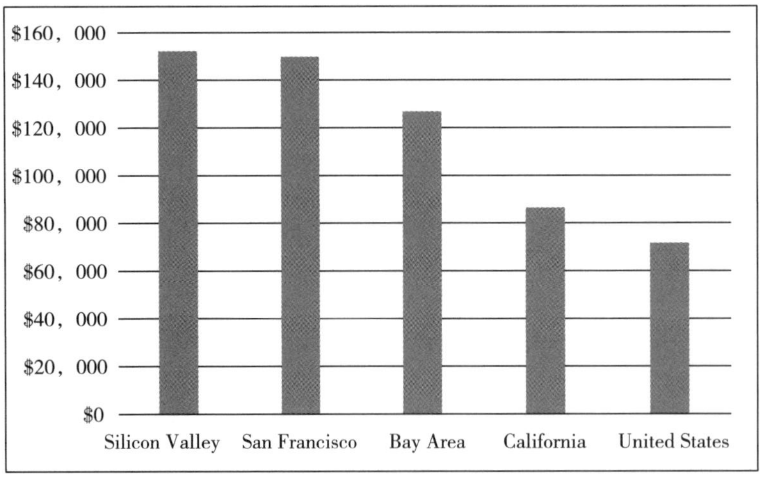

图 4－1　2020 年美国年均收入

硅谷的发展大致可分为孕育期、成长期、发展期以及成熟期 4 个阶段，如图 4－2 所示。硅谷的发展起源于电子通信和计算机产业，随后休利特和帕卡德两人成立惠普公司，并创造性提出"惠普之道"，阐释了高科技型企业对于创新人才的高效管理模式，成为硅谷产业创新文化中的重要精神核心。后来，美国军方的资金支持极大地促进了硅谷科技型企业的发展。而近些年来，英特尔、AMD、苹果、红杉资本等企业的成功，又进一步地推动了整个硅谷地区科技创新企业的蓬勃发展。

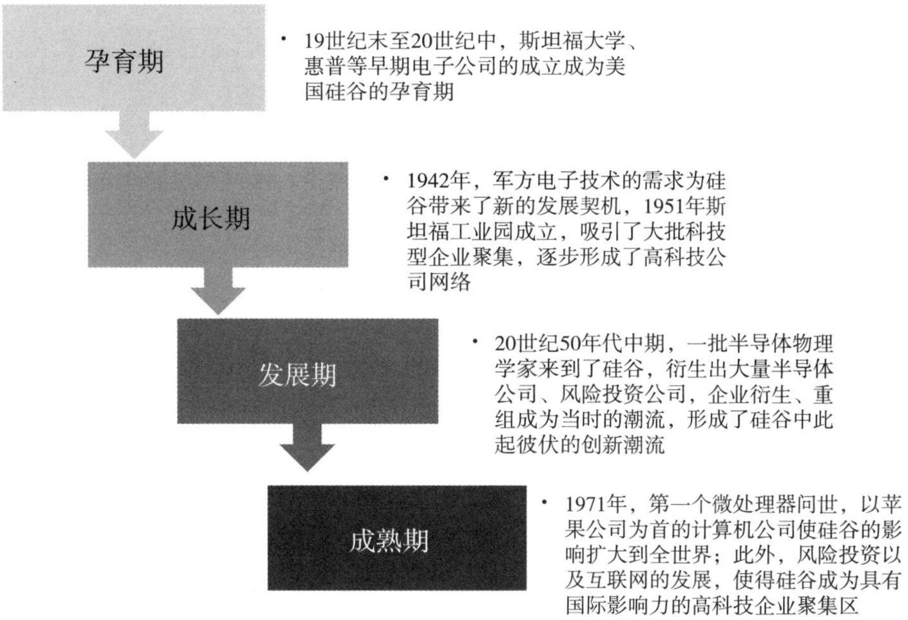

图 4-2　硅谷发展历程

硅谷是全球最大的科技创新中心。在硅谷发展初期，斯坦福大学以其浓郁的科研氛围以及雄厚的科研实力，为硅谷吸引和培育了大量优质人才。这些高素质人才也成了硅谷快速发展的坚实基础。斯坦福研究所和斯坦福工业园的相继成立，打造了一个师生共同创业的培养基地，形成了推动科研成果市场化的创新创业模式，调动了科技研发的积极性。斯坦福大学科研成果转化机制如图 4-3 所示。由硅谷区域研究所的数据可知，在科技创新成果方面，硅谷的注册专利数大体上呈现不断增加的趋势。2018 年硅谷注册专利数为 18455 件，其中计算机、数据处理和信息存储所占比例最大，为 37.7%；通信领域排名第二，约占 28.3%。

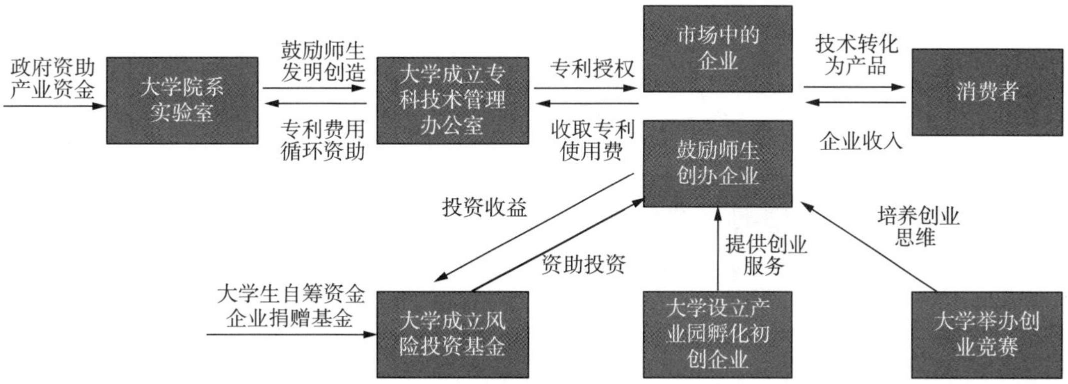

图 4-3　斯坦福大学科研成果转化机制

（资料源自刘佐菁，2020）

硅谷是全球投资规模居于前列的风险投资中心。由硅谷区域研究所提供的数据可知，2020 年硅谷特大风险投资交易约占加利福尼亚州的 46.2%。2020 年硅谷风险投资总交易量占加利福尼亚州的 39.4%，约占美国风险投资总额的 21.4%。硅谷风险投资不仅数额可观，覆盖的产业面也较为广泛。如图 4－4 所示，2020 年硅谷风险投资占比最大的产业为互联网产业，约占硅谷风险总投资额的 42.1%，远超排名第二、占比约 14.7%的医疗保健产业。

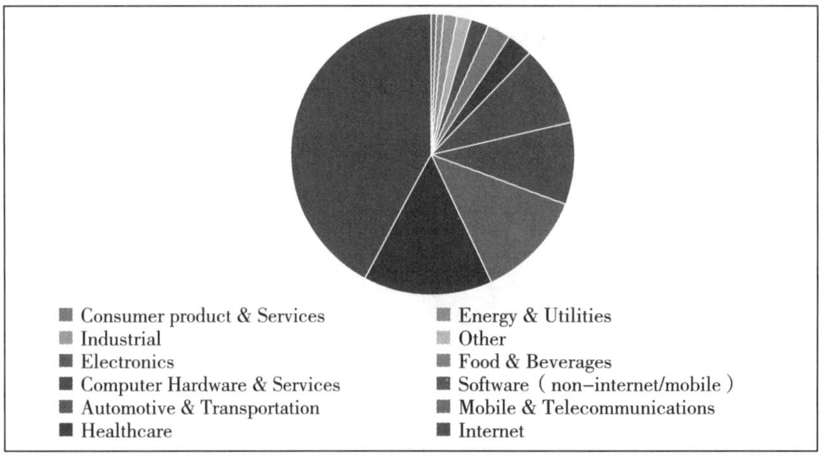

图 4－4　2020 年硅谷风险投资行业分类占比

硅谷在创新创业产出、融资、市场覆盖率、人才、创业氛围、资源吸引力等方面的优异表现，使其在全球主要创新创业生态系统排名中位居前列，硅谷也逐渐发展成为全球最先进的科技金融中心之一。

4.1.2　硅谷科技金融模式

硅谷从一个起初经济并不发达的地区迅速成长为位于美国乃至世界前列的科技创新中心，其成功不仅与自身拥有的大量科技创新成果有关，还与其完善的金融资本体系有着密切的联系。在科技创新企业诞生至发展成熟的全阶段中，硅谷都为其提供了强有力的资本支撑。当企业处于种子期时，有大量的机构及个人投资者为创始人的新想法提供支持，在扩张期有硅谷科技银行根据企业需求提供个性化服务，等企业步入成熟期后，硅谷完善的多层次资本市场不仅可以帮助企业迅速上市，还可为风险资本退出提供平台。

1. 风险投资网络

据美国风险投资协会的定义，风险投资实质上是职业金融家投入新兴的、发展速度快的、有良好发展前景的企业中的一种权益资本投资。它与新兴科技创新企业相辅相成、相互支撑，通常被认为是经济增长的“巨大引擎”。风险投资运作模式如图 4－5 所示，风险投资经过筹款、投资、公司增长、退出、获利、再投资等过程不断得到循环。同时，大量风险投资机构深深植根于硅谷，它们为 1960 年以后在硅谷成立的大型公司提供了强有力的支持。

风险投资一方面延伸了现代金融理论的内涵，另一方面也进一步提升了初创企业实际的经营和研发能力。从初创企业层面来看，风险投资对其主要有以下几个方面的意义：

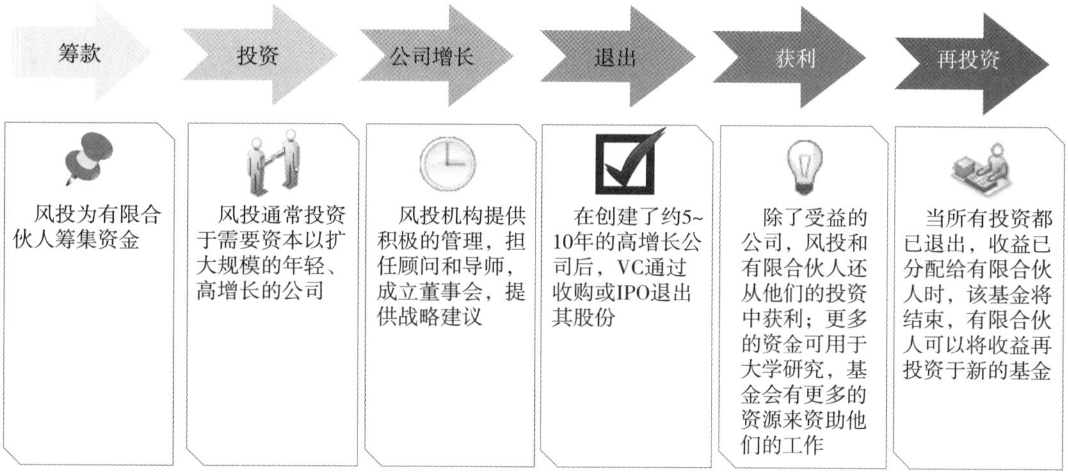

图 4－5　风险投资运作模式

（1）解决融资难题

风险投资机构可以通过直接融资或提供服务的方式解决企业所面临的融资难题。风险投资机构会通过市场调查或者专业的投资规划等方式给予公司适当的建议以及相应的资金支持，促使公司更快地走出困境，获取更好的发展。此外，知名的风险投资公司一旦注入资金，就相当于提供了“增值服务”，增强了初创公司的信誉以及规范性，那么即使是在已有风险投资的情况下，也能吸引其他投资者风险资本的再投入。

（2）增强企业经营管理效率

风险投资机构的投资对于企业而言，它不仅仅是资金的支持，还提供包括初创公司产权保护、公司战略、财务管理及经营管理等多方面的支持。对于初创公司而言，风险投资机构可以帮助企业更加关注专利权利，防止专利溢出，保障并提升初创公司的预期收益。在实际过程中，风险投资机构会对公司运营各方面进行把控，将先进的管理经验以及研发体制引入初创公司，提高企业管理效率以及运营效率，减少企业在成长过程中面临经营管理的不确定因素。

（3）加速企业的商业化进程

商业化即市场化，它是商品研发的最后环节，也是最为关键的部分。如果产品研发最终不能实现其商业价值，那么不仅会使企业研发失去意义，还会对企业的生存带来极大的挑战。风险投资机构能够从市场推广途径、商品定位以及产业资源等方面给予企业一定的支持，提升商品的商业化效率，加速企业的商业化进程。

2. 科技银行体系

（1）硅谷银行金融集团概况

美国硅谷银行是全球第一家将科技型中小企业作为目标客户，为其提供金融服务的银行，通过支持高科技型企业早期快速发展而闻名全球。本部分主要通过介绍硅谷银行来说明科技银行对于硅谷整个科技金融模式的影响。

1983 年，几家银行共同出资在硅谷成立了当时注册资本仅为 500 万美元的硅谷银行。最初硅谷银行相当于普通商业银行，其主营业务只包含贷款和储蓄，对于客户的定位也仅仅是普通中小型商业企业。

20 世纪 90 年代初，硅谷高科技产业迎来一波发展浪潮，但是大多数商业银行仍然坚守其传统的贷款模式，依据企业的资产和现金流条件进行融资。对于新兴的科技型中小企业而言，他们的融资需求在这样的条件下很难得到满足。据此，硅谷银行决定改变最初的经营战略，将经营理念定位成“为硅谷高风险的创新企业提供金融服务”，将服务对象转至中小型科技创新企业，促进金融创新，与企业共同成长。自此，硅谷银行不断发展壮大，逐步成长为硅谷银行金融集团（以下简称“硅谷集团”），其主要业务也不断拓展至商业银行业务、基金管理业务、估值服务、私人银行和资产管理等领域。至 2020 年第三季度末，硅谷集团总资产已达 970 亿美元，抢占了美国创业风险贷款市场的“大半江山”，硅谷银行已然走在美国科技银行的前端。

（2）硅谷集团业务架构

当前硅谷集团主营业务包含三大模块——全球商业银行、SVB 私人银行和 SVB 资本。

第一，全球商业银行板块。全球商业银行板块是硅谷集团三大业务板块中的核心模块，其中贷款业务作为成长历史最为悠久的业务，已成为全球商业银行模块中发展最为成熟的领域。硅谷银行的贷款种类丰富，它可以根据客户发展所处阶段以及所处行业来提供个性化服务。在存款方面，硅谷银行较为特殊，其不设与传统商业银行相同的柜台，不面向个人和公众开展储蓄业务，而是吸收科技型企业、VC/PE 机构的活期存款。此外，全球商业银行还为客户提供行业研究和企业、项目估值分析等服务。集团也对一些债务基金进行战略性投资，这些战略基金可以为科技初创企业提供担保贷款。

第二，SVB 私人银行板块。SVB 私人银行板块可以向风险投资合伙人和科创公司管理者提供抵押贷款服务、现金管理与财富咨询等定制服务。

第三，SVB 资本板块。SVB 资本板块主要包含风险投资业务，包括向科技创新企业进行直接投资、设立 FOF 等，通过管理基金及投资来获取收益。SVB 资本虽然在集团资产中占比不高，但其收益在不断上涨，占集团整体非利息收入的比重也在逐年增大。

（3）硅谷集团科技金融服务模式

① 硅谷集团根据科技型企业所处成长阶段不同，提供具有针对性的差异化服务。对于具有巨大发展潜力的科技型企业，硅谷银行可以向企业提供发展全过程中所需的个性化服务。硅谷银行业务分类见表 4－1 所列。具体来看，硅谷银行向位于初创期或者种子期的科技型企业提供中长期贷款；对处于成长期的企业，会为其提供包括投贷联动、闲置资金管理等个性化服务，降低公司运营所需资本成本；当企业步入成熟期后，硅谷银行可以根据客户需要为其进行全球财务管理等综合性公司金融服务，推动企业走向世界。

表 4－1　硅谷银行业务分类

业务类型	SVB 加速器业务	SVB 增长业务	SVB 企业融资业务
目标客户	初创期企业	成长期企业	成熟期企业
管理客户层	最初创始人	专业经理人	职业化管理团队

（续表）

业务类型	SVB 加速器业务	SVB 增长业务	SVB 企业融资业务
客户产品特点	主要处于产品研发阶段	拥有相对成熟的产品或服务	提供更复杂的产品或服务
客户年收入	500 万美元以下	500 万～7500 万美元	7500 万美元以上
金融产品	中长期贷款	投贷联动等	全球财务管理等
主要风险	金融风险	商业风险	商业风险

② 创新性构建投贷联动运作模式，如图 4－6 所示。硅谷集团将传统单一债权模式升级为“债权＋股权”模式，通过贷出资金获取利息和换取股权获取超额收益两种方式同时获得收益。硅谷集团投贷联动业务模式具体包含三种模式。

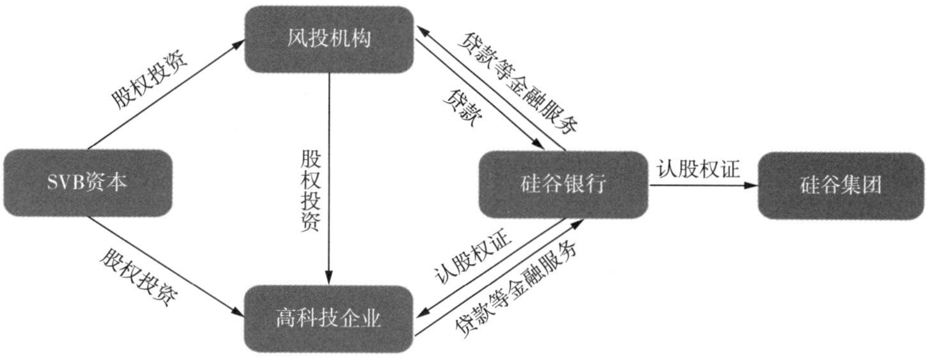

图 4－6　硅谷集团投贷联动业务模式

（资料源自张田、徐华等，2021）

模式一：硅谷银行提供贷款，SVB 资本则直接进行股权投资。硅谷银行在向科技初创企业发放贷款时，其贷款利率会高于一般借款的利率。与此同时，SVB 资本对公司进行直接股权投资，一般而言与 VC 资金同时进行投资，待企业发展成熟、实现增值并成功上市后，通过二级市场转让或者被投资企业回购获取资本增殖。

模式二：“认股权证”模式。在科技型企业处于发展初期时，其产品可能只具备雏形，企业管理、资金以及人才招揽等方面都还不够成熟，只能依靠未来发展前景进行融资，若传统银行向其提供贷款则会面临较大风险。而硅谷银行在发放贷款的同时会与企业达成协议，协定硅谷集团将持有部分认股权证或期权，在公司上市或者被并购时通过行权来获取收益。但风险并没有完全消除，若企业无法成功上市，那么硅谷集团所持有的认股权证就无法行权，入资风险就难以得到缓释。

模式三：与风险投资机构等合作进行间接投资。硅谷银行利用对风险投资机构入股、提供借款等方式与其进行合作。硅谷银行向风险投资机构发放贷款或与风险投资机构共同成立产业基金，再由风险投资机构利用股权投资的方式向高科技型企业进行直接投资。这种 FOF 的模式加强了硅谷银行与风险投资机构以及基金公司之间的联系，在合作的同时完善信息共享机制，促进了利益和业务能力共同发展的良性循环。

③ 独特的风险控制技术。贷款风险是所有银行都会面临的风险，并且由于硅谷银行支持的是轻资产的高科技型企业，与传统商业银行相比，其所面临的风险更大，风险防范也更

难。但实际上硅谷银行的不良贷款率大多数时间都控制在较低水平，而这可能得益于硅谷银行全面的风险防范技术。具体来看，硅谷银行的风险防控涵盖了以下六个方面。

一是对于优质科创企业的筛选。一方面，硅谷银行规定，只有已经获得创投基金支持的企业才可以获取硅谷银行所提供的贷款，通过风险投资机构的风险识别能力来选择具有良好潜质的科创企业，为自身的风险控制提供了更多的保障；另一方面，与硅谷银行合作的风险投资机构都具有良好的资质，硅谷银行会与它们建立长期的合作关系，并且对于各家的投资风格和投资业绩都有较为准确的把握，对于所投项目可以进行充分的判断，提前预警坏账可能，进一步降低违约概率。

二是保证对账户的持续监管。客户若希望从硅谷银行获得资金支持，就必须在硅谷银行开设账户存放资金。硅谷银行以此达到对客户资金使用情况的有效监控，并且还可以对客户的资金链与流向进行实时分析，为客户提供管理咨询服务。

三是担保与还款顺序。在担保贷款方面，硅谷银行拥有较为丰富的担保方式。若企业尚未拥有可供担保、抵押的固定资产，则允许企业利用专利作为担保并订立条约，若企业无法及时还贷导致违约，硅谷银行拥有抵押专利出售额的优先受偿权。产品若已进入市场，企业可通过应收账款作为质押品向硅谷银行请求贷款。在还款顺序方面，硅谷银行在与企业订立贷款协议时，则会明确表明硅谷银行须享有优先索赔权，最大限度地控制硅谷银行可能面临的损失。

四是风险隔离。硅谷集团会将硅谷银行创投板块的资金与其他业务分离，即一般业务的资金不会用于创投板块的投资，而创投资金的使用也独立于一般业务，避免风险传染，从而实现风险隔离。

五是违约贷款的处置。由前文所知，硅谷银行在向企业发放贷款时，企业最后若无法按时还清贷款，那么硅谷银行则会拥有企业质押的知识产权，但是质押的知识产权若是无法迅速转换成流动资产，那么这些产权财产对于硅谷银行而言将变得毫无意义。对此，硅谷银行拥有以下两种解决方式：第一种是加强与风险投资机构的合作，美国的技术交易较为活跃，一些大企业会通过收购中小型企业的知识产权来提升竞争力，以此维持市场份额。硅谷银行可以通过合作的风险投资机构向行业内大型企业出售所持有的知识产权，从而达到资产变现，回笼信贷资金。第二种是售卖认股权证，如果硅谷银行所持有的认股权证的企业股价上涨，那么硅谷银行会选择立即出售来获取收入，可以避免未来股价下降或者出现违约且到期无法行权造成的损失。

六是风险评估体系。对于科创企业，硅谷银行在风险投资机构完成尽职调查后，还会进行现场调查、供应链调查等其他一系列的尽职调查，全面了解被投资企业的发展状况。硅谷银行金融集团还建立了一套成熟的风险评估调查体系，与传统的调查体系相比，硅谷银行风险调查体系更重视企业在其所处行业中的影响力、消费者对于产品的体验以及团队经验等因素。此外，硅谷银行还根据实际运作过程中所获取的相关数据，构建了一套信贷风险评级模型，通过专业的测算，对处于不同发展阶段或具有不同风险的科创企业进行组合投资，以此实现对于风险的高效管理。

④ 硅谷银行灵活的退出方式。见表 4－2 所列，硅谷银行主要利用公司公开上市的方式实现资本的退出，在公司上市后将投资所获股权出售，以此实现利润收入。对于未能成功上市的企业，硅谷银行会采取兼并、第二期收购等方式进行退出。

表 4－2　硅谷银行退出方式

公开上市	行使认股期权获得收益
	收入本金及利息
获取下一轮融资	认股期权得到增值
	收入本金及利息
被第三方收购	认股期权变现
	通过收购款偿还本金和利息
企业违约	出售所抵押的知识产权，优先受偿
	其他变现方式

3. 多层次资本市场

高效的资本市场是促进科技创新发展的加速器。硅谷科技创新取得的长足进步与美国完善的多层次资本市场高度相关。美国的多层次资本市场包括以纽交所为代表的主板市场，以纳斯达克为核心的二板市场，包含场外电子柜台交易和场内交易市场的三板市场，以及四板市场区域性股权交易市场。

科技型企业一般选择在纳斯达克市场上市，其市场内部又可以细分为四个层次。第一是纳斯达克全国性市场，在此市场中，对于公司上市的条件较为严格。第二，相对于全国性市场而言，公司在纳斯达克小型资本市场上市的要求较容易满足，也没有业绩达标的条件，因此小型资本市场迅速发展，在很大程度上缓解了处于发展期的科技型企业融资难问题。第三是场外电子柜台交易市场，它主要为需要资金支持但尚未达到主板市场和纳斯达克市场上市条件的企业服务，一般被认为是纳斯达克市场的预备市场，也是支持硅谷科技创新的重要根基，对硅谷科技型企业初期的发展起到了重要作用。第四是区域性股权交易市场，其以州为单位，通过经纪人柜台交易的方式发行小额股票。纳斯达克完善的四板市场加速了风险投资的发展，促进了硅谷的科技创新。

完善的多层次资本市场满足了不同规模企业在不同发展阶段的不同需求。对于硅谷的高科技企业而言，它们的大多数需求在资本市场都可以得到满足，这无疑推动了硅谷科技创新的发展，并且满足了资本在企业成熟后期及时退出的需求。

4.1.3　启示与建议

硅谷取得如此巨大的成功仅用了百年。当我们回望这段发展史，总结其成功经验时，会发现很多值得我们借鉴和学习的东西。

第一，培养专业化科技金融人才，加速建立“高校工业园”产学研创新体系。专业化人才是成功必不可少的一部分，我们应重视复合型人才的培养，培养具有科技背景的金融优质人才，推动我国科技金融的创新发展。从硅谷成功的典范来看，具有研究实力的高校、市场化的高校工业园、通过不同方式鼓励师生创新创业的体制等是硅谷产学研体系的核心组成部分。而目前在我国，虽然很多高校的科研成果取得了长足的进步，但是与市场之间还是缺乏联系的纽带，大量的研究成果只能待在实验室，而不能转化为产业成果。因此，要依托高校以及科研所的科研力量，推进“科教产”融合园区建设，形成“高校工业园”模式，加快实现科研成果向产业化的转化。

第二，完善风险投资市场，监管部门加强政策支持。硅谷银行利用与风险投资机构合作形成了良好的风险管理体系，国内银行也应该意识到与风险投资机构合作的重要性，不断拓展金融服务的范围，通过开展财务顾问、企业战略咨询等其他金融服务来促进交叉销售，支持高科技型企业的发展。对于实行投贷联动的金融机构而言，一方面，科技型企业的信贷风险相较于传统企业要大，所以监管部门需要对投贷联动业务的准入标准进行完善及规范，适当引导银行与外部规范机构展开合作；另一方面，监管部门应该明确监管细则，及时提供政策支持，如降低对于科技型企业相关贷款的风险权重计量系数，加快推进多层次市场以及风险资本退出机制的建设。

第三，加速成立区域化科技银行。科技型中小企业与现有传统商业银行的体制是存在冲突的，传统商业银行无法利用现有准则来确定科技型中小企业的投资价值，中小企业的融资难问题难以消除。从硅谷银行这一成功案例来看，科技银行的运行模式能够有效填补商业银行传统业务体系的空白。同时，不同成长阶段的企业具有不同的特点与需求，要求科技银行在实际开展金融服务时，要精准识别客户发展阶段，不照搬以往大型成熟企业的信贷模式，争取为客户提供更加合适有效的金融方案。

第四，尽管硅谷作为科技金融生态圈的典型示范被世界广为关注，但我们也必须意识到硅谷目前所出现的一些隐忧。例如，大量世界性的高新技术企业集聚在硅谷，在给硅谷的创新注入了新活力的同时，大公司的人才高薪福利制度以及在研发、市场等方面的垄断在一定程度上阻碍了新兴科技公司的发展；随着生活成本的逐渐增长、交通拥堵等现实因素，硅谷的人才流入放缓。因此，在不断发展科技金融的过程中，也要注重协调发展，考虑实际因素对于整个科技金融生态圈的影响。

4.2 日本——东京

4.2.1 东京发展概况

东京位于日本关东平原中部，作为日本的首都以及经济中心，日本主要的大型公司都设立于此。在日本，东京是个广义的范畴，它不是日本正式划分的行政区都、道、府、县中的其中一个，而仅仅是一个地名。狭义上的东京是指东京都区部，又称东京 23 区，也可泛指东京都市圈。东京都是日本一级行政区，也是日本都、道、府、县中唯一的都，主要包含 23 个特别区、27 个市、5 个町、8 个村，面积约为 2193 平方公里，是日本最大的城市。本节的东京泛指东京都。

东京的综合实力在亚洲城市中居于领先地位，国际社会通常也将其视作与伦敦、纽约、巴黎比肩的四大顶尖城市之一。东京具有良好的经济、科技发展氛围。东京一方面拥有旅客货物吞吐量巨大的两个机场和一个港口，城市内轨道交通四通八达；另一方面，东京集中了日本众多历史悠久的大学以及实力雄厚的科研机构，优秀科研人才占比较高，为东京的发展打下了坚实的基础。东京还一直坚守“工业分散”战略，即将一般制造业、重化工业向城区外迁移，在城区内形成以金融服务、商业贸易等高端产业为主的产业布局，强化了东京城区的高端服务功能，从而逐渐发展成为日本的政治、金融、商业和文化中心。

东京的金融业和商业发达。东京工业品交易所是于 1950 年成立的一个非营利性会员制组织，经过不断发展，现已成为日本规模最大的商品期货交易所，也是全球最具影响力的期货交易所之一。东京证券交易所是日本最重要的经济中枢，也是全球四大证券交易所之一。在外汇交易方面，日本自 20 世纪 70 年代开始掀起了一股日元国际化的浪潮，逐渐放松了外汇管制，1980 年日本政府修订了《外贸和外汇管理法》，至此日本对于外汇交易的管制彻底取消。外汇管理体制的演变给东京外汇交易市场的发展带来了巨大的影响，东京外汇市场高速成长，从一个区域性的外汇交易中心迅速发展为世界级外汇市场。如图 4－7 所示，日本的银行业发达，2019 年东京地区共有 1196 家银行机构，银行总存款额达到 26921 亿日元。日本金融保险业的发展一直保持着稳中向好的态势。以 2016 年为例，表 4－3 对比了东京与日本在不同员工规格下的金融保险企业数量。我们可以看出，东京金融保险企业数量占全国比重较高，中小规模企业数量较多。

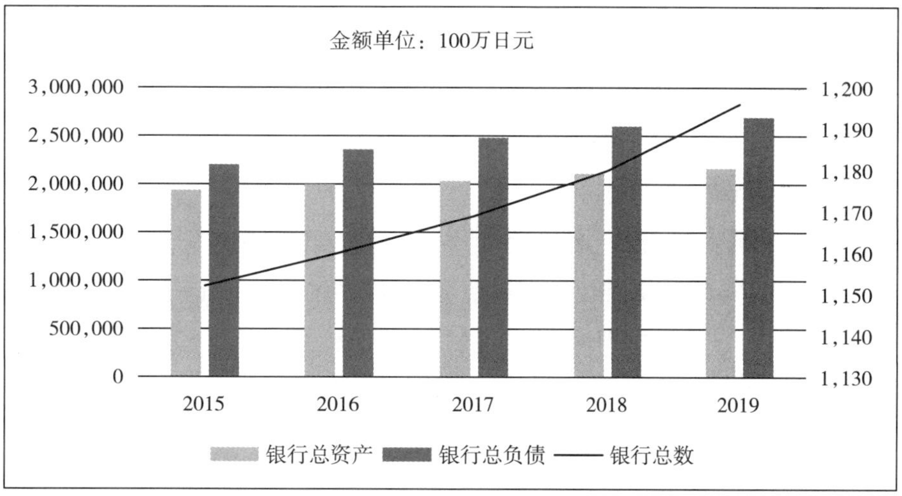

图 4－7　东京银行机构统计

（数据来源于《2019 年东京都统计年鉴》）

表 4－3　2016 年东京企业金融保险企业数　　（单位：家）

员工数	东京都金融保险企业数	日本金融保险企业数
1～4	3218	28813
5～9	1493	16440

（续表）

员工数	东京都金融保险企业数	日本金融保险企业数
10～19	2086	18646
20～29	1189	8233
30～49	1135	6466
50～99	762	3155
100～199	291	822
200～299	99	242
300 以上	179	341

（数据来源于《2016 年东京都统计年鉴》）

4.2.2 东京科技金融模式

1. 政府扶持政策

（1）营造良好的法律氛围

为了支持国内中小企业的科技创新发展，日本政府出台了一系列支持中小企业发展的专项扶持政策，帮助中小企业渡过在发展过程中遇到的难关，并给予一定的财政支持。1963 年颁布的《中小企业基本法》，大体奠定了未来对于中小企业相关政策制定的基本路线，故也被称为中小企业宪法。在此之后，日本政府又相继出台了《中小企业现代化促进法》《中小企业技术基础强化税制度》以及《中小企业技术开发促进临时措施法》。日本在 20 世纪 90 年代初经济泡沫破灭后，经济进入了衰退期，但仍然颁布了《中小企业创造活动促进法》，此法在一定程度上促进了中小企业在创立、产品研发、产品市场化等方面的发展。日本政府通过这一系列的法律政策措施，健全了日本国内的法律制度，为其科技型中小企业的健康持续发展营造了良好的法律氛围。

（2）建立相应的政策性金融机构

见表 4－4 所列，不同规格的企业可能具有不同的融资需求，日本政府为了满足企业的不同需求建立了相应的政策性金融机构。尽管这些政策性金融机构的职能看似有所不同，但其实质都是对有发展前景的科技型中小企业提供长期低息融资。这些政策性金融机构的成立与运行，对于解决科技型中小企业所面临的融资困境有一定的帮助，加速了科技型中小企业的成长。

表 4－4　日本建立的政策性金融机构

机　构	商工组合中央公库	国民金融公库	中小企业金融公库
成立时间	1936 年	1949 年	1953 年
职能	对所属成员提供无担保贷款、贴现票据等	为规模较小的企业提供小额周转资金贷款	为规模较大的企业提供长期低息贷款
资金来源	政府拨付资金以及发行债券	政府拨付资金以及向政府借款	政府拨付资金、向政府借款以及发行中小企业债券

（3）创新融资方式，扩大业务范围

2008 年金融危机对于日本经济产生了颠覆性影响，大量中小企业濒临倒闭。为了应对危机，恢复经济发展，日本政府对于已成立的政策性金融机构进行了较大幅度的优化及调整，不断创新融资方式扩大业务范围。如将国民金融公库、中小企业金融公库以及农林渔业金融公库合并，成立了日本政策金融公库股份有限公司（以下简称“日本政策金融公库”），其下设的四个事业部分别为国民生活事业部、农林水产事业部、中小企业事业部和危机应对事业部，事业部之间相互协作，扩展了中小企业的融资范围。此外，日本政府对于商工组合中央金库进行了股份制改革，允许中小企业持有其股份，并扩大业务范围如提供债券保险业务等新业务。日本政府还在日本政策金融公库下设立了危机应对事业部，旨在帮助中小企业在危机之下能保持健康、可持续发展。日本政府指定商工组合中央金库股份有限公司作为危机应对的专门机构，向中小企业提供低息贷款，再利用日本政策金融公库实施特殊信用担保如损害担保、利率补贴等，对指定金融机构帮助中小企业应对危机的发生提供保障，具体的危机运行机制如图 4-8 所示。

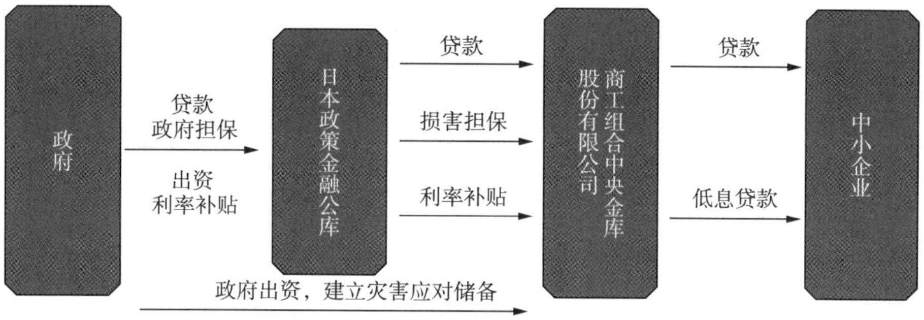

图 4-8　日本危机应对运转图

2. 完善融资市场

（1）发展风险投资市场

日本于 1951 年建立了风险企业开发银行，这是日本风险投资发展的开端，其职能主要是以较低的利息向企业提供贷款。在支持中小企业发展的过程中，逐渐形成了以政府为主导、银行等金融机构为主体的风险投资市场。在支持本国风险投资市场的发展过程中，日本政府也采取了一系列措施，促进科技型企业创新。1975 年，日本政府相继成立了风险投资公司、研究开发企业培植中心等机构，其职能主要是为风险企业在融资时提供担保；1997 年，日本政府出台《天使投资税制》，并扩展了养老基金的投资范围，允许养老基金进入市场进行风险投资；2005 年，日本政府颁布《中小企业新事业活动促进法》，鼓励风险资本流向新兴技术产业。

（2）完善间接融资市场

相对于直接融资市场来说，日本的间接融资市场的发展是较为完善的。为了科技型企业在间接融资市场背景下得到更好的发展，日本政府对银行等金融机构的融资体系进行了改革。一是允许金融机构持有公司股份；二是积极推出更适应市场的创新型融资工具，如资产证券化；三是改革融资制度体系，对于在传统融资制度下看来缺乏抵押物的科技型创业公司，允许利用知识产权作为担保抵押获取融资。日本所形成的以银行为中心的科技金融体系，使银行与企业之间形成了良好的纽带关系，在一定程度上缓解了两者在融资过程中产生的信息不对称问题，促进了中小企业的发展。

3. 信用担保机制

日本特色信用担保机制是对于间接融资市场的重要完善，对于解决科技型中小企业在融资方面所遇到的难题有一定的帮助。如前文所言，科技型企业可能较难达到传统商业银行为其提供融资的条件，在这种情况下，信用担保机制的建立改善了金融机构向科技型中小企业融资的收益风险分布。目前日本所形成的两级担保的信用制度，即中央与地方风险共担、担保与保险有机结合的信用担保体系，降低了提供资金的金融机构的风险，促进了金融机构向中小企业放款，较大程度地满足了科技型中小企业的融资需求。日本信用担保体系简要的发展历程如图 4－9 所示。

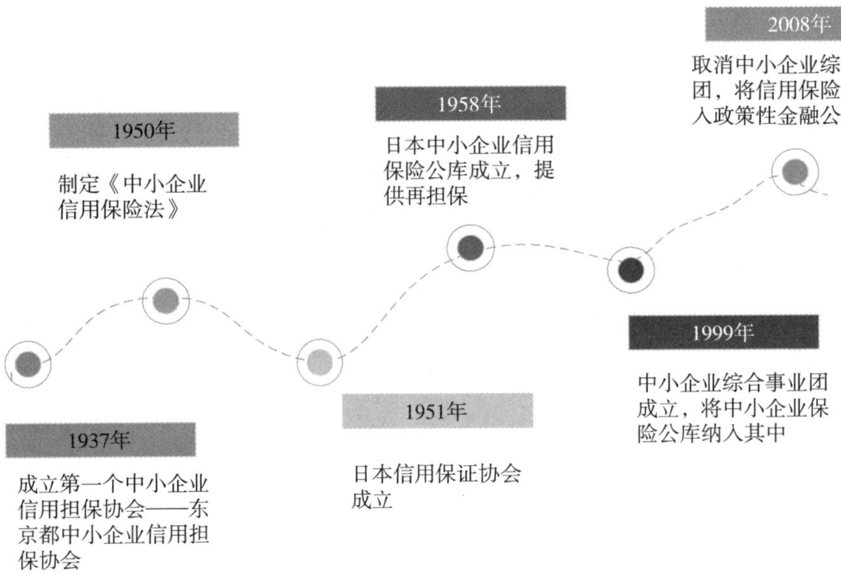

图 4－9 日本信用担保体系的发展进程

日本的信用补全制度包含信用保证协会制度以及信用保险制度两大部分。信用保证协会制度即信用保证协会充当担保人，在科技型中小企业向金融机构借款时为其提供担保。信用保险制度是指当科技型中小企业无法按时还贷时，作为担保人的信用保证协会可以向中小企业信用保险金库申请索赔。

“一项基础、三大支柱”是对日本信用担保体系的高度概括。如图 4－10 所示，“一项基础”是指日本信用保障协会基本财产制度，其基本资产组成为政府出资、金融机构摊款和累计收支余额。三大支柱分别是信用保证保险制度、融资基金制度和损失补偿金补助制度。信用保证保险制度是指中小企业信用保险公库与信用保证协会之间具有再担保的关系，即当信用保证协会与金融机构签订信用担保合约的同时，还会与中小企业信用保险公库建立再担保的关系。融资基金制度是指信用保证协会能以较低的政策性利率吸取政府的存款，再将这些存款以较高的市场利率转存至商业银行，以此来获取收益。损失补偿金补助制度即政府会充当最后付款人的角色，对于信用保证协会的最终损失进行拨款赔付。

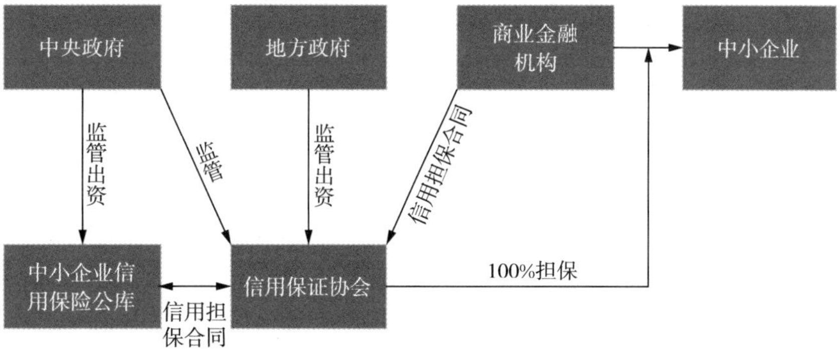

图 4－10　日本信用担保体系
（资料源自黄灿、许金花，2014）

日本两级担保的信用制度体系在很大程度上完善了以银行为主导的间接融资市场，一定程度上解决了中小企业在发展过程中无法逃避的融资难题，铺平了日本科技型中小企业持续创新之路。

4.2.3　启示与建议

第一，完善信用担保体系。日本独特的信用补全制度被称为全球最完善的信用担保制度，极大地促进了日本科技金融的发展，成为许多国家学习和借鉴的对象，但与此同时出现的一些不足也需要我们引以为鉴。由前文对于信用担保机制的介绍可知，贷款的风险最终大多由担保机构承担，而贷款银行的风险责任却无明确规定，这就导致一些银行在泡沫经济时期，通过降低对企业的信用衡量标准来增加贷款额，从而达到增加收益的结果，最终导致协会的代偿支付额急剧上升，造成了严重的信用保险赤字。

我们可以吸取日本科技金融发展的经验，结合我国国情，完善针对科技创新型中小企业的信用担保体系。一是要不断提升金融服务能力，从科技型中小企业的特点和需求出发，创新融资工具以及融资制度，丰富抵押种类；二是要建立、发展由政府主导的信用担保体系，加大对于政策性金融分机构的支持力度，使其能够积极对中小企业提供信用担保，同时要完善与商业金融机构的信贷风险分担机制，建立风险准备金制度。针对其发展过程中的不足，我们应完善监管制度，督促贷款银行建立审慎的信用风险评估机制，以求信用保险业的稳定运行。

第二，建立健全科技金融中介服务体系。与日本相似，我国的间接融资市场相较于直接融资市场而言，发展是较为完善的。我们可以将银行等金融机构作为主导，强化金融机构的中介作用，形成一个更为完善、更高效率的科技金融服务链。一是打造综合性的科技金融服务平台，在平台内可快速查询各科技型企业信息、各金融机构的相关信息，为科技型企业发展提供全阶段金融服务；二是加强对于众筹等互联网金融的监管；三是要加大对为科技型企业提供法律咨询等服务的第三方中介机构的支持力度，提高科技金融的运行效率。

4.3 英国——伦敦

4.3.1 伦敦发展概况

伦敦是大不列颠及北爱尔兰联合王国（简称英国）的首都，是世界最大的经济中心之一。作为享誉全球的国际大都会，伦敦几百年来一直在世界上保持着巨大的影响力。

伦敦的科技实力一直位居世界前列。2010 年后，伦敦“世界科技之都”和“欧洲硅谷”的进程加速，近年来，综合创新实力始终位于全球前列。伦敦所具有的充裕的创业资本、丰富且优秀的企业文化以及高素质人才孵化了大量的科技型企业。2018 年发布的《连接全球金融科技：2017 年全球金融科技中心报告》从全球营商指数、全球创新指数和全球金融中心三个维度出发，将伦敦与新加坡称为全球最有利于金融科技发展的城市。

随着伦敦期货交易、银行业以及外汇交易的不断发展，金融业已经成为伦敦最重要的支柱产业之一。在伦敦 2.6 平方千米的空间内，聚集了大量银行、各类交易所等金融机构。伦敦是全球最大的外汇交易中心之一，其外汇交易规模远超其他一般城市。伦敦的证券市场交易发展较早，经过不断的发展以及改革，当前已成为一个国际化证券市场，也是世界上最重要的证券交易所之一。伦敦还是拥有跨国银行机构最多的城市，这是由于二战前英国一直都是世界上最大的资本输出国，向世界其他地区输出了大量资本。据相关数据统计，伦敦分别占据约全球五分之一的跨境借贷交易、五分之二的衍生品场外交易，以及二级市场约十分之七的国际债券交易。在众多衡量金融发展的指标上，伦敦都胜过了美、德、法、日等国的金融中心，成为名副其实的“金融首都”。

伦敦发达的金融业极大地促进了投资市场的发展，吸引了众多的海外风险投资，伦敦也因此成为欧洲风险投资中心以及全球最成熟的风险投资市场之一。据 Compass 2015 的数据，在种子轮融资过程中，伦敦融资金额超过欧洲平均水平约 17%，后续的 A 轮融资则超过约 26%。2020 年，伦敦科技型企业风险投资融资金额达到 105 亿美元，投资额远远超过欧洲其他城市。

4.3.2 伦敦科技金融模式

1. 财政金融扶持政策体系

伦敦科技金融模式所取得的成功与“政府力量”高度关联，即以政府直接投资、引导资金投入、税收优惠、推进市场化融资的“四梁八柱”政策体系发挥了巨大的基础性作用。

伦敦财政金融扶持政策体系主要具有如下特点。第一，政策重点是“弥补当前市场的不足”。政府在扶持过程中，并不是承诺全阶段的保障，而是通过资金介入高风险的发展阶段来引导市场风险投资。伦敦政府的资金并不直接投资于项目，更多的是以母基金的形式呈现，通过参与成立专业风险投资机构，以此间接支持项目的发展。在有政府资金介入的风险投资基金中，伦敦政府并不干涉具体业务，只规定大体方向，更有利于调动执行单位的创造性与主动性。第二，直接资助政策与间接扶持政策两者相结合。直接资助是指对于科技创新项目给予直接资金支持，特别是对小微企业以及初创型企业。间接扶持是指通过税收以及金融等手段间接地促进科技创新活动的发展，如对于研发税收的减免、融资担保等。第三，兼顾政府与企业的双赢。一方面，英国政府会制定明确的规划，保障政府可利用最小的有限投入来获取最大的利益、面临最小的风险；另一方面，政策也较为注重企业的独立性，以公司效益最大化为目标。

2. “监管沙盒”模式

沙盒简单来看就是一个装满沙的盒子，大家可以在这个盒子里按照自己的想法来随意操作，最后无论变成什么模样，只要轻轻抚平，沙盒就又会恢复平整。“监管沙盒”这一概念最早是由英国提出的。根据英国金融行为管理局（FCA）的定义，“监管沙盒”是指为金融科技型企业测试其创新金融产品、商业模式等所打造的一个“安全空间”，在这个空间内企业享受了更大范围的自由，其主要目的是帮助企业在无需遵守某些指令的情况下，从实际出发试验其创新业务。政府划定的特定范围即“安全空间”，这样既保证了消费者以及整个金融系统的稳定性，又促进了金融创新活动的进行。

接下来，本书将从监管对象、测试工具、准入标准、评估机制、退出机制、保护措施以及测试流程等七个方面对英国“监管沙盒”机制进行简单介绍。

（1）“监管沙盒”机制介绍

① 监管对象分类明确。在英国，任何企业都可以申请进入沙盒测试，即对于申请对象所处行业及类型不做限制。对于不同类型的企业，FCA 根据其牌照获取情况，将企业分为未经授权的企业、限制性授权的企业、经授权的企业、金融机构的技术支持企业四种，其各自具有不同的特点。监管对象具体分类见表 4－5 所列。

表 4－5　监管对象的分类

企业类型	特　点
未经授权的企业	一般而言，这类企业在开展业务前需得到 FCA 的授权方可进行后续测试
限制性授权的企业	可申请限制性金融牌照，在沙盒机制规定范围内测试创新产品
经授权的企业	经授权的企业虽已获取牌照，但希望测试一些可能不符合当前监管规则的创新产品时，会利用沙盒测试来确认监管要求以及创新界限
金融机构的技术支持企业	这类企业虽不属于 FCA 的监管范围，但仍可通过沙盒测试来明确其所提供的业务使用规则

② 测试工具种类丰富。根据企业自身业务的不同需要，“监管沙盒”提供了限制性牌照、个别指导、规定豁免与修改、无异议函和非正式引导等五类测试工具，见表 4－6 所列。测试工具大大简化了整体的授权流程，缩减了行政审批的成本。

表 4-6 “监管沙盒”测试工具

工具类型	适用情形	具体解释
限制性牌照	未获得金融业务牌照	只在沙盒测试期间有效，测试结束仍需申请正式牌照
个别指导	对于监管制度的应用情形存在疑问	FCA 会对企业进行测试的项目进行具体的规则解释与指导
规定豁免与修改	测试项目违反现有监管规则	FCA 可以在权限范围内免除或者修改某些规定，但不能免除英国基本法
无异议函	无法使用个别指导和规定豁免工具	可在商定情况下免除对于企业的处罚
非正式引导	初创企业	FCA 对企业进行非正式的监管，引导企业确定未来发展方向

③ 准入标准明确合理。沙盒测试采用审批制，FCA 依据制定的准入标准对于企业提交的材料进行评估，给予准入或者拒绝进入的答复。具体的评估标准见表 4-7 所列。

④ 评估机制严谨周密。在测试过程中，测试企业需每周向 FCA 提交报告，详细记录项目具体运行情况，对于项目的重要时间点以及所面临的风险进行说明。若企业未按要求进行报告或未遵守 FCA 手册，企业的测试可能会被强制终止。

表 4-7 “监管沙盒”准入标准

标　准	具体要求	积极指标	申报需说明的内容
创新水平	与当前市场产品有明显的差异性	同类产品较少	主要创新点
市场空间	主要面向英国市场，接受英国监管	主要面向英国市场	所属业务监管类型
消费者利益保护	对消费者有益	能使消费者获益；促进市场竞争	使消费者获益的方式
沙盒测试需求	存在进入沙盒测试的必要性	不符合现有监管规则；无其他途径实现测试目标；短期测试申请正式牌照难度大	测试目的、无法在沙盒外测试的原因
前期准备	对于沙盒测试作了充分的准备	完整的测试计划	测试计划、所需资源及风险、测试成功的衡量标准

⑤ 退出机制及时有效。一般而言，沙盒测试的时间期限为 3～6 个月，测试完成后，企业会制作并提交一份最终报告。FCA 会就最终报告给予企业书面反馈，但是不会最终认证其商业模式，企业会根据最终反馈结果决定是否将测试产品投入市场。

⑥ 保护措施全面有效。由于沙盒机制是对于市场上未出现过的创新产品进行测试，故在测试过程中可能存在损害消费者利益的潜在风险，为此 FCA 制订了四种消费者保护方案，具体见表 4-8 所列。此外，FCA 还鼓励具体项目灵活制定具体措施，最大限度地保护消费者权益。

⑦ 整体测试流程。由前文所知，“监管沙盒”具有完整且有效的运行机制，对于可能出现的风险进行严格控制，保障项目的顺利推进。整个测试过程包含三个阶段，分为七个步骤，具体如图 4-11 所示。在申请阶段，企业通过网络提交项目的相关信息，FCA 根据五

项标准决定是否给予通过，若通过将指派专员负责后续沟通。测试方案通过后正式进入测试阶段，一般为 3～6 个月。测试结束即为退出阶段，企业提交最终报告，FCA 给出书面反馈，企业据此决定是否投入市场。

表 4－8 消费者保护方案

保护方法	具体内容
消费者对于测试完全知情	只允许完全知情的消费者进入测试，并明确告知潜在风险以及补偿措施
针对不同项目设置特定方案	从具体项目出发，制订不同的信息披露以及赔偿等方案
消费者所拥有的权利相等	与市场中的其他金融消费者享有同等的权利
赔偿消费者所有损失	造成消费者损失的，企业需进行赔偿，企业需提前证明具有足够的赔偿能力

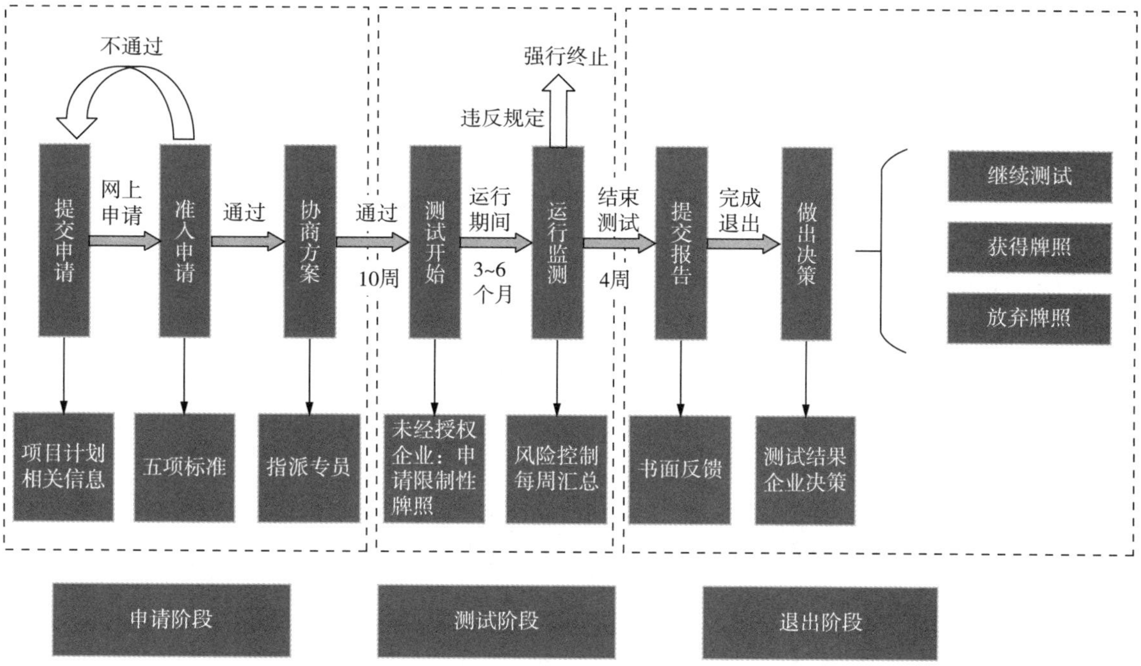

图 4－11 “监管沙盒”的测试过程

（2）沙盒机制的作用

通过上述对于“监管沙盒”运作过程的分析，我们可以发现，“监管沙盒”作为企业与监管部门中间的联结者，为企业的新项目、新产品提供了安全的测试环境，促进了监管部门与测试企业之间的沟通，极大降低了企业的时间成本。同时，对于监管部门而言，通过参与沙盒测试中不同的项目，可以更加了解新金融产品所面临的风险以及特征，制定出相应的监管条例，不断完善现有的监管体系，以保护消费者利益不受侵害。本书将分别从测试企业、监管部门以及金融消费者三个角度来分析沙盒机制的作用。

首先，沙盒机制对测试企业有以下三个作用：一是为企业增信。沙盒机制对企业的增信实际上是降低了监管层面的不确定性，有助于拓宽创业企业的客户获取和融资渠道。FCA 报告显示，约有 40％的企业在第一期沙盒测试中获取了市场认可及融资。二是获取市场反馈。沙盒机制为企业提供了测试新产品的机会，帮助企业更加了解消费者对于新产品的态度，为后续工作提供参考。三是加强与监管部门的沟通。沙盒机制联结了企业与监管部门，使两者之间对话更为便捷，减少企业的时间成本。

其次，监管部门通过参与沙盒机制，可以及时了解、追踪企业的创新产品，掌握行业前沿动态，有利于提前做好风险防范以及投资者保护，改进并完善相关领域的监管框架。

最后，沙盒机制促进了市场的有效竞争，使消费者获得更优质的金融消费体验。创新型企业的发展为市场带来了新的活力，很多创新型企业拓展了传统业务的覆盖面，促进了普惠金融的发展，改变了传统金融机构几乎垄断市场份额的情形，促使传统金融机构为消费者提供更优质的服务。

3. 开放银行模式

近年来，信息科技逐渐与金融业态融合，推动了金融服务模式的不断创新。其中，开放银行作为 API（应用程序编程接口）等信息技术在商业银行的实践，是金融领域与信息科技不断融合的结果，并得到了快速发展。开放银行是一种客户不必提供密钥即可与其所在账户以外的第三方机构分享自身金融数据的方式。开放银行最早是由英国政府下设的开放银行工作组所提出。该工作组成立于 2015 年，主要研究商业银行的数据是否能实行开放管理。2016 年 1 月，该工作组提出基于 API 构建开放银行，并于当年 3 月发布《开放银行标准》，促进了英国开放银行的快速发展。

（1）机制与主体

开放银行的整体流程并不复杂，具体如图 4－12 所示。提供账户管理、支付等业务的金融机构基于开放式 API，打造第三方开放银行平台，使得第三方机构通过 API 接口快速连接银行，获取相应数据，以此开展创新应用及服务。

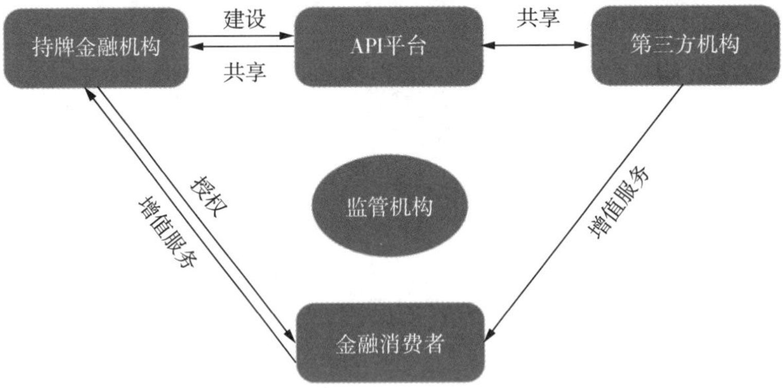

图 4－12 开放银行流程图

由开放银行的流程来看，在整个数据共享的过程中涉及四个主体，分别为金融消费者、银行、第三方机构以及监管机构。持有牌照的金融机构将金融消费者授权的金融数据开放共享，在此过程中，金融机构需要借助 API 技术来打造共享平台。第三方平台利用共享的数据来创新产品和服务。第三方机构也可能是快速发展的金融科技公司，所以第三方机构与金融机构之间处于既相互竞争又相互合作的状态。金融消费者是开放银行模式所带来的不断提升的金融服务能力的最终享有者。监管部门负责维护监督开放银行模式的正常运行。四者相互联系，共同构成开放银行的生态圈，不断追求金融消费者的利益最大化。

（2）开放银行的特征

① 数据共享。开放银行的本质就是数据共享。以应用程序编程接口（API）为基础，开放银行搭建了银行与第三方机构之间的开放合作平台，实现数据的共享互通。当前，数据已成为国民生活中重要的第六大生产要素，而普通商业银行作为日常生活中随处可见的金融服务部门，其数据积累正呈现出急剧上升的趋势，开放银行可通过数据共享，帮助商业银行释放其所积累的数据资产的经济价值。

② 场景拓展。随着互联网产业的不断发展，其对人民生活的影响力不断增强，各行各业都在积极构建线上化业务场景来追求数字化转型，商业银行也是如此。开放银行基于开放平台，使得商业银行可以不仅仅提供简单的线上化服务，还可以面向个人以及企业生产的高频场景提供金融服务。商业银行可以通过共建场景与生态，摆脱地域的限制，将金融服务延伸至日常生活的方方面面。

③ 科技驱动。近年来，大数据等技术不断发展，随之也促进了精准营销、数字风控等需要大量数据支持的运营模式的发展。通过开放银行实现不同平台、不同机构间的数据共享，是金融科技重新打造传统商业银行业务模式的重要表现。

④ 多方合作。开放银行将自身掌握的数据信息分享给第三方机构，打造了一个合作共建的商业化平台，这是对于传统商业银行封闭运作模式的一个重要创新。合作方可以通过大量的数据开发、优化其业务产品，商业银行也可以借助与第三方的合作拓展金融服务的广度与深度。此外，多方合作绝不是一项简单的事项，开放银行所形成的也将会是网状化的整体合作生态体系。

（3）开放银行的作用

从开放银行的特征来看，其有以下四个方面的作用：一是开放银行拓展了传统商业银行的服务边界。长期以来，传统商业银行主要服务对象是少数的高净值客户，对于长尾客户的覆盖不足，而开放银行机制则能弥补这一缺陷，将服务范围扩展至长尾客户，实现对于中小企业服务能力的优化。二是开放银行能够打破数据孤岛。数据孤岛实质上就是数据与数据之间缺乏连接性，数据库之间不兼容的状态。开放银行的本质就是数据共享，其解决了原有的数据收集、鉴别、应用等方法单一且低效的问题，打破了银行、企业、第三方机构之间的信息壁垒，提高了银行个性化服务能力以及风险防范能力。三是开放银行同样有助于普惠金融的加速推行。相较于高资产的企业客户，中小企业的交易更频繁，交易需求更为碎片化。开放银行机制能以平台模式批量拓展客户，提供集约化服务，降低服务成本，提升服务质量。四是开放银行推动了中小企业的信息化建设。商业银行传统的信息化建设方式具有周期长、成本高的特点，难以弥补众多中小企业的信息化建设的漏洞，开放银行利用开放 API 的技术，在数字经济的时代下，能以低成本高效率的方式助力中小企业信息化建设。

4. 人才培养以及吸引

伦敦不仅拥有众多一流的高等学府，还以其独特的魅力不断吸引着来自世界各地的人才。一方面，伦敦高度重视高素质人才培养，不断加强高校与产业园的合作，依托高校、研究所培养出了大量高素质人才；另一方面，英国曾为欧盟成员国之一，欧盟所提出的人才自由流通政策，使得大批来自欧洲各国的高素质人才聚集在伦敦，以及英国政府对于人才优惠签证政策，如为吸引科技人才来英国特别提出的杰出人才移民签证。人才的集聚与国际化极大地促进了科技型企业的发展，不同的文化背景、思维方式所带来的理念碰撞是所有创新必不可少的一部分。正是这些人才，为推动伦敦成为国际性科技金融中心发挥了巨大的作用。

4.3.3 启示与建议

第一，注重监管弹性，保持监管的主动性和前瞻性。“监管沙盒”机制是目前最先进的监管机制之一，其监管的基本原则就是平衡创新与风险。随着我国科技金融的日益发展，金融工具以及金融服务的不断创新，面对新兴技术手段和业务模式，相关部门更要协调好创新与消费者利益、风险之间的关系，注重发挥监管弹性，通过多种豁免机制为企业测试新技术、新产品铺平道路，为科技金融创新提供有力的监管支持。

当然，沙盒机制在实际运行过程中仍存在不可避免的局限性，如测试的结果可能由于缺失成熟的客户群而导致准确度较低、因部分银行采取“消除风险举措”大批量拒绝账户服务而使得测试企业较难获取银行服务等。这就要求我国在引入“监管沙盒”机制时，更要注重监管的主动性和前瞻性。如对于测试结果不准确的问题，可以通过受众筛选、采取弹性的测试周期等方式进行解决。若担忧参与数字货币测试的企业会存在洗钱风险，则可以通过筛选客户、交易监控等反洗钱监测技术来进行风险管理，而避免采取“消除风险举措”大批量拒绝客户以求降低风险。

第二，打造开放平台要保障数据安全开放。从英国的实践来看，打造开放银行模式对于银行的基础设施等要求较高，银行需要承担大量的人力、资金成本。即便如此，对于以数据共享为主要目的的开放银行，因其涉及面广，前期 IT 基础设施的搭建也必不可少，对于客户数据及隐私的保护是保证其后续发展的重要因素。故打造开放银行，一方面要完善顶层设计，完善相关法律法规，就开放的产品、隐私信息、安全性等问题制定国家推荐性标准；另一方面更需要积极探索大数据、区块链等技术在构建开放银行模式中的应用，尽量在减少银行成本的同时降低风险的发生。

第 3 篇　评价篇

第 5 章　科技金融发展状况评价指标体系构建

随着中国经济与科技的飞速发展，科技金融的改革得到不断推进，科技与金融的有机结合度也不断提升。但是，中国科技金融的发展水平相较于发达国家而言仍相对落后，其也成为制约中国高新技术产业发展的重要因素。本章在总结归纳相关学者和科技部门关于科技金融内涵、理论、机制、实践以及相关评价指标的基础上，制定以创业风险投资、科技贷款、科技资本市场、科技保险、科技金融环境为主的五大一级评价指标，并对创业风险投资、科技贷款、科技资本市场、科技保险、科技金融环境一级指标的基础规模、参与广度、支持深度的二级指标和科技金融环境的创新基础环境、政府支撑环境、金融发展环境的二级指标，进行系统评价分析。笔者以新颖的评价思路和评价维度为研究科技金融的发展提供定量分析工具，对中国各省份和 4 个综合性国家科学中心的科技金融体系运行态势进行科学测评，深化科技金融理论与实践的研究，为相关部门提供进行科技金融决策的理论依据和数据实践支撑，优化科技与金融结合发展过程，提升科技与金融资源配置效率，促进科技金融市场健全发展。

5.1　构建原则

5.1.1　指标特点

1. *层次性*

科技金融评价指标具有层次性的特点。其评价指标不仅体现了科技金融的整体发展状况，还体现出创业风险投资、科技贷款、科技资本市场、科技保险、科技金融环境为主的五大一级评价指标，以及基础规模、参与广度、支持深度的二级指标发展情况。同时，在空间范围上科技金融评价指标能够体现中国省份层面、4 个综合性国家科学中心以及东部、中部、西部区域层面的科技金融发展状况。

2. *前瞻性*

科技金融评价指标具有前瞻性的特点。科技金融评价过程具有前瞻性，体现动态发展性。其评价指标要体现不同阶段的发展要求和目标，不仅要全面回顾过去一段时间科技金融的发展水平，也应具有一定的预测性。评价指标既要关注近阶段科技金融发展程度，又能以发展目标为方向，根据未来发展目标进行预期、调整，体现指标远近、动静结合的特点，发挥指标对科技金融实践和变革的引领和推动作用。

3. 系统性

科技金融评价指标具有系统性的特点。科技金融整体评价的是一个动态连续的系统，其评价指标要系统体现中国各省份、各地区、各科学中心的科技金融发展情况，以及其组成的五大维度——创业风险投资、科技贷款、科技资本市场、科技保险、科技金融环境的具体情况。同时，科技金融总指数得分是由各级指标按照熵值法计算得分后以一定的权重计算组合而来，各级指标之间是有机联系的，内容是完整和统一的。

4. 开放性

科技金融评价指标具有开放性的特点。随着科技金融理论实践的发展和结合度的提升，其评价指标将不断综合相关前沿信息，内容将不断丰富、调整，从而更加精确地体现科技金融的发展情况。同时，随着科技金融相关研究的深化，其评价指标将不断优化相关指标选择、方法计算、指标权重确定的过程，以便更合理体现科技金融的发展状况。

5. 客观性

科技金融评价指标具有客观性的特点。科技金融评价指标的选取集中体现了客观性，其评价指标均来源于国家统计局、各省份地区统计局等政府机构发布的权威统计数据。同时，科技金融的整体评价系统设计采用熵值法和加权平均法对相关指标进行编制，充分保证了评价系统的客观性。

5.1.2　评价原则

1. 科学性原则

各指标体系的设计及评价指标的选择必须具备科学性和清晰的层次结构，从而客观真实地反映科技金融发展的特点和状况。指标体系以科学性的分析和科学方法的计算对评价指标由点到面逐一展开，反映各指标之间的真实关系，得出科技金融的科学性结论。同时，科学性原则亦要求评价指标体系具有科学的内涵、明确的概念、规范的方法和科学的程序。

2. 可行性原则

评价指标应选取具有代表性的主要指标，确保总体范围内的一致性以及指标计算测度和计算方法的统一性，从而保证评价系统程序的可行性。科技金融发展的影响因素较多，各指标既要反映科技金融总体信息，又要具备代表性来减小偏差，同时还要考虑评价指标能否进行定量处理，是否具有很强的现实可操作性和可比性，以便进行数学计算和分析。

3. 相对性原则

中国各地区的科技金融发展水平存在差异，对发展程度不一的地区运用同一绝对指标来衡量而不考虑事实上既有的差异可能出现结果偏差。因此，具体指标体系应兼顾不同区域的科技金融发展水平，采用绝对指标与相对指标相结合的方法，更加真实体现各地区的科技金融发展支持水平。

5.1.3　评价特点

1. 评价指标体系具有针对性

尽可能全面而简明地反映科技金融发展状况。本书是对我国科技金融发展的研究，选取的评价指标体系应尽量能客观地反映科技金融发展的现状与差异。因此，构建的评价指标具有明显的针对性，从复杂的指标中筛选出最典型的指标，从而全面而简明地反映科技金融发展情况。构建评价指标体系能把复杂的科技金融现状变为可度量、计算、比较的数据，全面的指标体系才能准确地反映科技金融现状，应从众多的指标中筛选最典型的指标，尽量避免相关性较大的指标。

2. 评价指标体系具有综合性

建立动态与静态相结合的综合性评价指标体系。评价指标体系要从科技金融的特殊性出发，科技金融处于不断发展的动态过程中，指标体系也应随着科技金融的发展而不断更新，既包括静态的定量指标，也包括动态的定性指标。

3. 评价指标体系具有层次性

建立合理的指标权重系数。笔者参考国内学者已有的研究成果，将评价指标体系分解为两个层次。第一层次为一级指标，即创业风险投资、科技贷款、科技资本市场、科技保险、科技金融环境五大维度；第二层次为二级指标，即五大维度的基础规模、参与广度、支持深度。同时，笔者用熵值法根据指标在整体评价中的相对重要性确定权重系数，反映出在其他指标不变的情况下这一指标的变化对结果的影响。

5.2　指标体系

5.2.1　指标体系定位

科技金融体系是集中主要金融资源为处于不同成长阶段的科技型企业提供融资支持和金融服务的综合性服务系统，并能与政府一系列政策和制度的系统安排相匹配，搭建服务平台使相关主体发挥相互扶持、资金支持、信用评级、风险控制等功能，有效解决科技型中小企业的发展困境。其中，科技金融评价指标是以科技和金融相关理论为指导原则，针对科技金融各方面特性而编制的内在相互联系的多个指标构成有机整体，运用统计数学及计量方法进行定性和定量相结合的分析，从而对科技金融的发展情况、发展趋势做出的科学和系统的实证评价。

从近代科学技术发展史、金融学发展史的角度可知，第三次科技革命浪潮中诞生了科技金融发展的相关测度评价。其最早的相关测度评价体系可追溯至 1977 年美国旧金山大学发布的《硅谷风险投资家信心指数》，该指数以问卷调查形式对创业风险投资家相关信息进行收集，从而分析科技金融中创业风险投资的发展情况。伴随着科学技术不断进步、金融不断创新和高新技术企业不断发展，科技与金融的结合度不断提升，科技金融促进经济社会发展和金融持续创新的作用日益显著。近年来，我国政府先后颁布促进科技金融发展的政策和措施，相关地区也积极开展科技金融实践探索。但是之前国内外都未系统研究科技金融这一有机整体，对科技金融整体的自身发展规律等基础性理论研究较为鲜见，对整体发展评价较为欠缺，无法有效指导科技金融发展及效果评价。因此，研究科技金融体系建设和效果评价对推动国家科技金融协调发展、高新技术企业创新能力提升具有较强的理论价值和现实意义。

本书从科技金融的理论机制、现实背景和实践活动切入，首先阐述科技金融相关理论，其次在科技金融体系内涵框架的基础上，对科技金融评价指标体系进行整体分析研究。科技金融作为国家的政策工具，其评价指标体系应定位于“政策评价”，从“五大维度”和“三个层面”出发建立评价指标体系：主要采用实证分析方法，衡量高新技术产业创业风险投资、科技贷款融资支持、科技保险风险分担、科技资本市场支持高新技术产业化发展的基础规模、参与广度、支持深度以及科技金融的各种支持环境，分析科技金融体系内部组成部分和整体的发展情况。在微观层面，本书探究科技型企业在不同发展周期中，各参与主体和科技金融政策措施的互相运作过程，破解科技型企业融资难、融资贵的问题，化解其技术创新风险；在中观层面，本书评估科技金融体系建设对高新技术产业、区域科技创新发展的金融支持力度，提升科技金融体系运行效率、改进服务模式、搭建服务平台，促进科技创新与金融资本的有机结合；在宏观层面，本书为政府部门、科技金融机构提供思路及数据支撑等相关决策支持，强化部门机构的研究能力、优化部门机构的科技金融决策，营造科技金融可持续发展的氛围，进而推动科技金融不断发展进步。

5.2.2 指数体系理论基础

1. 生产函数理论与科技金融指数

生产函数是一定时期内各种生产要素投入量与所能生产某种商品的最大数量之间的关系，可用数理模型或图形表示一定技术条件下投入与产出之间的关系。这里的生产不限于物质的生产，还包括金融、贸易运输等各类服务性活动。其中的资本是一种重要的生产要素，金融资本的支持在产业发展中发挥着重要的作用。高新技术产业发展情况受到科技金融支持力度很大的影响。因此，本书研究科技金融与高新技术产业的内在关系，可为高新技术发展提供相关建议。

2. 金融发展理论与科技金融指数

金融发展理论聚焦于金融发展与经济增长的相互关系，金融体系发展促进了产业资本的繁荣。本书研究金融发展理论与科技金融关系，可探究科技金融对高新技术产业和经济发展的作用。

金融发展理论是服务于金融实践的，其与科技金融的结合特点便是科技，主要从两个角度体现其适用特性。一是信息不对称角度，对于高新技术产业的金融参与方来说，由于信息不对称原因，其对高新技术产业的相关项目信息较难掌控，因此有较高的获取项目价值信息成本，难以准确分析高新技术产业相关项目。完善的金融体系可以降低获取信息成本，帮助金融投资者获取更多更全的企业项目信息，优化决策机制做出精准判断，从而帮助科技型企业获取相应资金，解决融资难题，促进企业自身发展，推动高新技术产业升级。二是创新风险规避角度，创新是引领发展的第一动力，创新驱动也成为国家发展战略。对于科技型企业来说，技术创新是其核心竞争力，也是促进经济发展的核心动力。但是科技型企业的技术创新是高风险性和收益不确定性共存的生产活动。发达的金融体系可以进行创新风险识别和评估，并优化资本结构、增加项目资金和完善金融投资者退出机制，提供创新风险规避手段，促进全社会对科技型企业的创新活动支持。

3. 权变理论与科技金融指数

权变理论的核心是在内外部环境变化的过程中，组织根据环境的适应性原则而不断调整相应的决策，以不同的模式应对不同的环境。科技金融的发展正是伴随着科技金融内部环境要素和外部生态环境的变化。科技金融内部环境要素包括高新技术产业创业风险投资、科技贷款、科技保险和科技资本市场等；科技金融外部生态环境包括金融生态环境、创新基础环境、金融发展环境等各种支持环境。

科技金融内部环境和外部环境在不断变化、相互作用的过程中，促使科技金融评价指标体系的动态优化，其指标将根据环境变化的范围不断地进行实证检验、持续进行修正优化，以不断适应环境变化过程并准确反映科技金融的发展特点。

4. 系统理论与科技金融指数

系统理论认为，系统中各要素不是彼此孤立存在的，每个要素都位于系统中一定的位置上，起着不同的作用。其强调从整体上系统地思考和分析问题，以整体性、动态平衡性的观点进行决策，从而使系统各要素和各环节之间相互作用构成系统演化的根本动力，达到系统的最优化。

科技金融体系包括各种科技金融市场、科技金融工具等科技金融相关的服务系统。每种科技金融市场、科技金融工具都对应着相关的科技金融服务。创业风险投资是与科技型企业风险收益特征最相匹配的科技金融工具，对科技型企业的金融支持贯穿于企业的整个生命周期，并根据企业不同阶段的风险特点和资金需求配置相应的投资规模。科技贷款是科技型企业重要的债务融资工具，为科技型企业提供了有效的信贷资金支持渠道，促进了科技开发和科技成果转化。科技资本市场是科技型企业直接融资的重要途径，包括股票市场、债券市场、场外交易等的资本市场可以将企业的各种风险分散到社会各阶层中，以资源配置的手段决定着科技型企业发展的成长规模。科技保险为科技型企业提供风险管理保障，不同的理赔模式为科技型企业有效分散项目研发风险提供了保障，有利于提高研发主体研发的积极性。科技金融环境营造良好的科技金融氛围，保障科技型企业技术创新资金融资顺利和各项创新活动顺利完成，促进不同科技金融市场、科技金融工具等与科技金融相关的服务系统之间的协作和融合。

5.3　指标体系构成

5.3.1　创业风险投资指数

创业风险投资在科技金融中发挥着重要作用，在高新技术企业和产业发展中扮演着重要的角色。所以，评价创业风险投资的发展状况对于评价科技金融与创新发展状况来说是必要的，本章使用以下指标来评价创业风险投资的发展状况。

1. 创业风险投资基础规模

一个地区有足够的创业风险投资基础规模，则该地区的科技金融和创新发展就有足够的环境基础。该指标能够代表一个地区高新技术企业发展的繁荣程度。本章使用以下两个二级指标来衡量创业风险投资基础规模。

① 创业风险投资机构数。该指标即为每个地区的创业风险投资机构数量。创业风险投资机构数量可以直观地反映一个地区创业风险投资发展程度。一个地区的创业风险投资机构数越多，代表该地区创业风险投资发展程度越好；相反，一个地区的创业风险投资机构数越少，代表该地区的创业风险投资发展程度越差。

② 创业风险投资管理额。该指标反映每个地区的创业风险投资管理额度。和创业风险投资机构数量一样，创业风险投资管理额可以直观地反映一个地区的创业风险投资发展程度。一个地区的创业风险投资管理额越高，代表该地区的创业风险投资资金充足，创业风险投资发展越充分；相反，一个地区的创业风险投资管理额越低，代表该地区的创业风险投资发展不足。

2. 创业风险投资参与广度

创业风险投资参与广度代表创业风险投资参与程度的高低。它能够反映一个地区的创业风险投资机构数量和项目数量的广泛程度。与创业风险投资基础规模一样，创业风险投资参与广度也能够直观地反映一个地区创业风险投资发展情况。本章使用以下两个维度来评价创业风险参与广度。

① 创业风险投资机构密度。该指标等于每个地区的创业风险投资机构数与该地区的地理面积的比值。创业风险投资机构密度越大，说明该地区的高新技术企业覆盖越密集，创业风险投资资源越丰富，科技金融能够得到良好的发展。

② 创业风险投资项目密度。创业风险投资项目密度是每个地区的创业风险投资项目数与该地区的地理面积的比值。创业风险投资项目密度越大，说明创业风险投资项目越密集，也就代表该地区的创业风险投资发展越繁荣。

3. 创业风险投资支持深度

创业风险投资基础规模和创业风险投资参与广度能够直观反映一个地区的创业风险投资发展情况。而创业风险投资支持深度可以度量一个地区对于创业风险投资发展的直接支持力度。该指标由以下两个二级指标构成。

① 创业风险投资强度。创业风险投资强度为一个地区的创业风险投资管理额与该地区的创业风险投资项目数的比值。我们可以看出，创业风险投资强度综合反映了一个地区的创业风险投资管理额和项目数的总体情况。创业风险投资强度越高，该地区的创业风险投资支持力度也就越大；相反，创业风险投资支持潜力越低，该地区的创业风险投资支持力度也就越小。

② 创业风险投资支持潜力。创业风险投资支持潜力为一个地区的创业风险投资管理额与该地区高企收入的比值。一个地区的创业风险投资支持潜力越高，则该地区的创业风险投

资支持力度也就越大；相反，创业风险投资支持潜力越低，则创业风险投资支持力度也就越小。

5.3.2　科技贷款指数

我国企业融资主要是通过银行，所以企业在银行的贷款属于最直接的融资方式。在这种背景下，我国的科技金融发展也具有典型的以银行融资为主导的特征，银行贷款是我国的高新技术企业首选的融资方式。所以，本章主要使用以下指标来评价科技贷款的发展情况。

1. 科技贷款基础规模

科技贷款基础规模代表了我国科技金融发展的基础环境。它最直接反映了科技贷款发展的基本情况。本章使用以下两个指标来反映科技贷款基础规模的发展情况。

① 科技贷款额。科技贷款额指的是一个地区的科技贷款的总额度。一个地区的科技贷款额越高，说明这个地区的科技贷款资金需求旺盛，科技金融发展状况较好；相反，一个地区的科技贷款额越低，说明这个地区的科技贷款资金需求不高，科技金融发展比较落后。

② 科技贷款机构数。科技贷款机构数指的是一个地区可以为科技金融的发展提供资金支持的机构数量。和科技贷款额一样，它也可以反映一个地区的科技贷款资金需求情况。一个地区科技贷款机构数越多，说明该地区对科技贷款的资金供给越充足；相反，一个地区的科技贷款机构数越低，该地区的科技贷款资金需求就不能得到充分的满足，科技金融发展状况越差。

2. 科技贷款参与广度

本章使用科技贷款机构密度来衡量一个地区的科技贷款参与广度发展情况。科技贷款机构密度为一个地区的科技贷款机构数量除以地区的地理面积。该数值越高，说明该地区的科技贷款机构数量越密集；相反，该数值越低，说明该地区的科技贷款机构数量越稀疏，科技金融不能够得到充分的发展。

3. 科技贷款支持深度

本章使用以下两个指标来反映一个地区的科技贷款支持深度情况。

① 科技贷款支持度。科技贷款支持度为一个地区的科技贷款额与高新技术企业收入的比值。该比值越高，说明该地区对科技贷款支持度越高，该地区的科技金融发展状况越好；相反，该比值越低，则该地区对科技贷款的支持力度不够充足，科技金融发展状况越差。

② 科技贷款比重。科技贷款比重为一个地区的科技贷款额与该地区的贷款总额的比值。显然，该比值越高，该地区对科技贷款的重视程度越高，科技金融能够得到充分发展；相反，如果科技贷款比重越低，该地区的科技贷款不能够得到重视，则科技金融发展的状况较差。

5.3.3　科技资本市场指数

科技资本市场是科技型企业直接融资的重要途径，具有测度风险、分散风险并配置风险的功能，包括股票市场、债券市场、场外交易等在内的资本市场可以将企业的各种风险分散到社会各阶层中，以资源配置的手段决定着科技型企业发展的成长规模，在推动高新技术产业发展中发挥着重要的作用。因此，评价科技资本市场的发展状况对于评价科技金融与创新发展状况十分重要。

1. 科技资本市场基础规模

科技资本市场基础规模代表着该地区的科技产业发展有着足够的直接融资支撑基础，其也决定着科技型企业的发展规模和成长速度。本章使用以下几个三级指标来衡量科技资本市场的基础规模。

① 上市高新技术企业数。该指标为各地区上市高新技术企业的数量，本章使用创业板和科创板的上市高新技术企业数量之和来衡量。上市高新技术企业数量可以直观地反映一个地区的科技型企业发展程度。

② 科技资本市场融资额。该指标为各地区上市高新技术企业的融资额，本章采用创业板和科创板的上市高新技术企业首发募集资金、增发募集资金和配股募集资金之和来衡量。

③ 高新技术企业证券市值。该指标为各地区上市高新技术企业的证券市值，本章采用创业板和科创板的上市高新技术企业的流通市值来衡量。

2. 科技资本市场参与广度

科技资本市场参与度指的是高新技术企业在科技资本市场上的参与度。它能够反映地区的科技资本市场参与科技产业的广泛程度，也能够很直观地反映一个地区科技资本市场发展情况。科技资本市场参与广度主要由上市高新技术企业比重来衡量。上市高新技术企业的比重是科技资本市场容量的体现。上市高新技术企业比重以上市高新技术企业数与高新技术企业总数的比值来测度，本章采用创业板和科创板的上市高新技术企业数与高新技术企业总数的比值来衡量。

3. 科技资本市场支持深度

① 科技资本市场支持力度。该指标为各地区科技资本市场对高新技术企业的融资支持力度，以科技资本市场融资额与高新技术企业收入的比值来测度。本章采用各地区创业板和科创板的上市高新技术企业的融资额与这些企业收入的比值来衡量。

② 高新技术企业资本化率。该指标是衡量一个国家或地区证券市场发展程度的重要指标，为证券市值与 GDP 间的比值。本书采用各地区创业板和科创板的上市高新技术企业的市值与这些企业收入的比值来衡量。

5.3.4 科技保险指数

科技保险是科技金融的重要组成部分，为科技型企业提供风险管理保障。不同的理赔模式能够为科技型企业有效分散项目研发风险，提高研发主体的研发成功率。因此，衡量科技保险的发展状况对于反映科技金融与创新发展状况十分重要。

1. 科技保险基础规模

中国科技保险行业起步较晚，但保费收入规模高，保险市场空间广阔，为地区的科技产业发展提供了足够的保障基础。本章使用以下几个三级指标来衡量科技保险的基础规模。

① 科技保险保费。该指标是各地区为科技型企业所投放的保险保费。本章采用地区财

产风险保险保费收入来衡量。财产风险保险保费可以直观地反映一个地区的科技型企业风险保障程度。

② 科技保险风险保额。该指标是各地区为科技型企业所赔付的保险保费，本章采用地区财产风险支出额来衡量。

2. 科技保险参与广度

科技保险参与广度是指科技保险参与保险市场为科技型企业提供风险保障的金融服务程度。科技保险风险保额比率反映了科技型企业的风险程度，并体现了科技保险对科技型企业风险的吸纳和分散程度，是科技保险风险保额与高新技术企业收入的比值。本章使用各地区财产风险支出额与高新技术企业收入的比值来衡量。

3. 科技保险支持深度

① 科技保险保险深度

科技保险保险深度是地区保费收入与地区生产总值之比，反映了科技保险在支持高新技术产业发展中的地位。本章使用各地区财产风险收入额与地区生产总值之比来衡量。

② 科技保险保险密度

科技保险保险密度是指地区的人均保费收入，是衡量保险业发展程度的重要指标。本章使用各地区财产风险收入额与地区面积的比值来衡量。

5.3.5　科技金融环境指数

科技金融环境是科技金融发展的外部变量，对科技金融各内部组成要素的发展起着重要的影响。本章使用以下三类指标来衡量科技金融环境的发展状况。

1. 创新基础环境

创新基础环境用来反映当地已经具备的有利于科技与金融结合的基础条件，反映了科技金融发展的大环境。它们共同为科技金融系统注入创新流动资源、产出原始创新。

① 人均 GDP。人均 GDP 是地方经济基础的反映，良好的经济基础有利于科技创新活动的发展。

② 高等院校资源。高等院校作为创新体系的核心，集合众多前沿资源，是人才培养的高地，更是知识生产的源头。

③ 研发机构资源。研发机构资源包括科研院所，科研院所依托对技术创新资源的优化配置，为企业、政府等提供高质量科研成果，在技术研发及科技服务方面发挥关键的科技支持作用。研发机构致力于科学技术研究，帮助企业增强核心竞争力。

④ 高新技术企业资源。高新技术企业是促进科技开发、实现成果转化的重要载体。

⑤ 专利资源。专利资源反映了一个地方的科技开发水平，高水平的科技开发可以更好地促进科技创新活动。

2. 政府支撑环境

科技金融中市场失灵的现象较为普遍，且中国科技金融的发展尚处于起步阶段，因此，政府的引导和支持力度对科技金融的发展有着重要意义。政府的政策支持是科技金融环境的重要组成部分，本章从以下两个方面来衡量政府对科技金融的政策支持力度。

① 财政教育投入规模。财政教育投入是教育投入的重要组成部分，教育是提升国民综合素质的重要手段，也是向社会输送科研人才的重要途径，更高的财政教育支出可以更好地促进科技创新水平的提高。

② 财政科技投入规模。财政科技投入是科技投入的重要组成部分，更高的财政科技投入可以更好地推动科技创新活动的提高。

3. 金融发展环境

金融发展状况是科技创新活动发展的基础，是促进科技开发、成果转化和高新技术产业发展的重要支撑，发达的金融发展状况可以更好地促进科技水平的提高。

① 证券机构规模。证券机构针对企业成长阶段，对企业的融资作出创新型安排，企业在成长期需要大量资金扩大经营，这时期企业可以通过证券机构的首次公开发行和再融资实现企业的扩大生产目标。

② 金融机构存款规模。存款是金融机构的资金来源，是企业从金融结构进行融资的基础。存款规模可以反映一个地方的金融发展水平，更高的金融发展水平可以促进科技水平的发展。

③ 金融机构贷款规模。贷款规模反映了金融机构满足资金需求方的程度，更高的贷款规模可以更好地促进科技水平的发展。

科技金融评价指标体系见表 5-1 所列。

表 5-1 科技金融评价指标体系

一级指标	二级指标	三级指标	计算方法
创业风险投资指数	创业风险投资基础规模	创业风险投资机构数	创业风险投资机构数
		创业风险投资管理额	创业风险投资管理额
	创业风险投资参与广度	创业风险投资机构密度	创业风险投资机构数/地区的地理面积
		创业风险投资项目密度	创业风险投资项目数/地区的地理面积
	创业风险投资支持深度	创业风险投资强度	创业风险投资管理额/地区的创业风险投资项目
		创业风险投资支持潜力	地区的创业风险投资管理额/地区高企收入
科技贷款指数	科技贷款基础规模	科技贷款额	地区银行科技贷款的总额度
		科技贷款机构数	地区科技贷款机构数量
	科技贷款参与广度	科技贷款机构密度	地区科技贷款机构数量/地区地理面积
	科技贷款支持深度	科技贷款支持度	地区的科技贷款额/高新技术企业收入
		科技贷款比重	地区的科技贷款额/地区的贷款总额
科技资本市场指数	科技资本市场基础规模	上市高新技术企业数	双创上市企业数
		科技资本市场融资额	双创上市企业融资额
		高新技术企业证券市值	双创证券市值
	科技资本市场参与广度	上市高新技术企业比重	双创板上市高新技术企业数/高新技术企业总数
	科技资本市场支持深度	科技资本市场支持力度	双创板上市企业科技资本市场融资额/高新技术企业收入
		高新技术企业资本化率	双创板高新技术企业证券市值/高新技术企业收入

（续表）

一级指标	二级指标	三级指标	计算方法
科技保险指数	科技保险基础规模	科技保险保费	科技保险保费
		科技保险风险保额	科技保险风险保额
	科技保险参与广度	科技保险风险保额比率	科技保险风险保额/高新技术企业收入
	科技保险支持深度	科技保险保险深度	财产风险收入额/地区生产总值
		科技保险保险密度	财产风险收入额/地区面积
科技金融环境指数	创新基础环境	人均 GDP	GDP/人口
		高等院校资源	高等院校数
		研发机构资源	研发机构数
		高新技术企业资源	高新技术企业数
		专利资源	专利数/人口
	政府支撑环境	财政教育投入规模	财政教育支出
		财政科技投入规模	财政科技支出
	金融发展环境	证券机构规模	证券机构数量
		金融机构存款规模	金融机构存款余额
		金融机构贷款规模	金融机构贷款余额

5.4 评价方法

主成分分析法计算的指数跨期可比性较差，随着时间的推移和数据的变化，指标体系内各因素的权重也发生相应变化，从而使科技金融指数跨年度不可比。笔者采用熵值法确定权重，再用算数平均法计算科技金融指数。

在信息论中，熵是对不确定性的一种度量。信息量越大，不确定性就越小，熵也就越小；信息量越小，不确定性就越大，熵也就越大。熵值法是基于信息的视角，通过计算指标的信息熵的一种客观的综合评价方法，它是根据指标的相对变异程度对系统整体的影响决定指标权重的，即通过差异驱动来给指标赋权。一般来说，指标的变异程度越大，所传递的信息就越多，指标的信息熵越小，在综合评价中所起的作用就越大，其权重也就越大。熵值法利用信息熵确定权重，不仅能够克服主观因素的影响，使评价结果客观科学，还能以此衡量各个指标变量的重要程度。

5.4.1 熵值法

1. 数据的标准化处理

原始数据的标准化。由于各项指标的计量单位并不统一，为了消除其对评价结果的影响，因此在用它们计算综合指标前，对原始数据进行标准化处理。选取 m 个评价对象，n 个指标，则X_{ij}为第i个评价对象的第j个指标的数值($i=1$，2⋯，m；$j=1$，2，⋯，n)。由于正向指标和负向指标数值代表的含义不同(正向指标数值越高越好，负向指标数值越低越好)，为避免非标准化带来的影响，本章用正向指标对数据进行标准化处理，Z_{ij}为第i个评价对象的第j个指标经过标准化处理后的得分值，$\max X_{ij}$是各个地区该年份第j个指标中的最大指标值，$\min X_{ij}$是各个地区该年份第j个指标中的最小指标值，采取的方法可按公式5－1计算：

$$Z_{ij}=\{X_{ij}-\min X_{ij}\}/\{\max X_{ij}-\min X_{ij}\} \tag{5-1}$$

2. 指标比重的计算

计算第j项指标下第i个评价对象占该指标的比重，可按公式5－2计算。

$$P_{ij}=Z_{ij}/\sum_{i=1}^{m}Z_{ij} \tag{5-2}$$

3. 指标熵值的计算

计算第j项指标的熵值，其中常数$K=1/\ln(m)$。这样，E_j处于0到1的范围之内，即E_j最大为1，可按公式5－3计算。

$$E_j=-K\sum_{i=1}^{m}P_{ij}\ln P_{ij} \tag{5-3}$$

4. 计算信息冗余度

计算第j项指标的信息效用值。对第j项指标而言，熵值越大，信息效用值就越小。信息冗余度可按公式5－4计算。

$$D_j=1-E_j \tag{5-4}$$

5. 指标权重的计算

计算第j项指标的权重，可按公式5－5计算。

$$W_j=D_j/\sum_{j=1}^{n}D_j \tag{5-5}$$

6. 计算各评价对象的综合得分

各评价对象的综合得分可按公式5－6计算。

$$S_i=\sum_{j=1}^{n}W_j * P_{ij} \tag{5-6}$$

5.4.2 加权平均法

笔者综合分析专家的意见，认为科技金融指数的五大维度同等重要，将各一级指标的待定系数赋值1/5，最终指数数值由各指标平均加权得到。

5.5　数据来源

5.5.1　创业风险投资指标数据来源

创业风险投资指标数据来源见表 5－2 所列。

表 5－2　创业风险投资指标数据来源

数据指标	数据来源
创业风险投资机构数	数据来源于 2020 年《创业风险投资发展报告》
创业风险投资管理额	数据来源于 2020 年《创业风险投资发展报告》
各地区地理面积	使用各地区 2020 年的地理面积，数据来源于 Wind 数据库
创业风险投资项目数	数据来源于 2020 年《创业风险投资发展报告》
高新技术企业收入	使用的 2019 年各地区国家高新区高新技术企业收入，数据来源于 2020 年《中国火炬统计年鉴》

5.5.2　科技贷款指标数据来源

科技贷款指标数据来源见表 5－3 所列。

表 5－3　科技贷款指标数据来源

数据指标	数据来源
科技贷款额	使用各地区 2020 年的中长期贷款替代各地区的科技贷款额，数据来源于各地区 2020 年《金融统计年鉴》
科技贷款机构数	使用各地区的商业银行数量作为科技贷款机构数，数据来源于各地区 2020 年《金融统计年鉴》
贷款总余额	使用各地区 2020 年的商业银行贷款总余额，数据来源于各地区 2020 年《金融统计年鉴》

5.5.3　科技资本市场指标数据来源

科技资本市场指标数据来源见表 5－4 所列。

表 5－4　科技资本市场指标数据来源

数据指标	数据来源
上市高新技术企业比重	（双创板上市企业数）上市高新技术企业数/高新技术企业总数
上市高新技术企业数（双创板上市企业数）	（双创板上市企业数）数据来源于 Wind 数据库中各省份地区和城市的创业板和科创板企业数之和
科技资本市场支持力度	（双创板上市企业融资额）科技资本市场融资额/高新技术企业收入
科技资本市场融资额	（双创板上市企业融资额）数据来源于 Wind 数据库中各省份地区和城市的创业板和科创板企业的首发募集资金、增发募集资金和配股募集资金之和
证券公司机构分布密度	证券公司机构数/高新技术企业数

（续表）

数据指标	数据来源
证券公司机构数	数据来源于 Wind 数据库中各省份地区和城市的上市证券公司数量
高新技术企业资本化率	（双创板证券市值）高新技术企业证券市值/高新技术企业收入
高新技术企业证券市值	（双创板证券市值）数据来源于 Wind 数据库中各省份地区和城市的创业板和科创板企业的市值之和

5.5.4 科技保险指标数据来源

科技保险指标数据来源见表 5-5 所列。

表 5-5 科技保险指标数据来源

数据指标	数据来源
科技保险风险保额比率	（财产风险保额）科技保险风险保额/高新技术企业收入
科技保险风险保额	（财产风险保额）数据来源于各省份 2019 年国民经济和社会发展统计公报；深圳市和合肥市的数据分别来源于《深圳市 2019 年国民经济和社会发展统计公报》和《合肥市 2019 年国民经济和社会发展统计公报》中保险章节的财产风险支出额
科技保险保险深度	（财产保险保费）科技保险保费/地区生产总值
科技保险保费	（财产保险保费）数据来源于各省份 2019 年国民经济和社会发展统计公报；深圳市和合肥市的数据分别来源于《深圳市 2019 年国民经济和社会发展统计公报》和《合肥市 2019 年国民经济和社会发展统计公报》中保险章节的财产风险保费收入额
科技保险保险密度	（财产保险保费）科技保险保费/高新技术企业总数

5.5.5 科技金融环境指标数据来源

科技金融环境指标数据来源见表 5-6 所列。

表 5-6 科技金融环境指标数据来源

数据指标	数据来源
地区生产总值	使用 2019 年各地区生产总值，深圳和省份数据来源于 2020 年《中国统计年鉴》；合肥数据来源于 2020 年《合肥统计年鉴》
人口	使用 2019 年各地区年末常住人口数据，深圳和省份数据来源于 2020 年《中国统计年鉴》；合肥数据来源于 2020 年《合肥统计年鉴》
高等院校数量	使用 2019 年各地区高等院校数，省份数据来源于 2020 年《中国科技统计年鉴》；合肥和深圳数据分别来源于 2020 年《合肥统计年鉴》和 2020 年《深圳统计年鉴》
研发机构数量	使用 2019 年各地区研发机构数，省份数据来源于 2020 年《中国科技统计年鉴》；合肥（深圳）用安徽（广东）研发机构数与合肥（深圳）占安徽（广东）专利比例的乘积得来
高新技术企业数	使用 2019 年各地区国家高新区高新技术企业数，来源于 2020 年《中国火炬统计年鉴》
专利数	使用 2019 年各地区专利申请数，省份数据来源于 2020 年《中国科技统计年鉴》；深圳和合肥分别来源于 2020 年《合肥统计年鉴》和 2020 年《深圳统计年鉴》

（续表）

数据指标	数据来源
财政科技支出	使用 2019 年各地方科学技术支出，深圳和省份数据来源于 2020 年《中国财政统计年鉴》；合肥数据来源于 2020 年《合肥财政统计年鉴》
财政教育支出	使用 2019 年各地方科学技术支出，深圳和省份数据来源于 2020 年《中国财政统计年鉴》；合肥数据来源于 2020 年《合肥财政统计年鉴》
证券机构数量	使用 2021 年各地区上市证券机构数，数据来源于 Wind 数据库
金融机构存贷款规模	使用 2019 年各地区金融机构存贷款余额，数据来源于各省市 2020 年统计年鉴和各省市 2019 年统计公告

第6章 综合性国家科学中心科技金融发展状况评价

6.1 总体发展情况

6.1.1 科技金融指数评价

图6－1直观反映了4个综合性国家科学中心的总体发展情况。横轴代表GDP，纵轴代表专利数，气泡面积表示综合性国家科学中心的科技金融指数得分。由气泡图面积大小可知，北京的科技金融指数位列第一位，指数得分为100.00分；其次是上海和深圳，分别以80.31和71.02位于第二和第三；合肥以21.17处于末位。该图表明在4个综合性国家科学中心中，北京的科技金融发展状况最好，能够给科学技术的发展带来强有力的支撑；上海和深圳的科技金融发展状况较好，可以有效地推动科学技术水平的提高；合肥的科技金融发展状况较差，对于推动科学技术水平发展的作用有限。

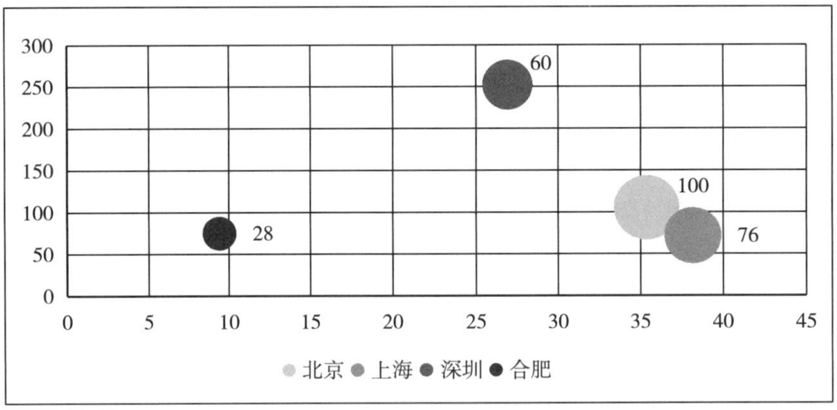

图6－1 综合性国家科学中心科技金融指数得分

注：横坐标表示GDP（千亿），纵坐标表示专利数量，气泡大小表示综合性国家科学中心指数得分

6.1.2 发展问题及对策建议

图6－2反映了4个综合性国家科学中心在各指数得分上的表现。在科技金融环境指数分上，合肥得分较低，应采取相应措施提高科技金融环境，例如调整经济结构增加产出、加大财政在科学和教育上的支出；在创业风险投资指数上，上海和合肥得分较低，应采取相应措施提高创业风险投资指数，例如调整相应政策吸引创投机构数；在科技贷款指数上，上

海、深圳和合肥得分较低，应采取相应政策提高科技贷款指数，例如使用优惠利率；在科技保险指数上，北京和合肥得分较低，应采取相应措施提高科技保险指数，例如优惠保费、完善保险市场制度；在科技资本市场指数上，合肥得分较低，应采取相应措施提高科技资本市场指数，例如交易所降低上市门槛、完善上市制度。

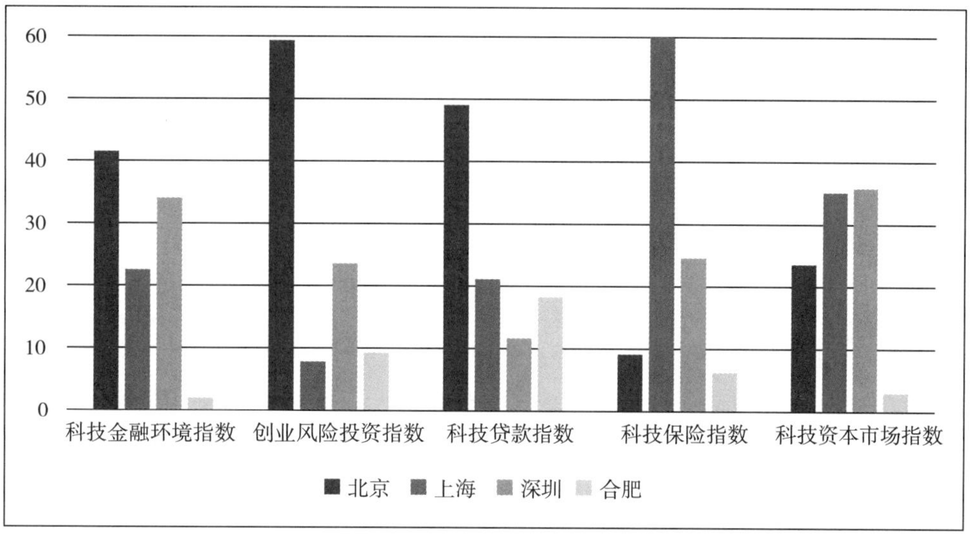

图 6－2　综合性国家科学中心各指数

6.2　创业风险投资发展情况

6.2.1　创业风险投资总体情况

图 6－3 直观地描述了综合性国家科学中心四个城市的总体熵值得分情况。这些指标包括创业风险投资机构数、创业风险投资管理额、创业风险投资机构密度、创业风险投资支持潜力、创业风险投资强度、创业风险投资项目密度等。笔者利用熵值法综合考量所有指标，得出综合性国家科学中心四个城市的熵值得分。在图 6－3 中，气泡面积代表城市综合熵值得分，横轴代表 GDP，纵轴代表创业风险投资机构数。由气泡面积大小可知，北京的创业风险投资综合得分位列第一位，得分为 5934 分；深圳以 2361 分位列第二位。合肥和上海的熵值得分较为接近，分别为 925 分和 779 分，合肥略高于上海，位列第三位；上海位列末位。合肥作为唯一一个不是直辖市的城市，虽然远不及北京和深圳，但得分能够大于上海，可见近年来合肥市对于创业风险投资的支持和鼓励力度很大。创业风险投资机构数量方面，北京名列第一，达到了 592 家；上海第二，共 115 家。而深圳和合肥的创业风险投资机构数量相对较少，分别为 44 家和 29 家。北京的创业风险投资机构数量要明显高于其他城市，这也符合北京作为我国首都对于创新企业的助力和支持。合肥的创业风险投资机构数最低，仅为 29 家。合肥创业风险投资的发展起步较晚，但结合综合指标来看，合肥的发展势头非常

迅猛。未来几年，合肥的创业风险投资机构数量会快速增长。

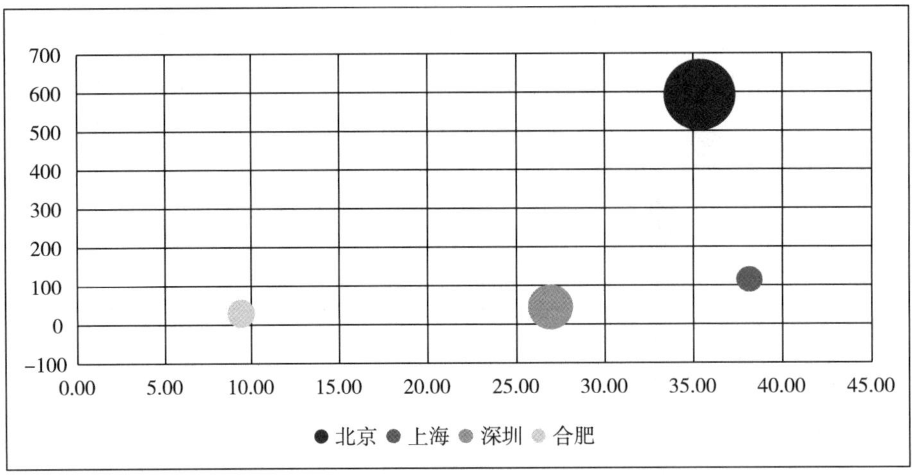

图 6 - 3　综合性国家科学中心创业风险投资熵值得分

注：横坐标表示 GDP（千亿），纵坐标表示创投机构数，气泡大小表示创业风险投资熵值得分

图 6 - 4 是综合性国家科学中心四个城市的创业风险投资各维度的熵值得分情况，即创业风险投资基础规模得分和创业风险投资支持深度得分以及创业风险投资参与广度得分总体情况。北京的创业风险投资基础规模得分最高，以 4123 分位列第一；位列第二的是深圳和上海，它们的创业风险投资基础规模得分分别是 378 分和 335 分，两个城市的创业风险投资基础规模得分差距很小；合肥的创业风险投资基础规模得分最低，位居末位，仅为 0.1 分。就创业风险投资支持深度得分来看，深圳的创业风险投资支持深度得分最高，为 1416 分；合肥的创业风险投资支持深度得分为 822 分，位列第二；位列第三的北京创业风险投资支持深度得分为 787 分；上海的创业风险投资支持深度得分最低，位列第四。创业风险投资参与广度得分方面，得分最高的是北京，以 1023 的高分稳居第一；深圳的创业风险投资参与广度得分第二，达到 566 分；上海的创业风险投资参与广度得分位列第三，为 444 分；合肥的

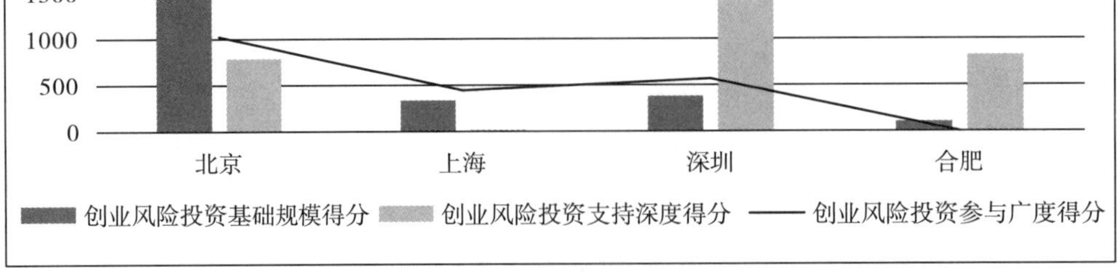

图 6 - 4　创业风险投资各维度熵值得分

创业风险投资参与广度得分最低，仅为 0.1 分。

6.2.2　创业风险投资基础规模

图 6－5 是综合性国家科学中心四个城市的创业风险投资机构数熵值得分和创业风险投资管理额熵值得分总体情况。北京的创业风险投资机构数得分最高，达到了 2000 分以上；上海的创业风险投资机构数得分名列第二，达到 334 分；深圳的创业风险投资机构数得分位列第三，为 58 分；合肥的创业风险投资机构数得分最低，仅为 0.22 分。四个城市的创业风险投资机构数得分差距很大。北京的得分要远远高于其他三个城市。就创业风险投资管理额得分来说，仍然是北京的得分最高，达到了 1932 分；深圳和合肥的创业风险投资管理额得分名列第二和第三位，分别为 319 分和 103 分；上海的创业风险投资管理额得分最低，仅为 0.19 分。四个城市的创业风险投资管理额和得分差距较大。

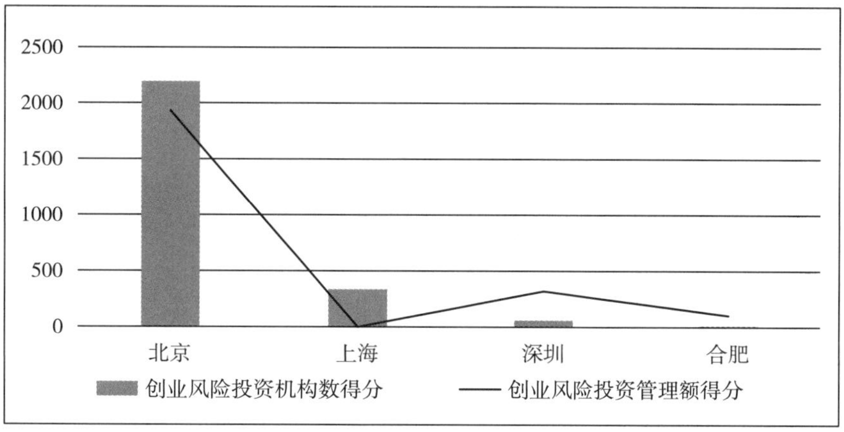

图 6－5　创业风险投资基础规模各维度熵值得分

图 6－6 是综合性国家科学中心四个城市的创业风险投资管理额情况。创业风险投资管理额由高到低的四个城市分别为北京、深圳、合肥和上海。北京以 2134.40 亿元排名首位，其管理额要远远高于深圳、合肥、上海三个城市。深圳、合肥和上海分别以 583.30 亿、357.13 亿和 276.26 亿位列第二、第三、第四位。

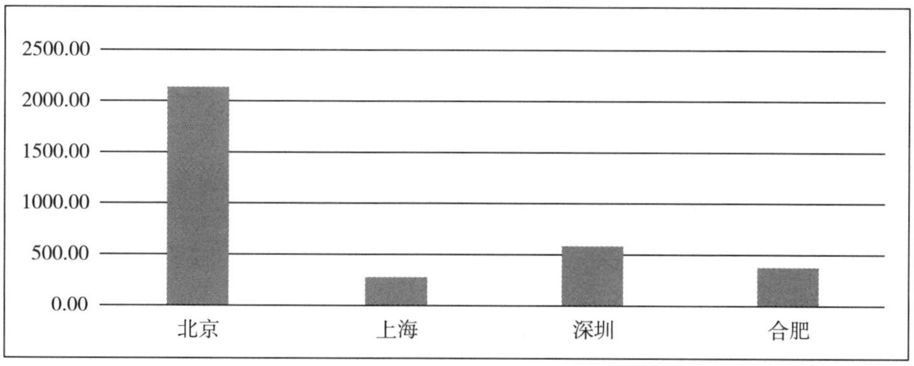

图 6－6　创业风险投资管理额

注：纵坐标单位为亿元

6.2.3 创业风险投资参与广度

图 6－7 是综合性国家科学中心四个城市的创业风险投资机构密度数熵值得分和创业风险投资项目密度熵值得分总体情况。北京的创业风险投资机构密度得分最高，达到了 483 分；深圳的创业风险投资机构密度得分为 278 分，位列第二；上海的创业风险投资机构密度得分为 225 分，位列第三；合肥的创业风险投资机构密度得分最低。创业风险投资项目密度得分位列第一的是北京，其创业风险投资项目密度得分为 539 分；第二位的是深圳，得分在 287 分以上；位列第三的是上海，得分为 219 分；合肥的得分仍然位居末尾。综合性国家科学中心四个城市的创业风险投资项目密度得分差距并不大。

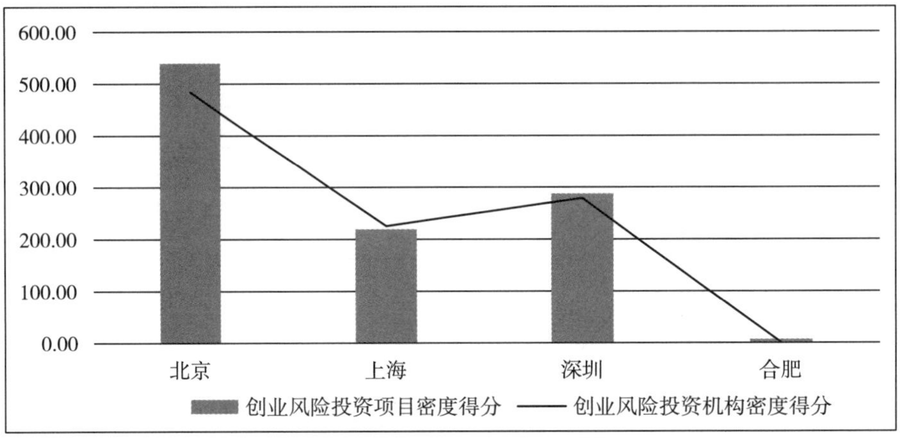

图 6－7 创业风险投资参与广度各维度熵值得分

图 6－8 是综合性国家科学中心四个城市的创业风险投资机构密度和创业风险投资项目密度总体情况。创业风险投资机构密度和创业风险投资项目密度是每个地区的创业风险投资机构数和创业风险投资项目数与该地区面积的比值。我们可以看出，就创业风险投资项目密度来说，北京为 65.9998 项/百平方千米，意味着北京地区每百平方千米区域就有大概 66 个创业风险投资项目；上海和深圳的密度相仿，都为北京的一半，分别为 33.2047 项/百平方千米和 40.1895 项/百平方千米；创业风险投资机构密度最低的是合肥，只有 10.7742 项/百

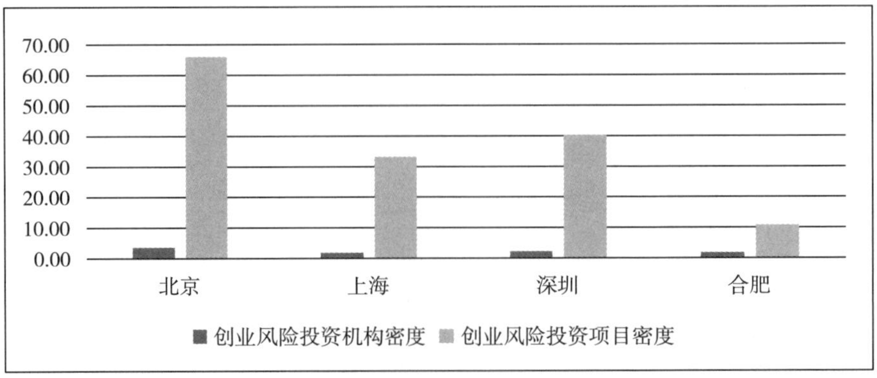

图 6－8 创业风险投资机构密度与创业风险投资项目密度

注：纵坐标单位为每百平方千米

平方千米。我们再分析创业风险投资机构密度的情况，北京仍然以 3.6076 家/百平方千米的创业风险投资机构密度名列首位；上海和深圳的创业风险投资机构密度相差不大，分别为 1.8139 家/百平方千米以及 2.1851 家/百平方千米；而合肥以 0.2517 家/百平方千米的创业风险投资机构密度排名最后一位，并且远低于北京、上海。合肥的创业风险投资机构密度低是由于创业风险投资机构数量在四个城市中是最低的，但是其地理面积却排在第二，且远高于上海和深圳。因此，合肥的创业风险投资机构密度低得多。

6.2.4　创业风险投资支持深度

图 6－9 是综合性国家科学中心四个城市的创业风险投资支持潜力得分和创业风险投资强度得分总体情况。在创业风险投资支持潜力得分方面，北京得分最高，为 646 分，明显高于其他三个城市得分；合肥的创业风险投资支持潜力得分名列第二，为 451 分；深圳位列第三，为 142 分；而上海的创业风险投资支持潜力得分最低，仅为 0.064，位列第四。四个城市的创业风险投资支持潜力得分差距很大，北京和合肥远高于其他两个城市。从创业风险投资强度得分来看，深圳得分最高，以 1274 分位列第一；合肥的创业风险投资强度为 370 分，位列第二；北京和上海的创业风险投资强度分别位列第三、第四位，依次是 140 分和 0.12 分。

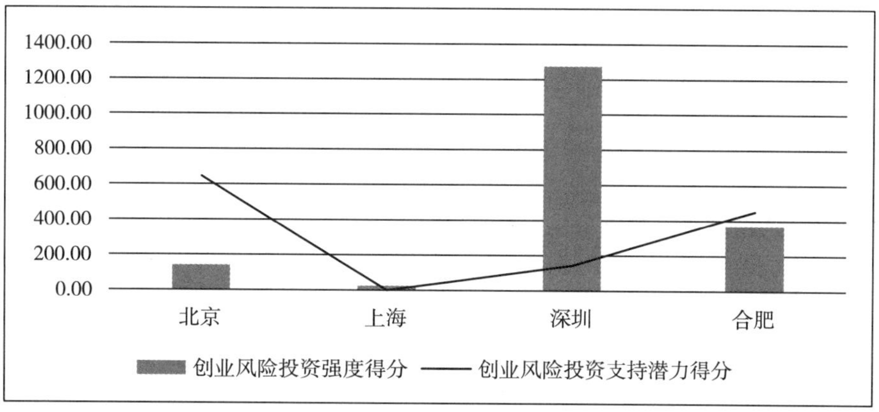

图 6－9　创业风险投资基础规模各维度得分

图 6－10 是综合性国家科学中心四个城市的创业风险投资强度情况。创业风险投资强度是根据每个风险投资项目的平均投资额计算的。显然，深圳的创业风险投资强度最高，达到了 7267.80 万元/项，远大于其他三个城市的数值。深圳市对创业风险投资项目的投资力度很大。合肥位于第二位，创业风险投资强度为 3042.12 万元/项，约为深圳的一半。合肥市作为创业风险投资发展的后起之秀，创业风险投资强度已经超过了北京和上海，处于国内创业风险投资强度靠前的城市之列。北京和上海分别位于第三和第四位，投资强度为 1970.72 万元/项、1312.29 万元/项。北京和上海的创业风险投资强度比较低可能是因为北京和上海的创业风险投资项目种类和数量众多，小型创业风险投资项目融入资金不高，导致总体的创业风险投资强度偏低。

图 6－11 是综合性国家科学中心四个城市的创业风险投资支持潜力总体情况。创业风险

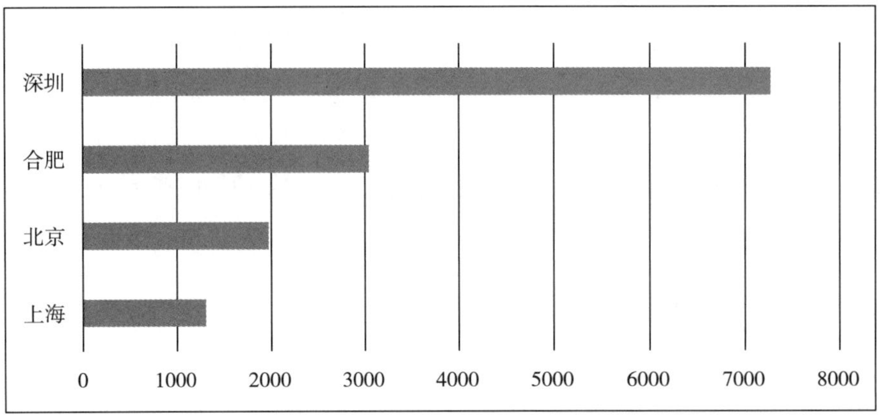

图 6－10　创业风险投资强度

注：横坐标单位为万元/项

投资支持潜力指的是每个城市的创业风险投资管理额与该地区高企收入的比值。通过该指标可以直观得出每个地区对创业风险投资的支持力度。北京的创业风险投资支持潜力最大，为 0.0561；合肥的创业风险投资支持潜力位居第二，为 0.0420；深圳和上海的创业风险投资支持潜力位居第三和第四位。其中，深圳创业风险投资支持潜力为 0.0195。上海的创业风险投资支持潜力最小，只有 0.009。

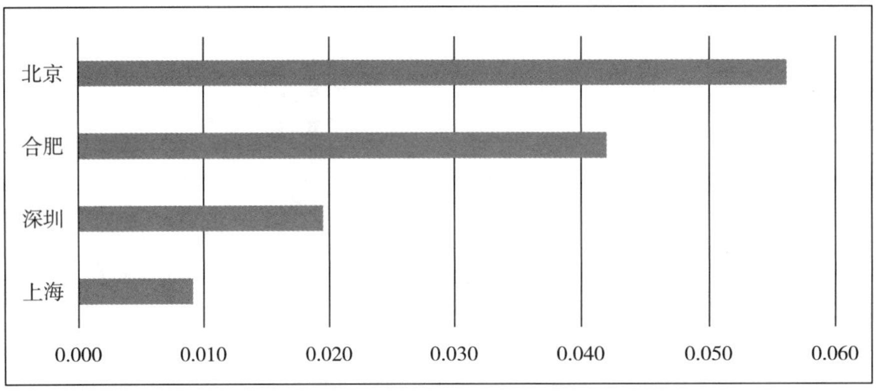

图 6－11　创业风险投资支持潜力

6.3　科技贷款发展情况

6.3.1　科技贷款总体情况

图 6－12 非常直观地描述了四个城市科技贷款的总体发展情况。在气泡图中纵轴代表综合性国家科学中心四个城市的科技贷款额，横轴表示四个地区的地区生产总值（GDP），气泡大小是依据熵值法计算出的四个地区的熵值得分。该熵值得分纳入了科技贷款额、科技贷款比重、科技贷款机构数、科技贷款机构密度、科技贷款支持度等多个指标，全面客观地反

映了四个地区的总体情况。综合指数得分方面，北京的综合得分第一，为 4903 分，说明目前北京是科技贷款发展最好的城市；上海和合肥的综合熵值得分相近，分别为 2110 分和 1824 分，说明合肥的科技贷款发展已经和上海比肩。深圳是综合性国家科学中心四个城市中综合熵值得分最少的，仅为 1163 分。深圳的科技贷款发展暂时落后于其他三座城市。根据纵轴代表的综合性国家科学中心四个城市的科技贷款额的情况可以看出，北京的科技贷款额最多；深圳和上海的科技贷款额相差不大，分别排在第二、第三位；合肥的科技贷款额排名末位。

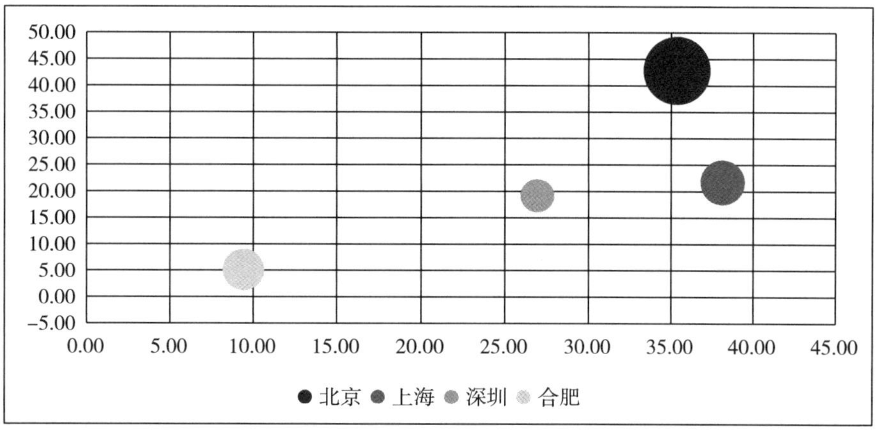

图 6-12　综合性国家科学中心科技贷款熵值得分

注：横坐标表示 GDP（千亿），纵坐标表示科技贷款额（千亿），气泡大小表示科技贷款熵值得分

图 6-13 是综合性国家科学中心四个城市的科技贷款支持深度熵值得分和参与广度熵值得分以及基础规模熵值得分的总体情况。北京的支持深度得分为 2659 分，位列第一；深圳和上海的支持深度得分差距不大，分别位列第二、第三位，其中深圳得分为 557 分、上海得分为 514 分；而合肥的支持深度得分最低，为 381 分。在四个城市的参与广度得分方面，位居第一的仍然是北京，为 942 分；位居第二的是上海，为 414 分；深圳得分为 351 分，位列第三；参与广度得分最低的是合肥。四个城市的基础规模得分中得分最高的是北京，为 2044 分；位列第二的是上海，为 1107 分；深圳的得分位列第三，为 557 分；合肥的基础规模得分最低，位列末尾，为 0.2 分。

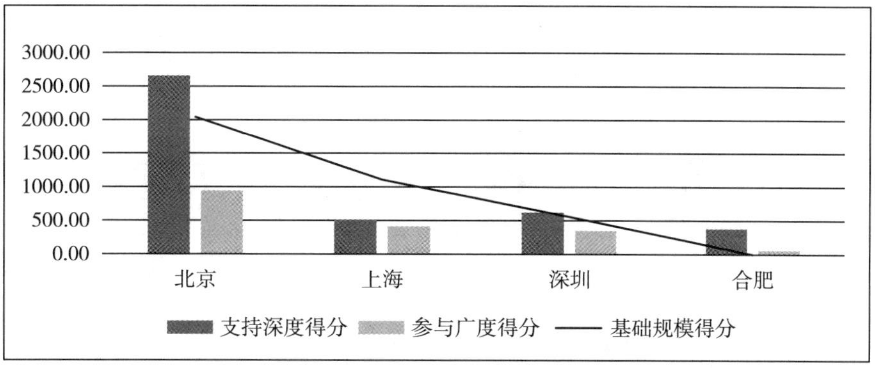

图 6-13　科技贷款各维度熵值得分

6.3.2 科技贷款基础规模

图 6－14 综合展示了综合性国家科学中心四个城市的科技贷款额与科技贷款机构数的总体情况。北京的科技贷款额和科技贷款机构数在四个城市中均为第一，科技贷款额为 42861.70 亿元，科技贷款机构数为 4035 家。上海和深圳的科技贷款额约为北京的一半。上海的科技贷款额为 21717.52 亿元，科技贷款机构数为 2993 家。深圳的科技贷款额与上海相差不大，为 19201.18 亿元；科技贷款机构数略低于上海，为 1749 家。合肥的科技贷款额和科技贷款机构数最低，科技贷款额为 5154.86 亿元，科技贷款机构数为 1222 家。总体来看，科技贷款额与科技贷款机构数基本上呈正相关关系。也就是说，科技贷款机构数量多的城市，科技贷款额会相应更高。

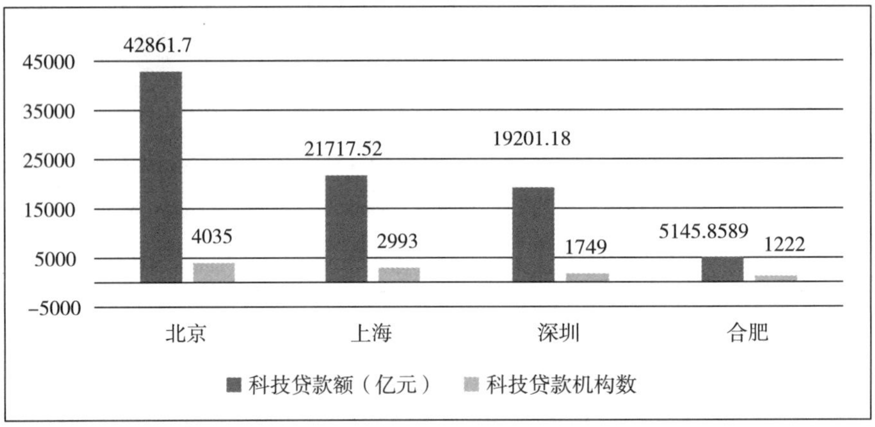

图 6－14　科技贷款额与科技贷款机构数

图 6－15 是综合性国家科学中心四个城市的科技贷款机构数熵值得分和科技贷款额熵值得分的总体情况。北京的科技贷款机构数熵值得分为 1101 分，位列第一；上海位列第二，得分为 693 分；深圳位列第三，得分为 206 分；得分最低的是合肥。在科技贷款额熵值得分方面，位列第一的仍然是北京，得分为 942 分；位列第二和第三的城市分别是上海和深圳，得分分别为 414 分、351 分，两个城市得分总体差距不大；位居末位的城市是合肥，得分为 0.02。总体来看，在科技贷款基础规模这一维度，无论是科技贷款机构数还是科技贷款额，合肥的得分都最低；相反，北京的两项得分都是最高。可见，合肥的科技贷款基础规模还有很大的提升空间。

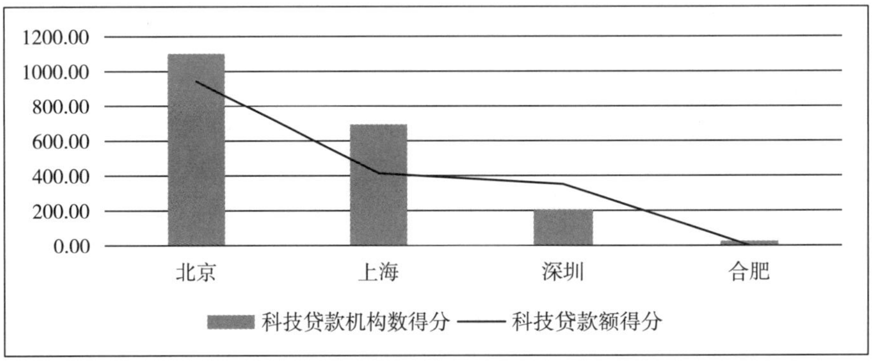

图 6－15　科技贷款基础规模各维度熵值得分

6.3.3 科技贷款支持深度

图 6－16 是综合性国家科学中心四个城市的科技贷款支持度以及科技贷款比重的总体情况。科技贷款支持度指的是每个城市的科技贷款额与当地的高新技术企业收入的比值。该比值越高，代表当地科技贷款额与当地高新技术企业收入相比体量越大。它反映地区政府对科技贷款的支持意愿。北京的科技贷款支持度是最高的，达到了 1.1272。上海、深圳和合肥的科技贷款支持度相差不大，分别为 0.7172、0.6419 和 0.5761。

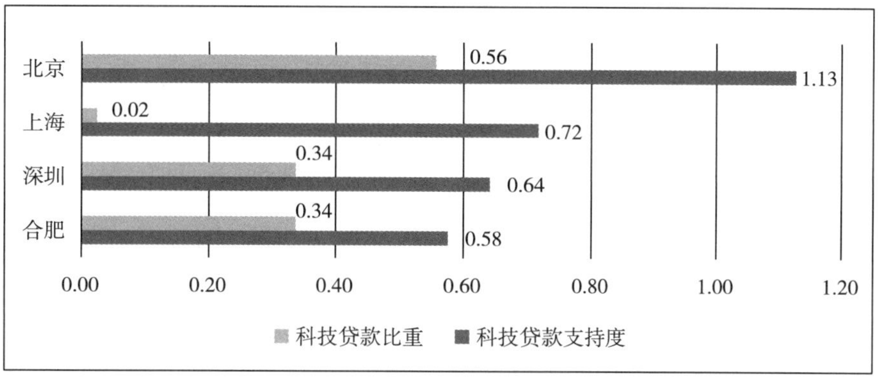

图 6－16 科技贷款支持度与科技贷款比重

科技贷款比重指的是每个城市的科技贷款额与贷款总余额的比值。很明显，该比值越大代表该地区对科技贷款的支持力度越大。由图 6－16 可知，北京的科技贷款比重最高，为 0.5575。在北京的所有贷款中，科技贷款已经占到了一半的份额，北京对科技贷款的支持力度最高。深圳与合肥的科技贷款比重几乎相同，分别是 0.3368 和 0.3367。而上海的科技贷款比重却明显小于其他三个城市，仅为 0.0241。相对于总贷款额来说，上海的科技贷款额相对不高。

图 6－17 是综合性国家科学中心四个城市的科技贷款支持度得分和科技贷款比重得分总体情况。北京的科技贷款支持度得分最高，以 2008 分稳居第一；位居第二的是上海，其科技贷款支持度得分为 514 分；位列第三的是深圳，得分为 239 分。深圳与上海的科技贷款支

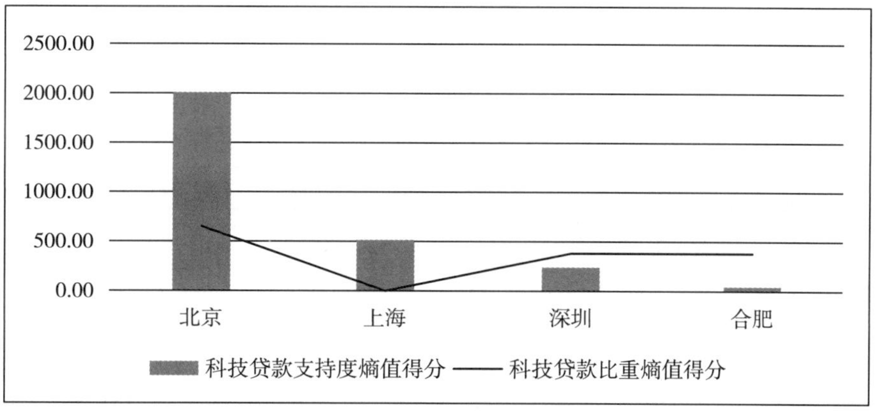

图 6－17 科技贷款支持深度各维度熵值得分

持度得分差距不大，但是与北京的差距很大。合肥科技贷款支持度得分最低。从科技贷款比重得分情况来看，北京的得分最高，为650分。合肥和深圳，以381分并列第二。上海的科技贷款比重得分最低，仅为0.06分。除了上海，北京、深圳和合肥的科技贷款比重相差不大。

6.3.4 科技贷款参与广度

图6－18是科技贷款机构密度总体情况。科技贷款机构密度指的是各地区科技贷款机构总数与该地区地理面积的比值，即每百平方千米存在的科技贷款机构数。上海的科技贷款机构密度最高，为87.5814家/百平方千米。北京的科技贷款机构密度稍低，为47.2082家/百平方千米。深圳和合肥的科技贷款机构密度位于第三、第四位，分别是24.5887家/百平方千米、10.6772家/百平方千米。总体来看，四个城市的科技贷款机构密度差异较大。

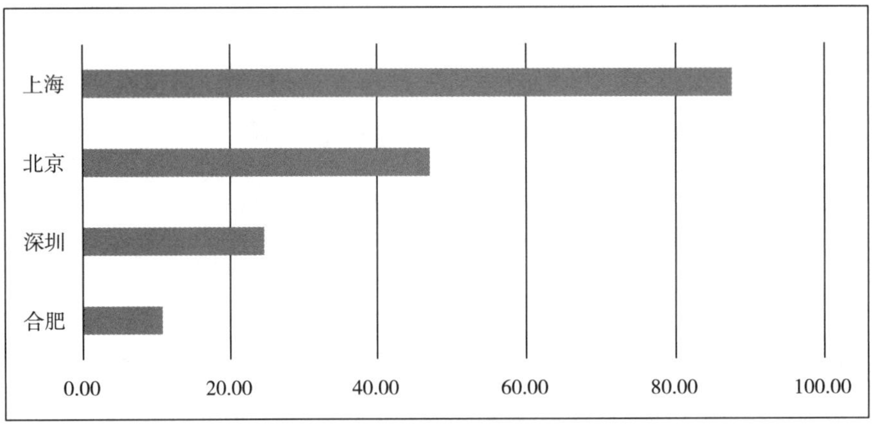

图6－18 科技贷款机构密度

图6－19是科技机构密度得分相关情况。综合性国家科学中心四个城市的科技贷款机构密度得分大致呈等差数列分组。深圳的科技贷款机构密度得分最高，达到了1200分以上。上海的科技贷款机构密度得分次之，约为深圳的一半。北京的科技贷款机构密度得分位列第三，得分为230分。合肥的科技贷款机构密度得分最低，仅为0.12分。可见，合肥的科技贷款参与广度要远低于其他三个城市。

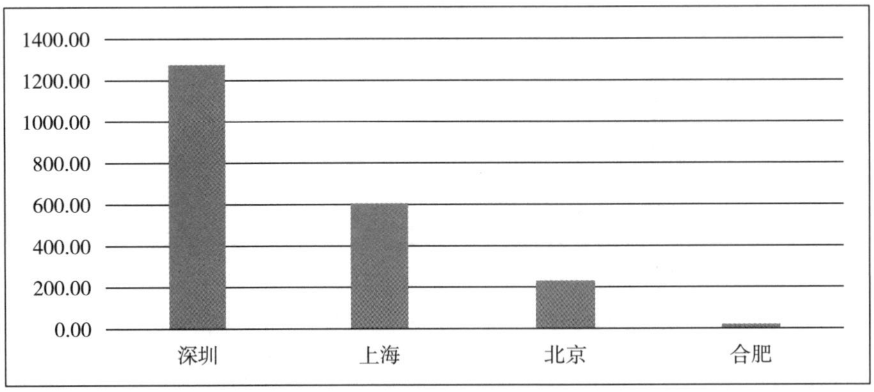

图6－19 科技贷款机构密度熵值得分

6.4　科技保险发展情况

6.4.1　科技保险总体情况

基于前文总体评价的结果，笔者分析科技保险指数维度具体情况，从科技保险各项模块的熵值得分与排名出发，将综合性国家科学中心城市间的数据进行比较，明确各综合性国家科学中心城市发展过程中所处的位置，以及需要加强巩固的方面，以期在后期的发展建设中，找到突破口，均衡各项能力的发展，加强在弱势方面的关注与投入，保障综合性国家科学中心建设顺利有效地开展。

综合性国家科学中心城市的科技保险熵值得分如图 6 - 20 所示。从整体角度上看，上海的科技保险熵值得分最高，为 60；深圳、北京次之，分别为 24.6、9.12；合肥最低，为 6.79。上海具有较为成熟的科技金融分散风险手段，为科技型企业或研发机构因各类现实面临的风险提供保险保障，能够更好地推动科技金融活动的发展；深圳和北京具有良好的科技金融保险发展环境，科技型企业可根据自身的风险需求合理安排风险转移；合肥科技金融保险条件较差，为科技型企业提供保险保障基础条件不足，科技保险活动的发展有限。

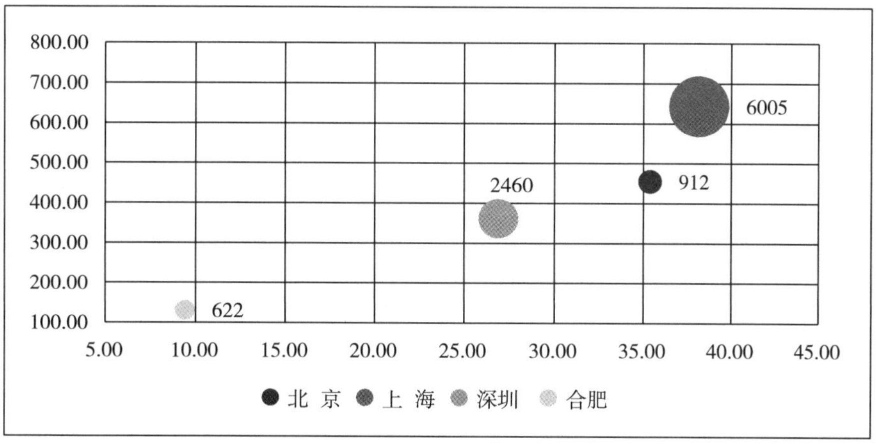

图 6 - 20　科技保险熵值得分

注：横坐标表示 GDP（千亿），纵坐标表示科技保险保费（亿元），气泡图表示科技保险熵值得分

如图 6 - 21 所示，具体到不同维度而言，科技保险基础规模熵值得分排名依次为上海、北京、深圳和合肥市；科技保险参与广度熵值得分排名依次为上海、深圳、合肥和北京市；科技保险支持深度熵值得分排名依次为上海、深圳、合肥和北京市。笔者将对综合性国家科学中心城市科技保险指数的不同模块进行分析，深度总结各中心在科技保险不同模块的优势和短板。

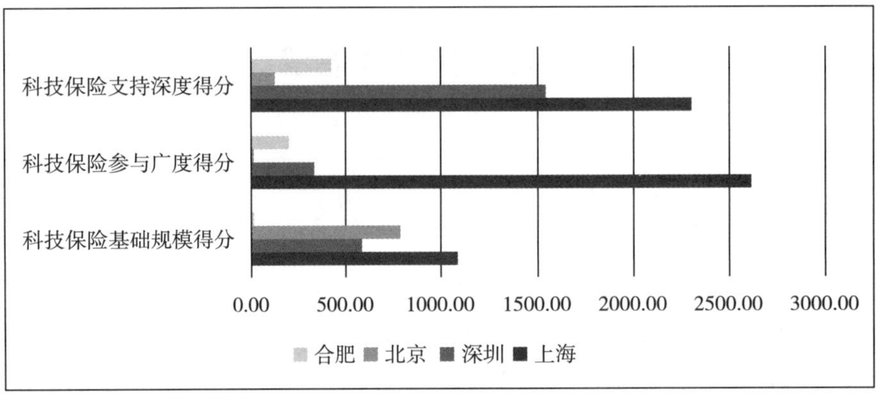

图 6-21 科技保险各维度熵值得分

6.4.2 科技保险基础规模

在科技保险的基础规模模块中，4 个综合性国家科学中心城市之间有一定差异。由表 6-1可知，在科技保险保额指标中，上海、北京和深圳市的科技保险保额分别以 306.12、269.3 和 223.36 亿元，依次位于前三位；而合肥市的科技保险保额为 65.3 亿元，排名末位。科技保险保费指标的排名亦是如此，4 个综合性国家科学中心城市的排名依次为上海、北京、深圳和合肥市。

表 6-1 科技保险基础规模指标

城市名称	北京	上海	深圳	合肥
保额（亿元）	269.3	306.12	223.36	65.3
保费（亿元）	454.8	643.39	362.05	130.9

就科技保险基础规模熵值得分而言，由图 6-22 可知，4 个综合性国家科学中心城市的排名与上述科技保险基础规模指标的排名结果相同。上海市以 1187 的科技保险基础规模熵值得分排名第一；北京和深圳市的科技保险基础规模熵值得分为 858 和 639，排名第二、第三；合肥市的科技保险基础规模熵值得分位于末位。

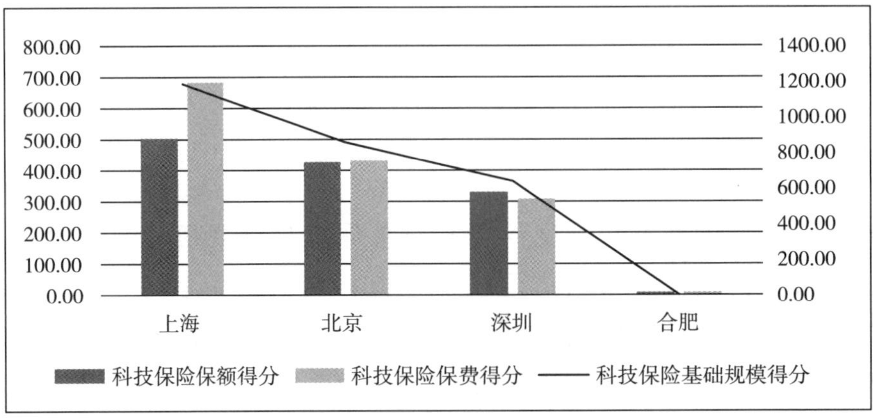

图 6-22 科技保险基础规模熵值得分

6.4.3　科技保险参与广度

在科技保险的参与广度模块中，4 个综合性国家科学中心城市之间较为均衡。由表6－2可知，在科技保险参与广度指标中，上海、深圳和合肥市的科技保险风险保额比率分别以1.01%、0.75%和0.73%位于第一、第二和第三名，北京市的科技保险风险保额比率为0.71%，排名末位。

表 6－2　科技保险参与广度指标

城市名称	北京	上海	深圳	合肥
科技保险风险保额比（%）	0.71	1.01	0.75	0.73

就科技保险参与广度熵值得分而言，由图 6－23 可知，4 个综合性国家科学中心城市的排名与上述科技保险参与广度指标的排名结果相同，但熵值得分结果差距较大。上海市的科技保险参与广度熵值得分以 2853 排名第一，深圳和合肥的科技保险参与广度熵值得分差距不大，分别以 362 和 216 排名第二和第三，而北京以较小的科技保险参与广度熵值得分位于末位。

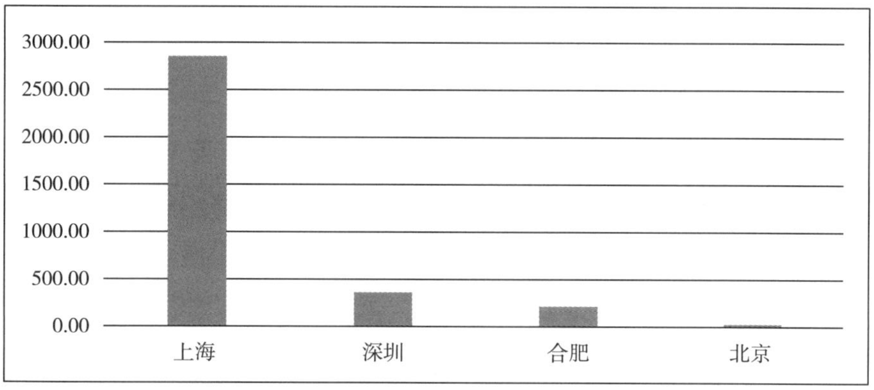

图 6－23　科技保险参与广度熵值得分

6.4.4　科技保险支持深度

在科技保险的支持深度模块中，4 个综合性国家科学中心城市之间较为均衡。由表6－3可知，科技保险保险深度指标中，上海、合肥和深圳市的科技保险保险深度分别以 1.69%、1.39%和 1.34%的比例位于第一、第二和第三名，北京市的科技保险保险深度比例为1.29%，排名末位。而在科技保险保险密度指标中，4 个综合性国家科学中心城市的排名依次为深圳、上海、北京和合肥市。

表 6－3　科技保险支持深度指标

城市名称	北京	上海	深圳	合肥
科技保险保险深度（%）	1.29	1.69	1.34	1.39
科技保险保险密度（亿元/百平方公里）	2.77	10.15	18.13	1.14

就科技保险的支持深度熵值得分而言，由图 6－24 可知，上海市以 2303 的科技保险支持深度熵值得分排名第一；深圳和合肥市的科技保险支持深度熵值得分为 1543 和 424，排名第二、第三；北京市的科技保险支持深度熵值得分则位于末位。4 个综合性国家科学中心城市的科技保险保险深度熵值得分和科技保险保险密度熵值得分的排名与上述各指标排名结果相同。

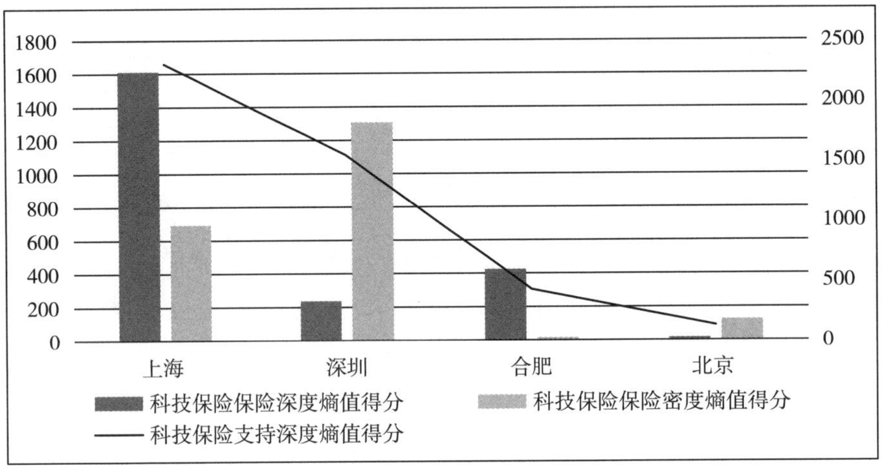

图 6－24 科技保险支持深度熵值得分

6.5 科技资本市场发展情况

6.5.1 科技资本市场发展情况

基于前文总体评价的结果，笔者分析科技资本市场指数维度具体情况，从科技资本市场各项模块的熵值得分与排名出发，将综合性国家科学中心城市间的数据进行比较，明确各综合性国家科学中心城市发展过程中所处的位置，以及需要加强巩固的方面。

综合性国家科学中心城市的科技资本市场熵值得分如图 6－25 所示。从整体角度上看，上海的科技资本市场熵值得分最高，为 3509；深圳、北京次之，分别为 3577、2361；合肥最低，为 299。上海具有成熟的科技资本市场环境，建立了有利于募集科技投资资金的资本组织制度，保障了企业科学技术进步的持续性，能够更好地推动科技金融活动的发展；深圳和北京具有良好的科技资本市场环境，实行资本型投资推动科技产业聚集和区域经济可持续发展；合肥科技资本市场发展水平较为落后，科技型企业对资本市场的利用程度有限，亟须政策推动支持高新技术企业迅速成长。

具体到不同维度而言，科技资本市场基础规模熵值得分排名依次为北京、深圳、上海和合肥市；科技资本市场参与广度熵值得分排名依次为上海、深圳、合肥和北京市；科技资本市场支持深度熵值得分排名依次为深圳、上海、北京和合肥市（如图 6－26 所示）。笔者将

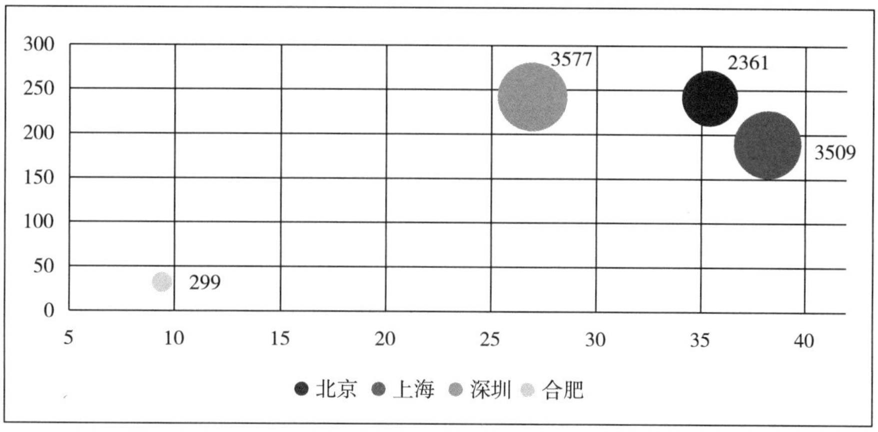

图 6 - 25　科技资本市场熵值得分

注：横坐标表示 GDP（千亿），纵坐标表示上市高新技术企业数，气泡图表示科技资本市场熵值得分

对综合性国家科学中心城市科技资本市场熵值得分的不同模块进行分析，深度总结各中心在科技资本市场不同模块的优势和短板。

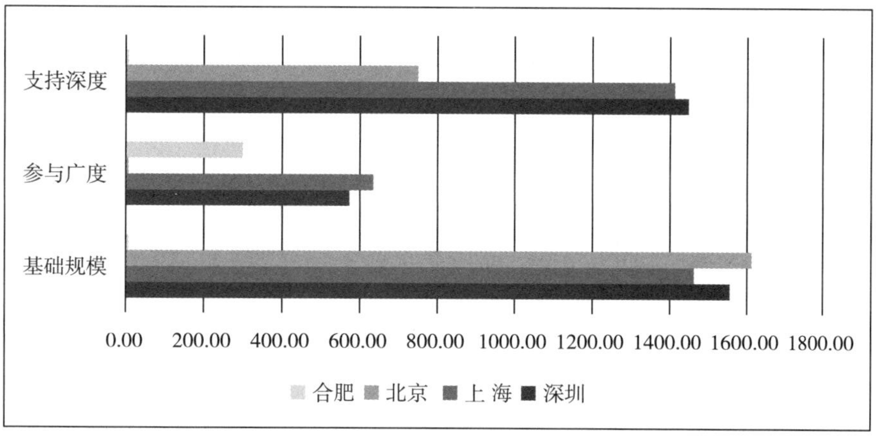

图 6 - 26　科技资本市场各维度得分

6.5.2　科技资本市场基础规模

在科技资本市场基础规模模块中，北京、上海和深圳市的各项指标相对均衡，而合肥市各项指标与其他三市差距较大，处于相对劣势。由表 6 - 4 可知，在科技资本市场基础规模指标中，深圳、北京和上海市的双创板上市企业数分别为 242、241 和 189 个，依次位于前三；而合肥市的双创板上市企业数为 32 个，排名末位。在双创板上市企业融资额指标中，北京、上海和深圳市的双创板上市企业融资额分别为 1379 亿元、1311 亿元和 1123 亿元，依次位于前三；而合肥市的双创板上市企业融资额为 113 亿元，排名第四。在双创板上市企业证券市值指标中，4 个综合性国家科学中心城市的排名依次为深圳、上海、北京和合肥市。

表 6-4 科技资本市场基础规模指标

城市名称	北京	上海	深圳	合肥
双创板上市企业数（个）	241	189	242	32
双创板上市企业融资额（亿元）	1379	1311	1123	113
双创板上市企业证券市值（亿元）	21741	22566	23756	4264

就科技资本市场基础规模熵值得分而言，由图 6-27 可知，北京市以 1612 的科技资本市场基础规模熵值得分排名第一，深圳和上海市的科技资本市场基础规模熵值得分分别以 1556 和 1463 排名第二、第三，合肥市的科技资本市场基础规模熵值得分则位于末位。4 个综合性国家科学中心城市的双创板上市企业数熵值得分和双创板上市企业融资额熵值得分、双创板上市企业证券市值熵值得分的排名与上述各指标排名结果相同。

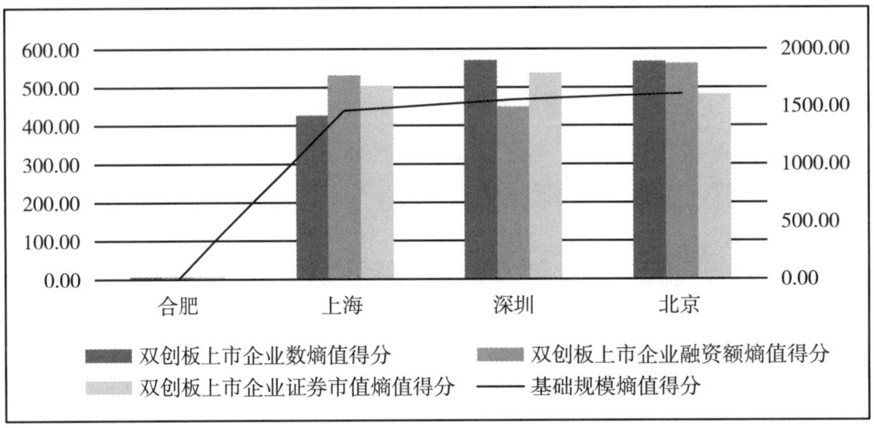

图 6-27 科技资本市场基础规模熵值得分

6.5.3 科技资本市场参与广度

在科技资本市场的参与广度模块中，4 个综合性国家科学中心城市之间较为均衡。由表 6-5 可知，科技资本市场参与广度指标中，上海、深圳和合肥市的双创板上市高新技术企业比重分别以 1.50%、1.45%和 1.26%位于第一、第二和第三名，北京市的双创板上市高新技术企业比重为 1.04%，排名末位。

表 6-5 科技资本市场参与广度指标

城市名称	北京	上海	深圳	合肥
上市高新技术企业比重（%）	1.04	1.50	1.45	1.26

就科技资本市场的参与广度熵值得分而言，由图 6-28 可知，4 个综合性国家科学中心城市的排名与上述科技资本市场参与广度指标的排名结果相同，但熵值得分结果差距较大。上海市以 634 的科技资本市场参与广度熵值得分排名第一，深圳和合肥市的科技资本市场参与广度熵值得分分别以 573 和 299 排名第二、第三，北京排名末位。

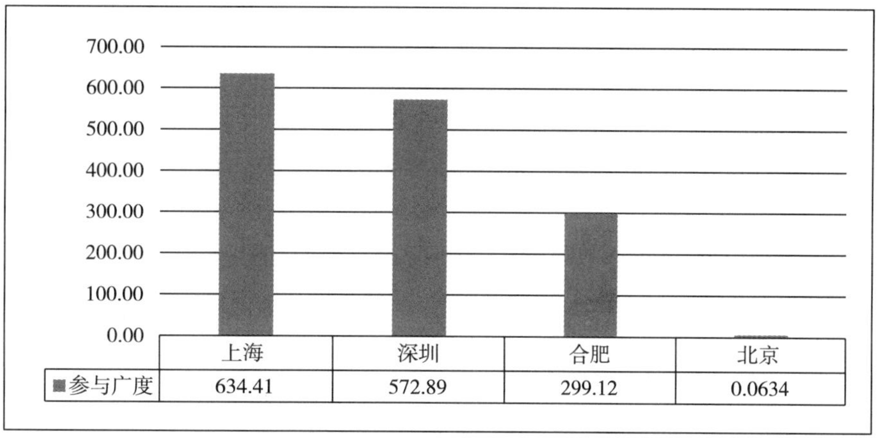

图 6－28　科技资本市场参与广度熵值得分

6.5.4　科技资本市场支持深度

在科技资本市场的支持深度模块中，上海和深圳市的各项指标相对均衡，而合肥市各项指标与其他三市差距较大，存在一定的短板。由表 6－6 可知，在科技资本市场支持力度指标中，上海、深圳和北京市的支持力度分别以 4.33％、3.76％和 3.63％的比例位于第一、第二和第三名；合肥市的科技资本市场支持力度为 1.26％，排名末位。在高新技术企业资本化率指标中，4 个综合性国家科学中心城市的排名依次为深圳、上海、北京和合肥市。

表 6－6　科技资本市场支持深度指标

城市名称	北京	上海	深圳	合肥
科技资本市场支持力度（％）	3.63	4.33	3.76	1.26
高新技术企业资本化率（％）	57.18	74.52	79.41	47.74

就科技资本市场支持深度熵值得分而言，由图 6－29 可知，深圳市以 1448 的科技资本市场支持深度熵值得分排名第一，上海和北京市的科技资本市场支持深度熵值得分分别以

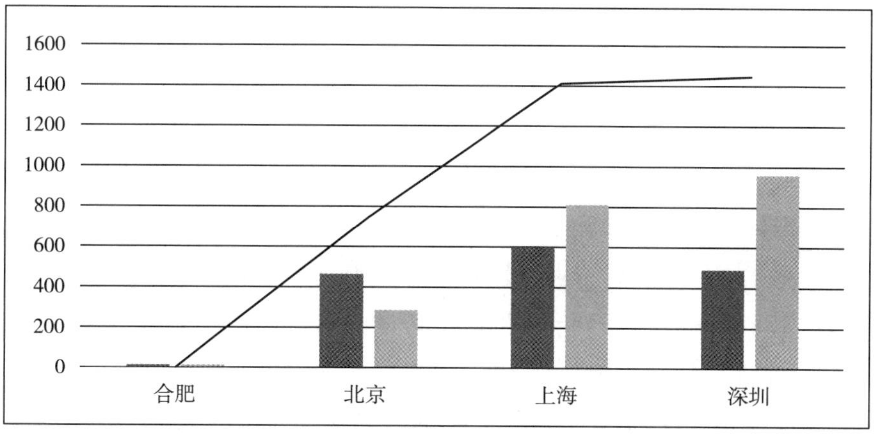

图 6－29　科技资本市场支持深度熵值得分

1412 和 749 排名第二、第三，合肥市位于末位。4 个综合性国家科学中心城市的科技资本市场支持力度熵值得分和高新技术企业资本化率熵值得分的排名与上述各指标排名结果相同。

6.6 科技金融环境发展状况

6.6.1 科技金融环境总体情况

科技金融环境指数用来反映当地已经具备的有利于科技与金融结合的基础条件，反映了科技金融发展的大环境。

图 6-30 直观地反映了 4 个综合性国家科学中心城市的科技金融环境发展情况。横轴代表 GDP，纵轴代表人均专利数，气泡大小表示综合性国家科学中心的科技金融环境指数得分。北京的科技金融环境指数最高，为 100；深圳、上海次之，分别为 82.03、54.37；合肥最低，为 4.74。北京具有成熟的科技金融发展环境，科技创新基础条件充足，能够更好地推动科技创新活动的发展；深圳和上海具有良好的科技金融发展环境，有一定的科技创新基础条件，可以在一定程度上推动科技创新活动的发展；合肥的科技金融发展环境较差，科技创新基础条件不足，对科技创新活动的推动作用有限。

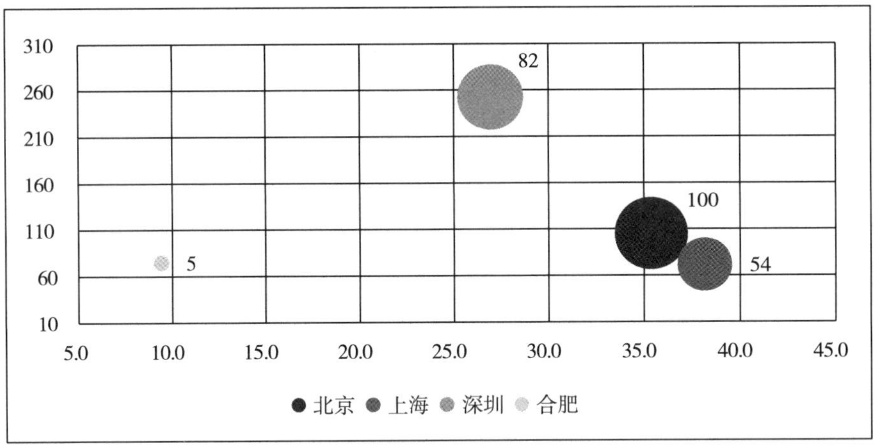

图 6-30　四个国家科学中心城市科技金融环境指数

注：横轴表示 GDP，纵轴表示人均专利数，气泡大小表示科技金融环境发展情况

从图 6-31 中可以看出，在创新基础环境方面，北京、深圳分别以 0.29、0.25 处于绝对领先地位；上海次之，为 0.10；合肥最低，为 0.02。北京、深圳具有成熟的创新基础环境和完备的科技创新基础条件，有利于科技创新活动的发展；上海的创新基础环境较为成熟，具备一定的科技创新条件，在一定程度上可以推动创新活动的发展；合肥的创新基础环境较差，科技创新的基础条件不足，对科技创新活动的促进作用有限。

在政府支撑环境方面，北京、深圳、上海得分相差不大，分别以 0.05、0.04、0.04 的得分排名第一、第二和第三；合肥相对较弱，以 0.001 的得分排名第四。北京、深圳、上海

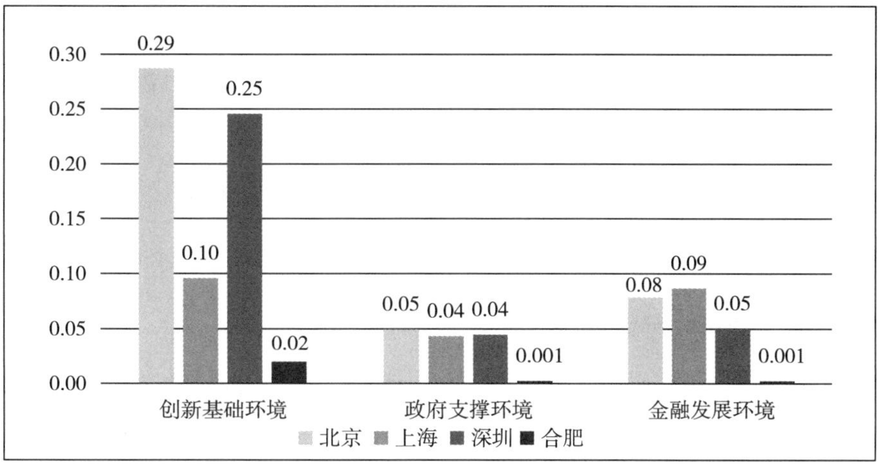

图 6－31　4 个综合性国家科学中心城市科技金融环境发展情况

政府支撑环境较好，政府对科学技术研究的投入规模较大，能够更好地促进科技创新活动；合肥政府支撑环境较差，政府、企业对科学技术研究的投入规模较小，对科技创新活动的支撑作用有限。

在金融发展环境方面，上海、北京分别以 0.09、0.08 的得分排名第一和第二；其次是深圳，得分为 0.05；合肥最低，得分为 0.001。上海、北京金融发展环境较好，具有较强的金融条件来支持科技创新活动；深圳的金融发展环境一般，具有一定的金融条件支持科技创新活动；合肥的金融发展环境较差，金融条件也较差，对科技创新活动的支撑有限。

6.6.2　创新基础环境

1. 各中心人均 GDP

从图 6－32 中可以看出，2019 年，深圳人均 GDP 最高，达到了 25.97 万元；北京和上海次之，分别为 16.42 万元、15.71 万元；合肥最低，为 11.49 万元。深圳经济发展状况较好，有更好的经济基础支撑科学技术发展；北京、上海经济发展状况一般，有一定的经济基础支撑科学技术的发展；合肥经济发展状况相对较差，对科学技术的发展支撑不足。

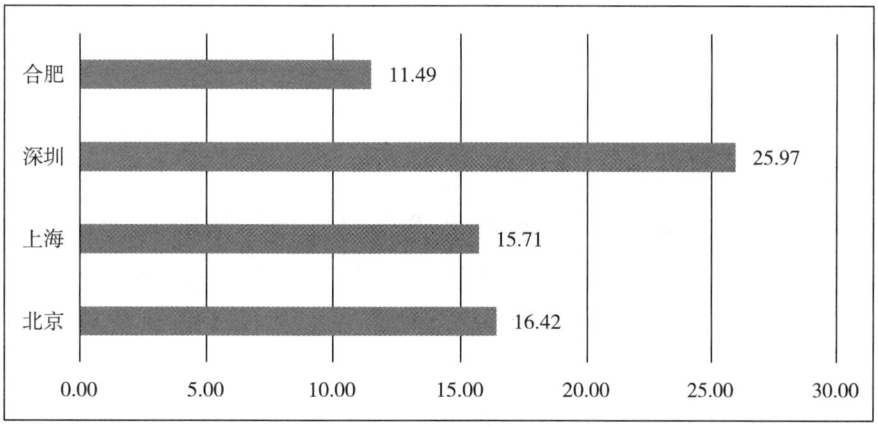

图 6－32　2019 年 4 个综合性国家科学中心城市人均 GDP（单位：万元）

2. 各中心人均专利数

从图 6－33 中可以看出，2019 年，深圳人均专利数远远领先另外三个城市，为 252.2；北京次之，为 105；上海和合肥相对较低，分别为 71.5 和 74.7。深圳具有浓厚的科技创新氛围，有利于推动科技创新的发展；北京科技创新氛围一般，可以在一定程度上推动科技创新的发展；合肥和上海科技创新氛围较差，对科技创新的推动作用有限。

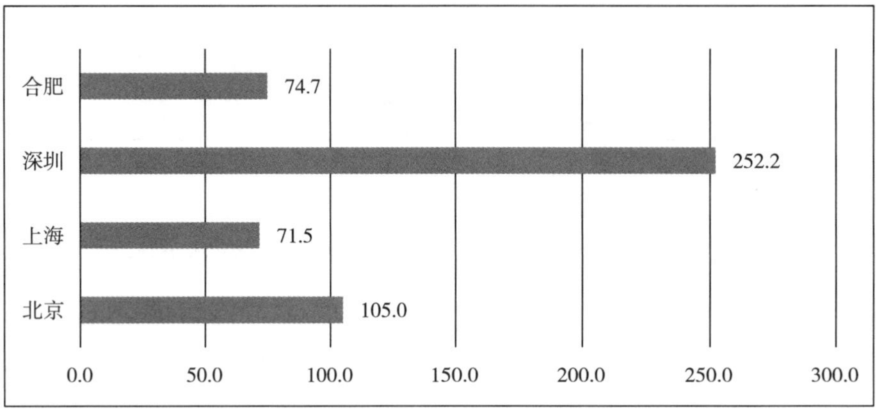

图 6－33　2019 年 4 个综合性国家科学中心城市人均专利数（单位：个/万人）

3. 其他资源

从表 6－7 中可以看出，在高等院校数量上，北京最高，上海和合肥次之，深圳最低。北京高等院校数量较多，具有坚实的人才培养基础和丰富的前沿资源，有利于科技创新活动的开展；上海、合肥高等院校数量中等，具有较好的人才培养基础和较多的前沿资源，可以推动科技创新活动的开展；深圳高等院校数量较少，具有较差的人才培养基础和较少的前沿资源，对科技创新活动的开展支撑不足。

表 6－7　其他资源

城市名称	高等院校数量（所）	研发机构数量（所）	国家级高新技术企业数量（家）
北京	93	383	24892
上海	64	131	8410
深圳	13	56	6011
合肥	51	31	2429

在研发机构数量上，北京以 383 家位居榜首，有利于为企业、政府等提供更多的高质量科研成果，可以推动科技创新活动高质量开展；上海、深圳次之，有利于为企业、政府等提供较多的高质量科研成果，可以在一定程度上推动科技创新活动高质量开展；合肥只有 31 家，在研发机构资源上相对较弱，不利于为企业、政府等提供高质量科研成果，对科技创新活动的推动作用较弱。

在国家级高新技术企业数量上，北京以 24892 家排在第一位；上海、深圳分别以 8410 家、6011 家位于第二和第三；合肥最低，数量为 2429 家。高新技术企业持续进行研究开发与技术成果转化，是科学技术发展重要的内在推动力量。北京具有丰富的高新技术企业资源，有利于促进更多科技成果的转化，可以更好地促进科技创新活动的开展；上海和深圳次之，有利于促进较多科技成果的转化，可以在一定程度上促进科技创新活动的开展；合肥高新技术企业资源较差，相对不利于促进科技成果的转化，对科技创新的促进作用有限。

6.6.3　政府支撑环境

从图 6－34 中可以看出，在财政科技支出上，深圳排名第一，为 550 亿元；北京、上海次之，分别为 437 亿元、401 亿元；合肥最低，为 130 亿元。财政科技支出是政府及其相关部门为支持科技活动而进行的经费支出，与科学发展水平的提高密切相关。深圳财政科技支出具有较高的规模，对于科学发展水平的提高具有较强的推动作用；北京、上海次之；合肥财政科技支出规模相对较低，对科学发展水平的推动作用相对较弱。

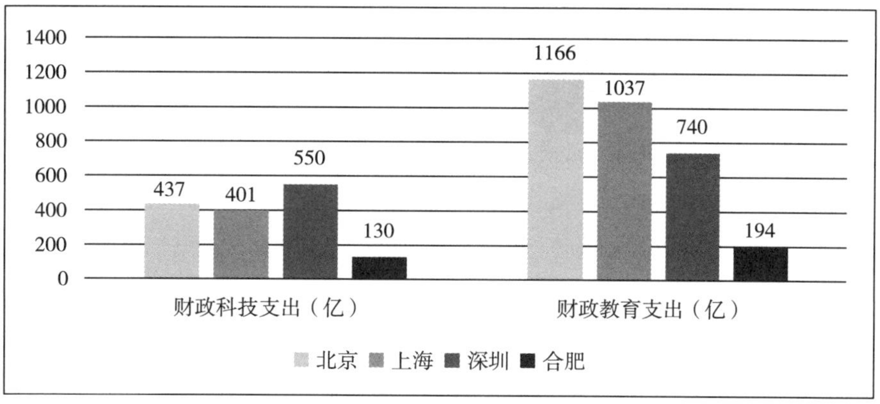

图 6－34　4 个综合性国家科学中心城市财政支出

在财政教育支出上，北京以 1166 亿排名第一；上海、深圳次之，分别为 1037 亿元、740 亿元；合肥最低，为 194 亿元。财政教育支出对于教育的发展具有举足轻重的作用，教育的发展水平对科学技术水平的提高也具有重要的推动作用。北京、上海具有较好的科学技术发展环境，深圳次之，合肥最差。

6.6.4　金融发展环境

1. 各中心证券机构资源

从图 6－35 中可以看出，四个中心城市的上市证券公司机构数分布较为均衡。上海最多，为 7 家；北京、深圳次之，都为 5 家；合肥最少，为 2 家。上海的证券业务发展成熟，可以更好地为科技创新活动的开展提供支持；北京、深圳的证券业务发展较为成熟，能较好地支持科技创新活动的开展；合肥证券业务发展水平一般，可以支撑科技创新活动的发展。

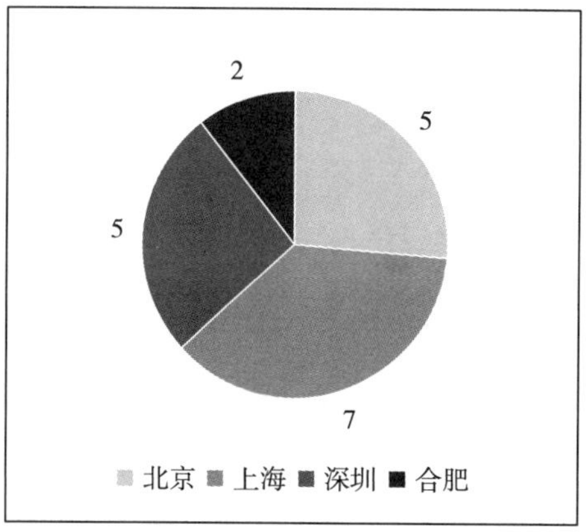

图 6－35　4 个综合性国家科学中心城市上市证券公司机构数（单位：家）

2. 各中心金融机构存贷款余额

从图 6 - 36 中可以看出，在金融机构存款余额上，4 个综合性国家科学中心城市差异比较大。北京、上海分别以 16.43 万亿元和 13.28 万亿元排在第一位和第二位；深圳排在第三位，规模为 7.77 万亿元；合肥最低，规模为 1.62 万亿元。北京和上海的金融机构存款业务发展水平最高，金融机构有更多的存款资金支持科技创新活动；深圳的金融机构存款业务水平较高，金融机构有一定的存款资金支持科技创新活动；合肥的金融机构存款业务水平较低，金融机构用来支持科技创新活动的存款资金有限。

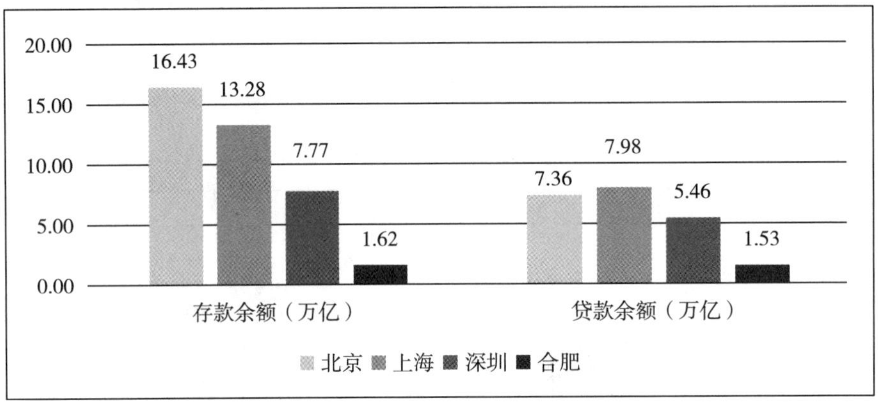

图 6 - 36　4 个综合性国家科学中心城市金融机构存贷款余额

在金融机构贷款余额上，4 个综合性国家科学中心城市之间较为均衡。上海、北京分别以 7.98 万亿元和 7.36 万亿元排在第一位和第二位；深圳排在第三位，规模为 5.46 万亿元；合肥最低，规模为 1.53 万亿元。北京和上海的金融机构贷款业务发展水平最高，金融机构有更多的贷款资金支持科技创新活动；深圳的金融机构贷款业务水平较高，金融机构有一定的贷款资金支持科技创新活动；合肥的金融机构贷款业务水平较低，金融机构用来支持科技创新活动的贷款资金有限。

第 7 章　各省份科技金融发展状况评价

7.1　总体发展情况

图 7-1 是各省（区、市）科技金融与创新发展指数总体得分情况。中国科技金融与创新发展指数由各省份的创业风险投资、科技资本市场、科技保险、科技贷款以及科技金融环境等五个维度通过熵值法建模得出。气泡的大小代表该省份的创业风险投资指数总得分。最高省份的得分为 100 分，其他省份的得分通过比例折算。由图 7-1 可知，北京的科技金融与创新发展指数最高，为 100 分。这说明北京的科技金融与创新发展状况最好，可以为广大的创业风险投资企业提供大力支持，营造良好的科技金融发展环境，企业能够得到非常好的发展。上海的科技金融与创新发展指数排名第二，为 89.88 分，仅次于北京。这说明上海的科技金融与创新发展得较完善。广东、江苏、浙江的指数都在 50 分以上，但与北京、上海还有一定的差距。这些省份需要继续完善科技金融的发展，加强对创业风险投资型企业的支

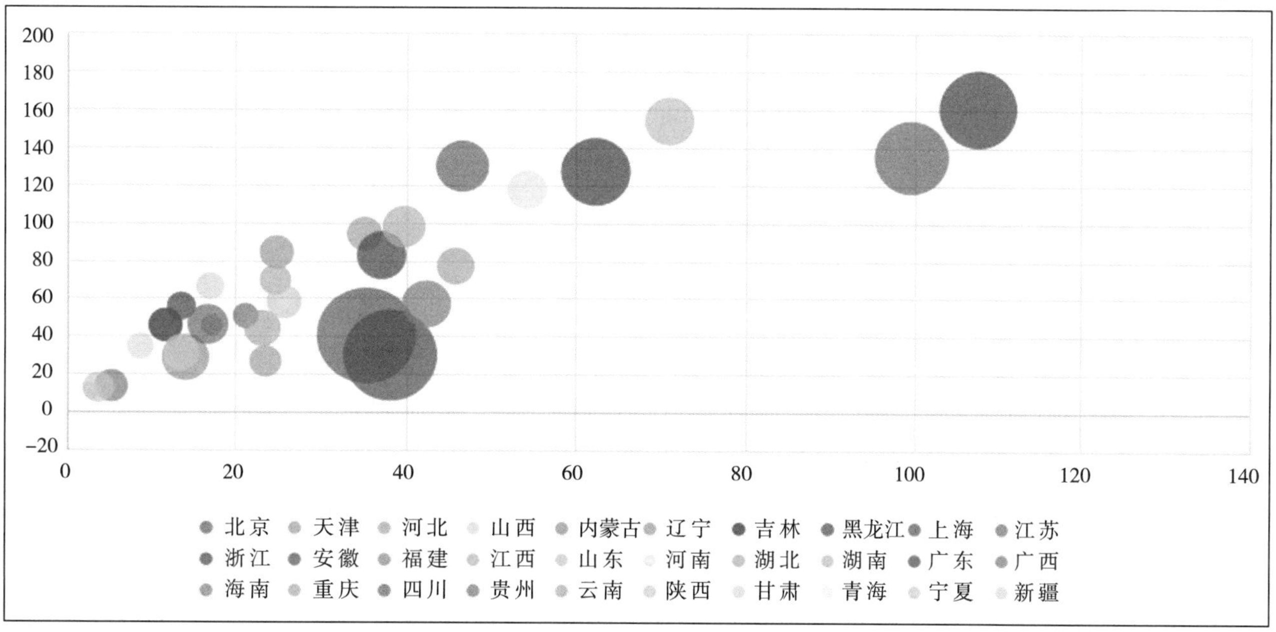

图 7-1　各省（区、市）科技金融与创新发展指数

注：横轴表示 GDP（千亿），纵轴表示创业风险投资机构数（家），气泡大小表示指数得分

持。四川、山东、福建、安徽、天津等省（区、市）的科技金融与创新发展指数在 10～30 分的区间内范围，处于中等偏低的水平。这些省（区、市）需要加大对科技金融与创新发展的资金投入，弥补科技金融发展环境的短板。而青海、内蒙古、广西、甘肃、山西、黑龙江等省（区、市）的科技金融与创新发展指数低于 10 分，远远落后于全国其他省（区、市）。这些省（区、市）的科技金融与创新发展处于早期，需努力追赶全国其他省（区、市）。

7.2 创业风险投资发展情况

7.2.1 创业风险投资总体情况

图 7－2 是各省（区、市）创业风险投资熵值得分总体情况。由气泡大小可知，北京、上海、江苏、浙江和广东这 5 个省（区、市）的创业风险投资熵值得分位于全国前列。这表明这些省市对创业风险投资的支持度比较高，给当地的创业风险投资企业创造发展环境并且提供充足的资金支持。宁夏、湖南、陕西、福建以及新疆等省（区、市）的创业风险投资得分位于第二梯队，这些省（区、市）的创业风险投资环境处于中游。各省（区、市）的创业风险投资参与度以及创业风险投资支持力度处于一般水平，创业风险投资企业能够得到适当的支持。山西、湖北、辽宁、甘肃和贵州等省份创业风险投资得分处于末端。这些省份的创业风险投资环境较差。无论是创业风险投资参与度，还是创业风险投资支持深度，这些省份都是较低水平。

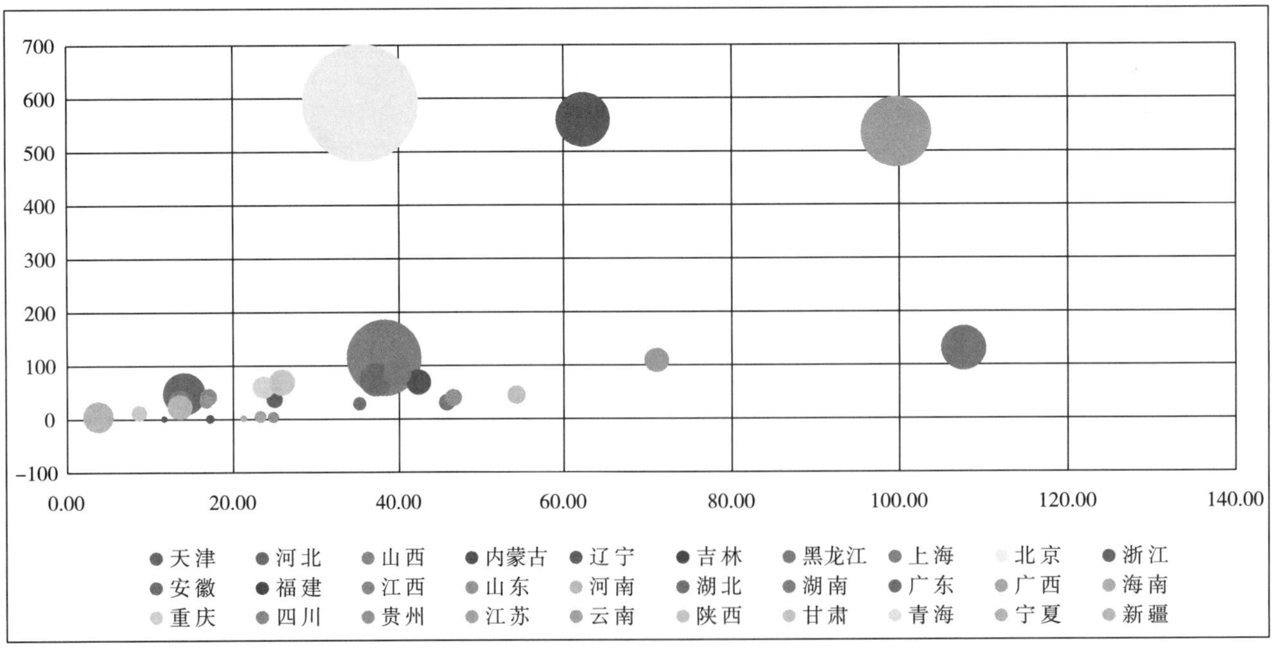

图 7－2 各省（区、市）创业风险投资熵值得分

注：横轴表示 GDP（千亿），纵轴表示创业风险投资机构数（家），气泡大小表示创业风险投资熵值得分

图 7－3 是各省（区、市）创业风险投资指数各维度熵值得分情况。在创业风险投资支持深度熵值方面，宁夏、新疆、北京、黑龙江和安徽等省（区、市）的得分最高，处于第一梯队。创业风险投资支持深度是由创业风险投资支持潜力以及创业风险投资强度决定的，这些省（区、市）的创业风险投资支持力度较强。这些省（区、市）的支持潜力和投资强度都超过其他省（区、市），创业风险投资企业可以得到很好的发展。甘肃、福建、浙江、云南和天津等省（区、市）创业风险投资支持深度处于中游。这些省（区、市）的支持潜力一般，创业风险投资强度也一般。当地的创业风险投资企业可以获得一定的支持，但比不上第一梯队的各省（区、市）。上海、江西、辽宁、四川以及贵州等省（区、市）创业风险投资支持深度得分最低。这些省（区、市）的创业风险投资企业所能获得的支持较少。需要注意的是，上海的创业风险投资支持潜力得分之所以较低，是因为上海的创业风险投资企业数量众多、基数大，计算出来的平均得分就不高。在创业风险投资基础规模熵值方面，北京、江苏、浙江、广东和安徽等省（区、市）得分最高，处于第一梯队。这些省（区、市）大力支持创业风险投资企业的发展。创业风险投资机构数和创业风险投资管理额都比较大。政府的财政拨款支持度很高，创业风险投资企业的资金环境较好。天津、重庆、河南和四川等省（区、市）创业风险投资基础规模熵值得分处于中游水平。这些省（区、市）的创业风险投资机构数以及创业风险投资管理额没有第一梯队的省（区、市）高，但也具有一定的风险投资基础规模。河北、贵州、宁夏、甘肃和江西等省（区、市）创业风险投资基础规模得分最低。创业风险投资机构数和创业风险投资管理额都处于各省（区、市）的末端。因此，这些省区的创业风险投资基础规模不大。就创业风险投资参与广度得分来说，北京、上海、江苏、天津和浙江等省（区、市）创业风险投资参与广度最高，处于第一梯队；山东、陕西、

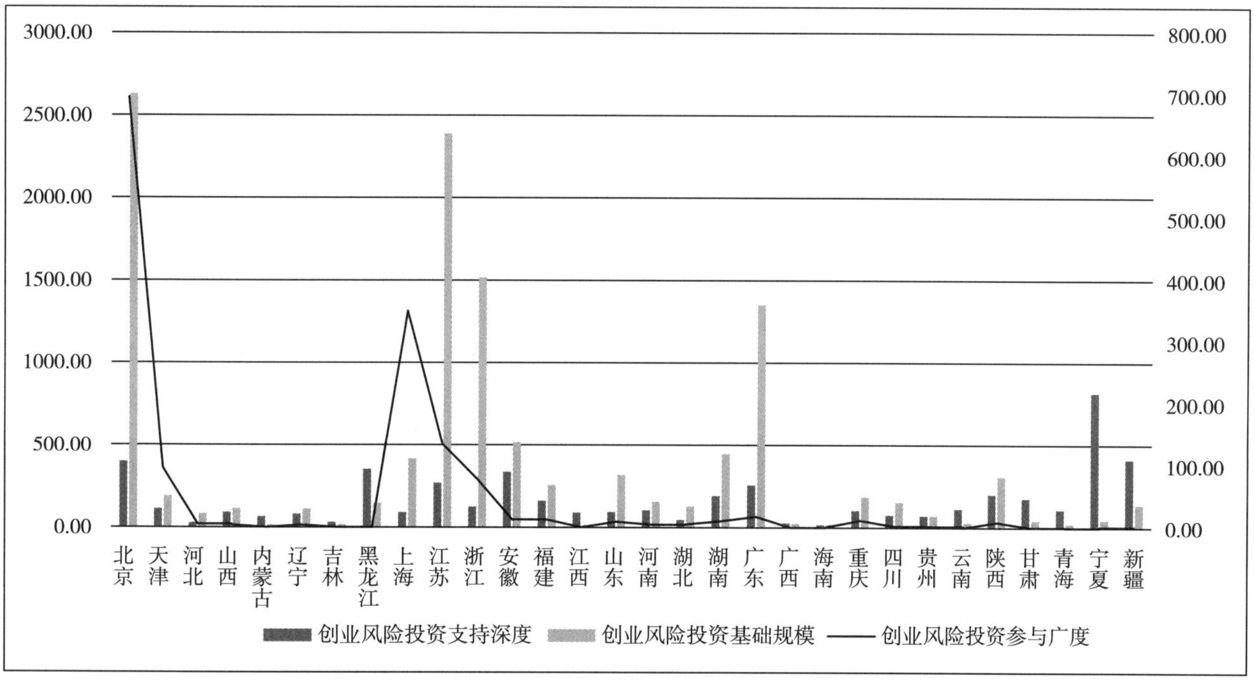

图 7－3　各省（区、市）创业风险投资指数各维度熵值得分

湖北和河北等省（区、市）创业风险投资参与广度次之，处于第二梯队；贵州、黑龙江、宁夏、海南和甘肃等省（区、市）创业风险投资参与广度得分最低。

7.2.2 创业风险投资基础规模

表7-1是各省（区、市）创业风险投资机构数量和管理额总体情况。北京、江苏和广东的创业风险投资管理额最高，分别为2134.40亿元、1946.75亿元、1616.15亿元，远远领先于其他省（区、市）。海南、内蒙古、吉林和青海等省（区、市）的创业风险投资管理额很低。海南的创业风险投资管理额最低，仅为0.41亿元，内蒙古、吉林、青海等省（区、市）也只有几亿元。再从地区分布来看，东部地区的创业风险投资管理额为7055.43亿元，也是全国四个地区中创业风险投资管理额最高的地区。中部地区和西部地区创业风险投资管理额较低，分别只有1213.14亿元、724.71亿元。东北地区的创业风险投资管理额最低，只有185.73亿元。创业风险投资机构数量方面，北京、江苏、浙江的创业风险投资机构数量要远远高于其他省（区、市），分别为592、536和560家。而吉林、广西、内蒙古和海南等省（区、市）的创业风险投资机构数量最低，仅仅有几家。可见，创业风险投资机构数量在各省（区、市）的数量分布很不均匀，内蒙古、吉林的创业风险投资机构数量甚至只有一家。整体来看，东部地区的创业风险投资机构数量最多，西部地区和东北地区较少，东部地区较均匀。

表7-1 各省（区、市）创业风险投资机构数量和管理额

省（区、市）	创业风险投资机构数量（家）	创业风险投资管理额（亿元）	省（区、市）	创业风险投资机构数量（家）	创业风险投资管理额（亿元）
北京	592	2134.40	河南	45	100.50
天津	48	140.70	湖北	31	101.20
河北	29	37.88	湖南	88	400.43
山西	42	45.51	广东	131	1616.15
内蒙古	1	0.74	广西	2	11.50
辽宁	37	57.38	海南	3	0.41
吉林	1	3.06	重庆	60	99.63
黑龙江	32	125.29	四川	40	110.91
上海	115	276.26	贵州	34	6.80
江苏	536	1946.75	云南	5	9.34
浙江	560	575.92	陕西	69	253.49
安徽	74	549.35	甘肃	12	31.30
福建	69	177.35	青海	3	4.40
江西	4	15.74	宁夏	5	56.00
山东	109	150.02	新疆	23	140.60

图7-4是各省（区、市）创业风险投资管理额熵值得分情况。北京、江苏、广东的创业风险投资管理额熵值得分最高，均超过100分，在全国处于第一梯队。其中，北京超过350分，江苏和广东均为300分左右。浙江、安徽、湖南、上海四个省（区、市）的得分大致在50～100分的区间范围内，处于中等水平。其他省（区、市）得分均在50分以下。相较于第一梯队的省（区、市），这些省（区、市）的创业风险投资管理额得分低了一个量级，差距较大。其中，吉林、内蒙古、海南的创业风险投资管理额熵值得分最低，提升空间很高。

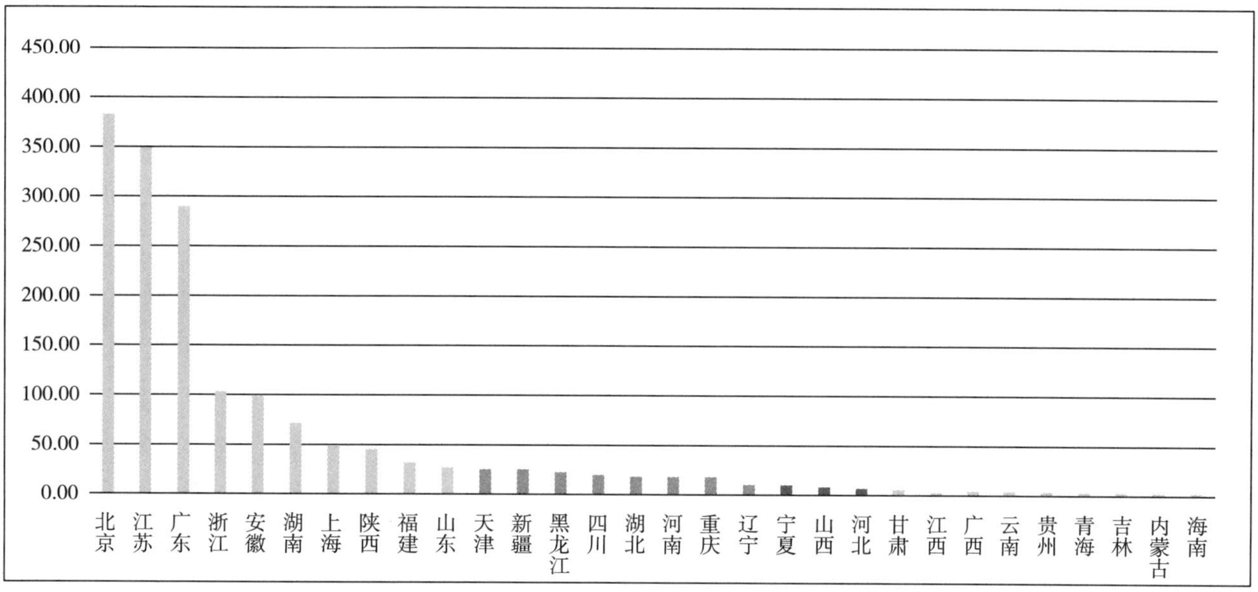

图7-4 各省（区、市）创业风险投资管理额熵值得分

图7-5是各省（区、市）创业风险投资机构数熵值得分总体情况。北京、浙江、江苏创业风险投资机构数得分位于全国前列，远高于全国其他省（区、市），处于第一梯队。这三个省市的创业风险投资机构数量均在300家左右，其中北京最高、江苏最低。广东、上

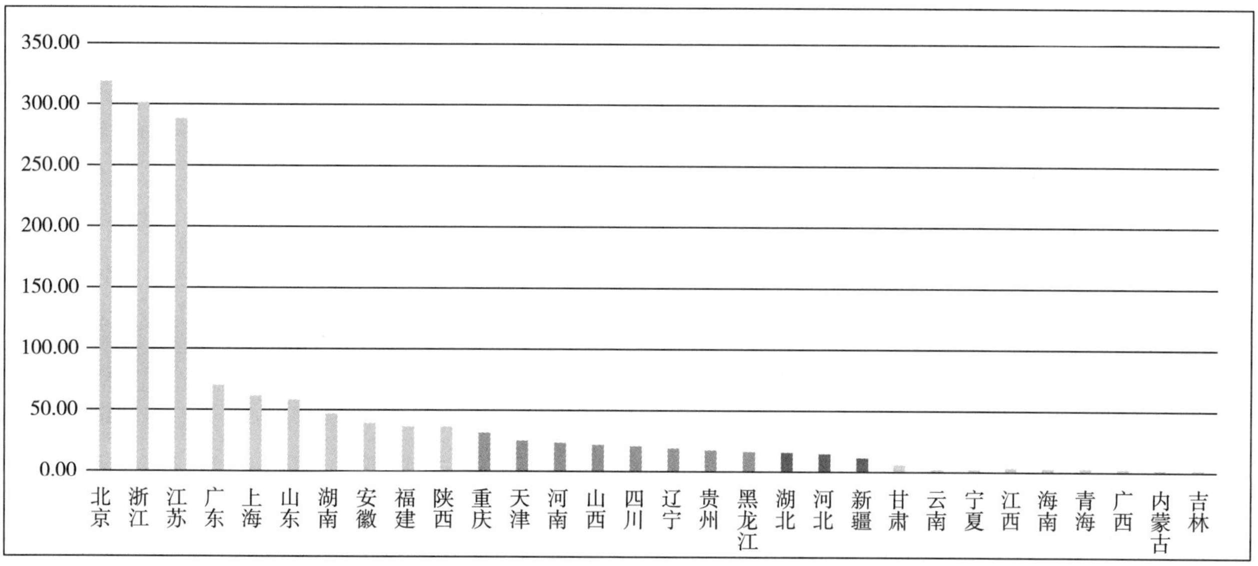

图7-5 各省（区、市）创业风险投资机构数熵值得分

海、山东三个省（区、市）的创业风险投资机构数熵值得分虽然仅次于前三名省份，均在50分以上，但与前三名省（区、市）的差距较大。其他省（区、市）的创业风险投资机构数熵值得分较低，都在50分以下，并且要远低于第一梯队的省（区、市）。这些省（区、市）的创业风险投资发展空间很大，创业风险投资机构数量较少，与发展较好的地区差距很大。广西、内蒙古、吉林的创业风险投资机构数熵值得分最低，仅为个位数。

7.2.3 创业风险投资参与广度

表7-2是各省（区、市）创业风险投资机构密度和创业风险投资项目密度总体情况。北京、上海、浙江和江苏创业风险投资机构密度最高；同样，它们的创业风险投资项目密度也是最高的。北京的创业风险投资机构密度达到了3.6076家/百平方千米，为全国最高；创业风险投资项目密度也达到了65.9998项/百平方千米，为全国最高。上海创业风险投资机构密度和创业风险投资项目密度约为北京的一半。内蒙古、青海、广西、云南等省（区、市）的创业风险投资机构密度和创业风险投资项目密度较低。这些省（区、市）与北京、上海之间有几十倍的差距。总体来看，东部地区的创业风险投资机构密度最高，平均为0.2441家/百平方千米；中部地区的创业风险投资机构密度处于第二梯队，平均为0.0270家/百平方千米；西部地区和东北地区的创业风险投资机构密度最低，西部地区平均为0.0044家/百平方千米，东北地区平均为0.0089家/百平方千米。从创业风险投资项目密度来看，北京、上海、江苏、天津、浙江最高，并且与其他省（区、市）的差距较大。内蒙古、青海、云南、吉林、贵州等省（区、市）创业风险投资项目密度最低。总体来看，东部地区的创业风险投资项目密度最高，平均为4.9825项/百平方千米；中部地区次之，平均为0.6528项/百平方千米；西部地区和东北地区的创业风险投资项目密度最低，平均为0.1006项/百平方千米和0.1500项/百平方千米。西部地区与东北地区仍需努力发展。

表7-2 各省（区、市）创业风险投资机构密度和创业风险投资项目密度

省（区、市）	创业风险投资机构密度（家/百平方千米）	创业风险投资项目密度（项/百平方千米）	省（区、市）	创业风险投资机构密度（家/百平方千米）	创业风险投资项目密度（项/百平方千米）
北京	3.6076	65.9998	河南	0.0269	0.3737
天津	0.4011	11.0500	湖北	0.0167	0.6809
河北	0.0155	0.6727	湖南	0.0415	1.2349
山西	0.0268	0.1927	广东	0.0729	2.0598
内蒙古	0.0001	0.0003	广西	0.0005	0.0373
辽宁	0.0249	0.2386	海南	0.0085	0.0480
吉林	0.0005	0.0164	重庆	0.0728	0.8689
黑龙江	0.0071	0.1761	四川	0.0082	0.3494
上海	1.8139	33.2047	贵州	0.0193	0.0205
江苏	0.5000	16.6965	云南	0.0013	0.0073

（续表）

省（区、市）	创业风险投资机构密度（家/百平方千米）	创业风险投资项目密度（项/百平方千米）	省（区、市）	创业风险投资机构密度（家/百平方千米）	创业风险投资项目密度（项/百平方千米）
浙江	0.5303	4.9177	陕西	0.0336	1.0840
安徽	0.0528	1.4710	甘肃	0.0028	0.0364
福建	0.0556	1.3303	青海	0.0004	0.0026
江西	0.0024	0.0349	宁夏	0.0075	0.1307
山东	0.0690	0.4586	新疆	0.0014	0.0433

图 7－6 是各省（区、市）创业风险投资机构密度熵值得分总体情况。各省（区、市）的创业风险投资机构密度熵值得分差距较大。北京、上海、浙江、江苏、天津这五个省市的创业风险投资机构密度熵值得分要远远高于其他省（区、市）。北京最高，以 1357 分位居第一位；上海居于第二位，为 682 分；浙江、江苏、天津的创业风险投资机构密度得分相差不大，都在 150～200 分的区间范围内。其他省（区、市）与上述五个省市的创业风险投资机构密度熵值得分有明显差距，得分均在 30 分以下。其中，云南、吉林、广西、青海、内蒙古的创业风险投资机构密度得分最低，仅为个位数，提升空间很大。

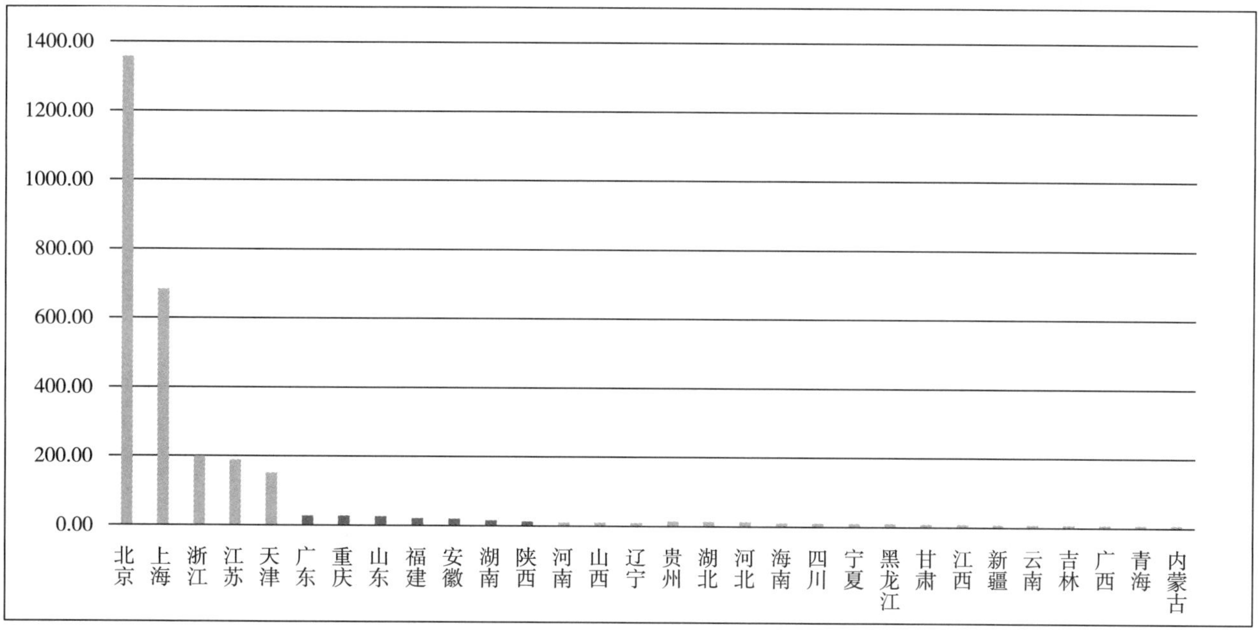

图 7－6　各省（区、市）创业风险投资机构密度熵值得分

图 7－7 是各省（区、市）创业风险投资项目密度熵值得分总体情况。各省（区、市）的创业风险投资项目密度熵值得分差距较大。北京、上海、江苏、天津、浙江五个省市创业风险投资项目密度排名前五。北京以 1200 分遥遥领先，位于第一位。其他省（区、市）创业风险投资项目密度得分相差不大，且与前五名的省市都有较大差距。云南、青海、内蒙古等省（区、市）的创业风险投资项目密度得分垫底。

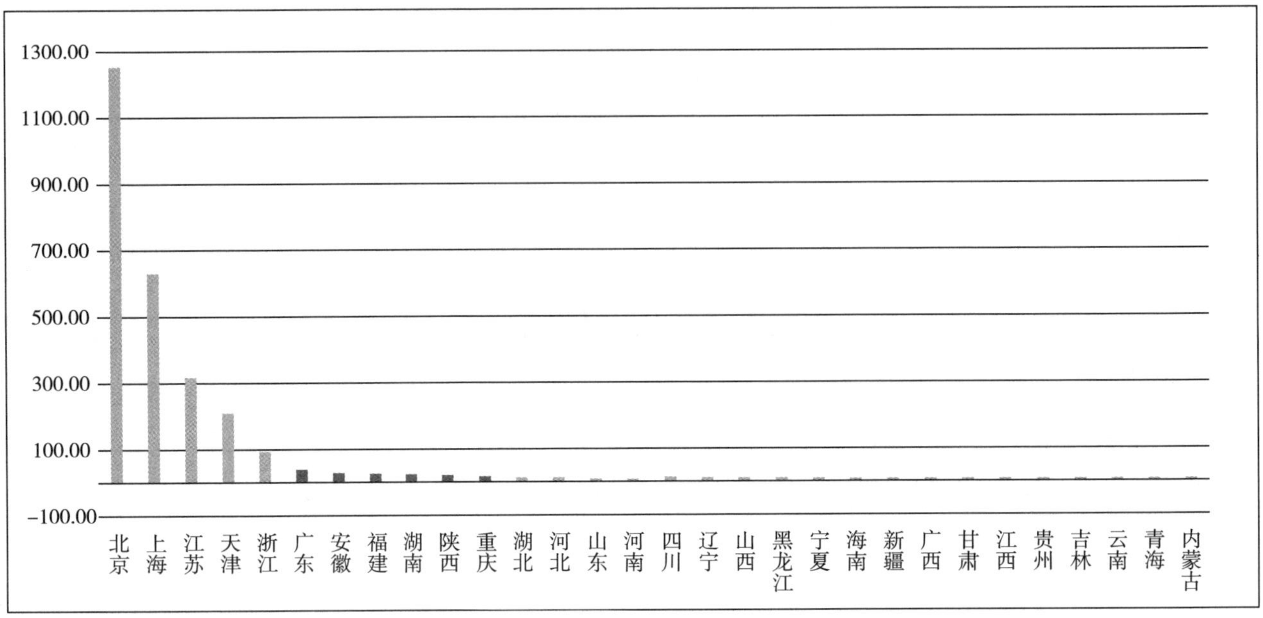

图 7-7 各省（区、市）创业风险投资项目密度熵值得分

7.2.4 创业风险投资支持深度

表 7-3 是各省（区、市）创业风险投资强度和各省（区、市）创业风险投资支持潜力的总体情况。宁夏和广东的创业风险投资强度遥遥领先于其他省份。宁夏的创业风险投资支持强度超过 6000 万元/项，广东的创业风险投资强度超过 4000 万元/项。其他省（区、市）的创业风险投资强度变化相对较小。只有海南和河北的创业风险投资强度明显低于其他省（区、市）。总体来看，四个地区的创业风险投资强度差距不大。其中，中部地区的创业风险投资强度最高，平均约为 1747.01 万元/项；西部地区的创业风险投资强度最低，平均约为 1240.87 万元/项；东部地区和东北地区的创业风险投资强度平均为 1500 万元/项左右。在创业风险投资支持潜力方面，新疆和宁夏两个自治区的创业风险投资支持潜力最高；北京、黑龙江、安徽、江苏紧随其后；而内蒙古、海南、吉林等地创业风险投资支持潜力最低。分地区来看，东部地区的创业风险投资支持潜力最高，平均为 0.0233；西部地区、中部地区和东北地区的创业风险投资支持潜力相差不大，平均在 0.012 到 0.015 区间范围内。

表 7-3 各省（区、市）创业风险投资强度和创业风险投资支持潜力 （单位：万元/项）

省（区、市）	创业风险投资强度	创业风险投资支持潜力	省（区、市）	创业风险投资强度	创业风险投资支持潜力
北京	1970.72	0.0561	河南	1610.2700	0.0097
天津	1064.06	0.0140	湖北	799.5200	0.0048
河北	300.00	0.0019	湖南	1530.9200	0.0246
山西	1507.37	0.0082	广东	4365.7100	0.0195
内蒙古	2187.00	0.0001	广西	783.3300	0.0016

（续表）

省（区、市）	创业风险投资强度	创业风险投资支持潜力	省（区、市）	创业风险投资强度	创业风险投资支持潜力
辽宁	1618.34	0.0058	海南	241.6000	0.0005
吉林	1000.00	0.0011	重庆	1391.5600	0.0109
黑龙江	1572.61	0.0508	四川	653.0500	0.0104
上海	1312.29	0.0091	贵州	1881.0900	0.0028
江苏	1087.65	0.0398	云南	3240.5000	0.0021
浙江	1109.02	0.0158	陕西	1137.3600	0.0281
安徽	2664.93	0.0420	甘肃	2018.7500	0.0193
福建	1075.12	0.0221	青海	2365.0000	0.0063
江西	2699.45	0.0012	宁夏	6451.0000	0.1001
山东	2070.91	0.0055	新疆	1948.3200	0.0585

图 7－8 是各省（区、市）创业风险投资支持潜力指数熵值得分总体情况。宁夏是唯一一个创业风险投资支持潜力指数熵值得分超过 100 分的自治区，远远超过全国其他地区。新疆、北京、黑龙江、安徽、江苏等省（区、市）的创业风险投资支持潜力指数熵值得分在 50～100 分之间，在我国各省（区、市）中名列前茅。福建、广东、甘肃等全国其他省（区、市）的创业风险投资支持潜力指数熵值得分均在 40 分以下，相对较低。其中，吉林、海南、内蒙古的创业风险投资支持潜力得分最低。这些省（区、市）的创业风险投资支持力度不是很高，还有很大的提升空间。

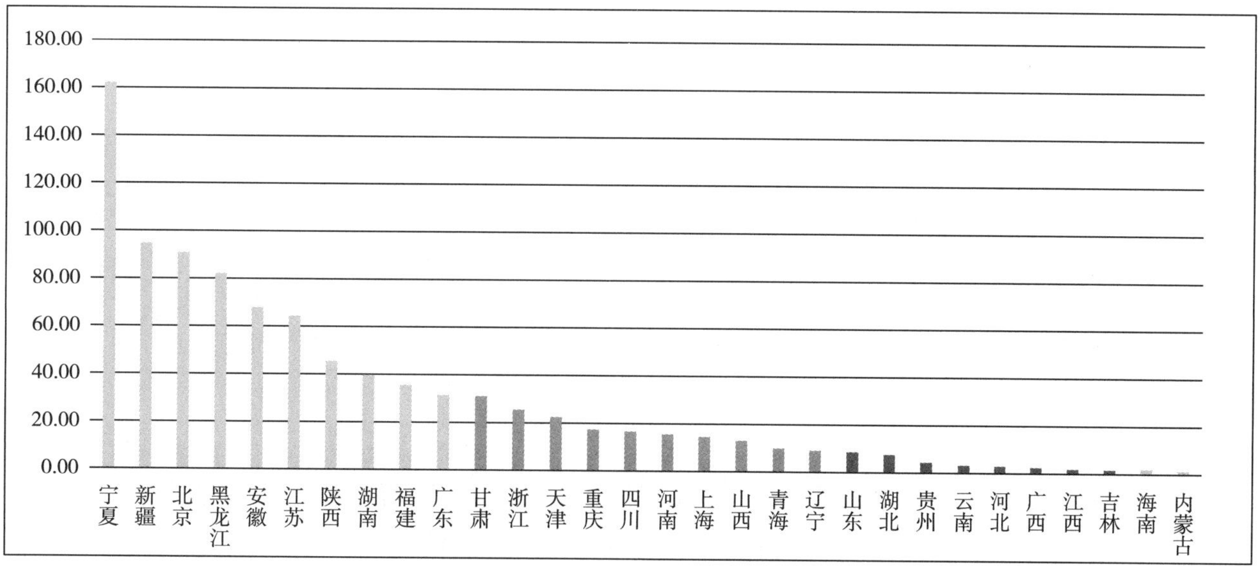

图 7－8　各省（区、市）创业风险投资支持潜力指数熵值得分

图 7－9 是各省（区、市）创业风险投资强度熵值得分情况。宁夏、广东、云南三个省区的创业风险投资强度熵值得分较高，宁夏得分超过 50 分。这些省区重视创业风险投资企

业的发展，给予了充足的资金支持。江西、安徽、青海等省（区、市）创业风险投资强度相差不大，都在 10～20 分的区间范围内。而陕西、浙江、江苏等省（区、市）的创业风险投资强度得分低于 10 分。四川、河北、海南等省（区、市）的创业风险投资强度最低。这些省（区、市）的创业风险投资发展与其他省（区、市）差距较大。

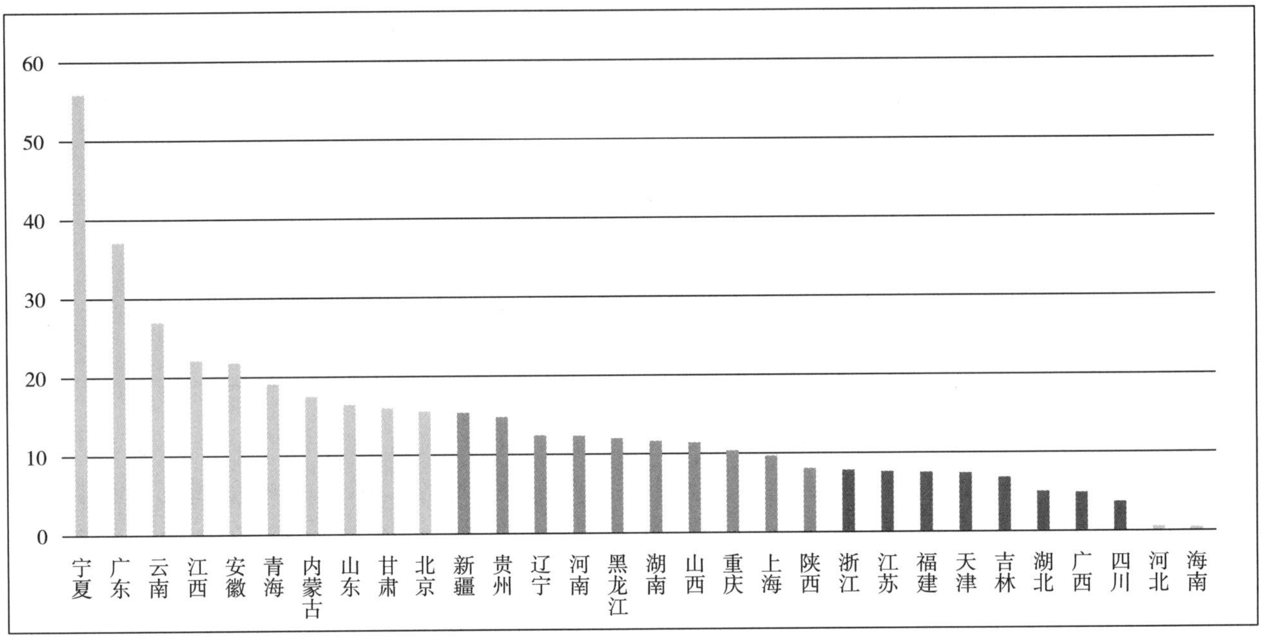

图 7-9　各省（区、市）创业风险投资强度熵值得分

7.3　科技贷款发展情况

7.3.1　各省份科技贷款得分总体情况

图 7-10 是各省（区、市）科技贷款熵值得分总体情况。其中，横坐标代表各省（区、市）的地区生产总值，纵坐标代表各省（区、市）的科技贷款额。气泡大小代表各省（区、市）的科技贷款熵值得分情况。上海、北京、贵州、广东等省市的科技贷款熵值得分最高，位列第一梯队。其中，上海的科技贷款熵值得分最高，达到了 809 分；北京的科技贷款熵值得分位列第二，为 713 分。山东、吉林、河南、四川、福建等省份的科技贷款熵值得分处于第二梯队，且各省份的得分相差不大。湖南、辽宁、湖北、江西、陕西等省份的科技贷款熵值得分位于第三梯队。内蒙古的科技贷款熵值得分最低，仅为 87 分。山西、甘肃、宁夏、广西等省（区、市）的科技贷款熵值得分也均低于 200 分，与第一梯队和第二梯队的省（区、市）之间存在较大差异。总体来看，全国各省（区、市）的科技贷款熵值得分没有极端高值和极端低值情况。这说明我国科技贷款的发展在全国各省（区、市）之间相对均衡。

图 7-11 是各省（区、市）科技贷款各维度的熵值得分情况。维度为三个，分别为科技

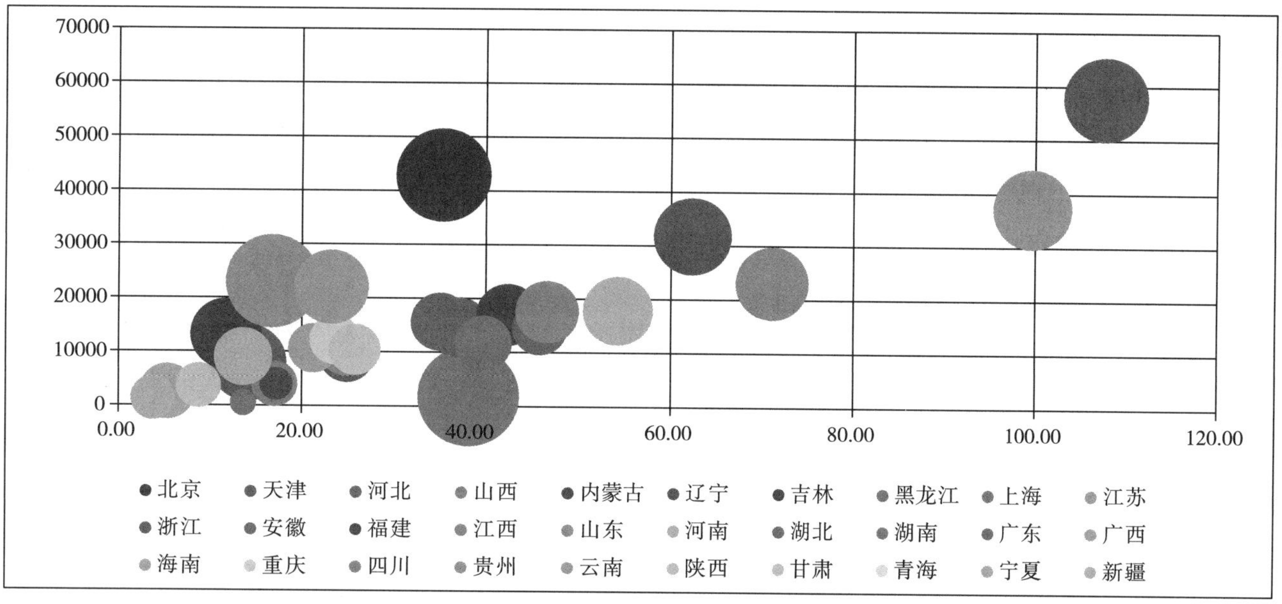

图 7－10　各省（区、市）科技贷款熵值得分

注：横轴表示 GDP（千亿），纵轴表示科技贷款额（亿），气泡大小表示科技贷款熵值得分

贷款支持深度、科技贷款参与广度和科技贷款基础规模。就科技贷款基础规模来说，广东、北京、江苏、浙江等省市得分处于第一梯队。其中，广东的科技贷款基础规模得分最高，达到了 200 分以上；北京、江苏、浙江的科技贷款基础规模得分也超过了 100 分，在全国处于领先位置。福建、河北、安徽、湖北等省（区、市）的科技贷款基础规模得分位于第二梯队。辽宁、新疆、天津、山西等省（区、市）的科技贷款基础规模得分最低。就科技贷款支持深度来说，贵州、云南、吉林、新疆等省（区、市）的得分处于第一梯队；北京、广西、四川、重庆、陕西等省（区、市）的得分处于第二梯队；山东、河北、江苏、辽宁、湖南等

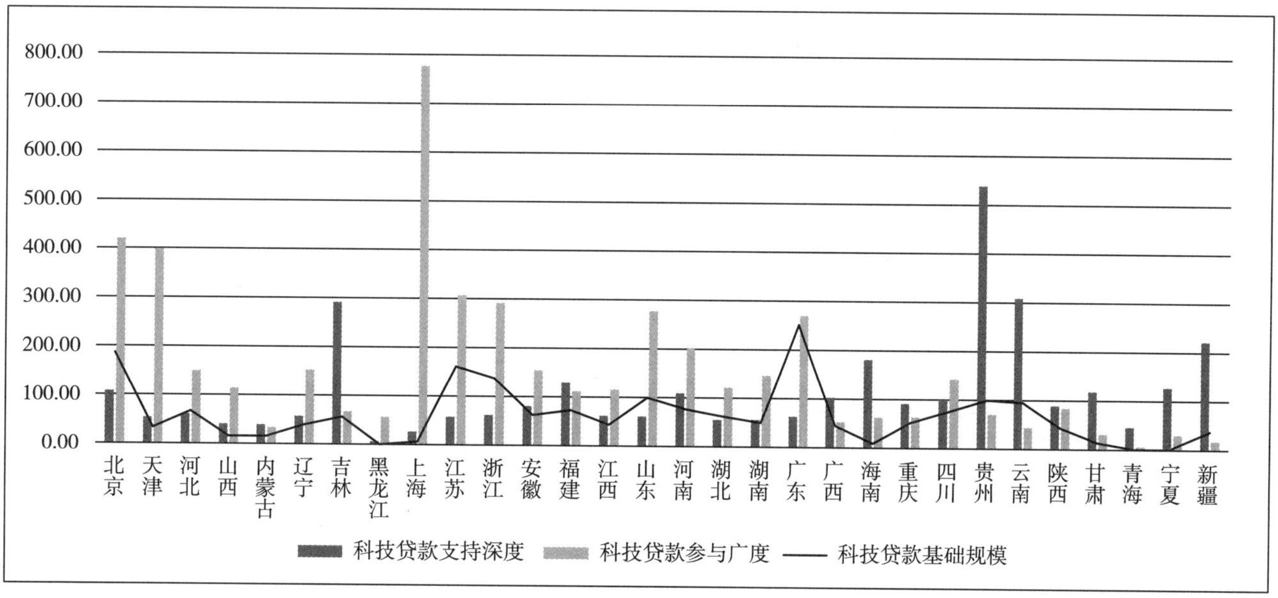

图 7－11　各省（区、市）科技贷款各维度熵值得分

省（区、市）的得分处于第三梯队。就科技贷款参与广度来说，上海、北京、天津、江苏、浙江等省（区、市）的得分最高。上海的科技贷款参与广度得分为776分，位列全国第一。而北京、天津、江苏三个省市得分也在300分以上。辽宁、河北、湖南、四川等省份的科技贷款参与广度得分处于第二梯队。贵州、吉林、辽宁、海南、黑龙江等省份的科技贷款参与广度得分最低，与第一梯队相差较大。

7.3.2 科技贷款基础规模

表7-4是各省（区、市）科技贷款机构数和科技贷款额总体情况。就科技贷款机构数来说，位列第一梯队的有广东、山东、江苏、四川等省份；位列第二梯队的有江西、山西、陕西、福建、黑龙江等省份；位列第三梯队的有贵州、吉林、内蒙古、云南、北京、甘肃等省（区、市）。总体来看，东部地区的科技贷款机构数最多，为82565家；中部地区的科技贷款机构数位列第二，为52446家；西部地区的科技贷款机构数位列第三，为48983家；东北地区的科技贷款机构数最少，为18569家。就科技贷款额来说，位列第一梯队的有广东、北京、江苏、浙江、山东等省市；湖北、吉林、重庆、湖南等省市位列第二梯队；辽宁、新疆、天津、山西、内蒙古等省（区、市）位列第三梯队。总体来看，东部地区的科技贷款额最高，为234760亿元；位列第二的是西部地区，科技贷款额为114505亿元；位列第三的是中部地区，科技贷款额为75547亿元；科技贷款额最低的是东北地区，为23086亿元。

表7-4 各省（区、市）科技贷款机构数和科技贷款额

省（区、市）	科技贷款额（亿元）	科技贷款机构数（家）	省（区、市）	科技贷款额（亿元）	科技贷款机构数（家）
北京	42861.70	4035	河南	17801.71	11724
天津	7908.16	2859	湖北	14552.54	7706
河北	15632.14	9403	湖南	11728.4398	9783
山西	3992.22	6639	广东	57624.85	16031
内蒙古	3992.22	4547	广西	10629.55	5063
辽宁	9423.90	8431	海南	2514.1484	1364
吉林	13220.33	4562	重庆	12219.7	2664
黑龙江	441.62	5576	四川	17544.13	12980
上海	1828.75	2993	贵州	23033.16	4603
江苏	37131.38	13473	云南	22012.06	4398
浙江	31746.10	12700	陕西	10409.53778	5798
安徽	14601.87	8263	甘肃	3649.73	3459
福建	16977.71	5698	青海	656.84	1091
江西	10355.61	6967	宁夏	1348.5078	1271
山东	23048.90	15373	新疆	9009.48	3109

图 7－12 是各省（区、市）科技贷款机构数熵值得分总体情况。广东、山东、江苏、四川的科技贷款机构数得分超过 100 分，浙江略低于 100 分。这些省（区、市）的科技贷款机构数量较其他省（区、市）有明显的优势，并且各省（区、市）之间的差距不大。广东、山东、江苏三个省（区、市）的科技贷款机构发展排在前列。安徽、湖北、江西、山西这些省份的科技贷款机构发展状况略低于第一梯队的城市。此外，7 个省（区、市）的熵值得分低于 20 分。其中，海南、宁夏、青海的科技贷款机构数熵值得分最低。

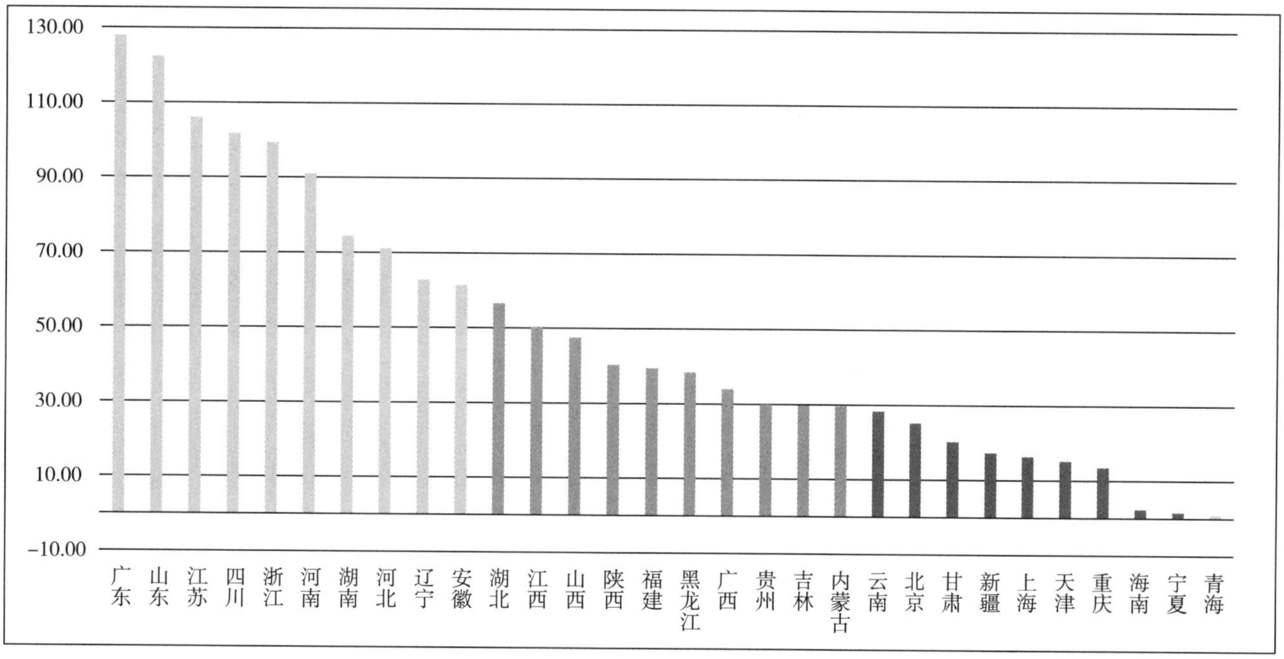

图 7－12　各省（区、市）科技贷款机构数熵值得分

图 7－13 是各省（区、市）科技贷款额熵值得分总体情况。广东、北京、江苏、浙江四个省（区、市）的科技贷款额熵值得分最高，均为 100 分以上，其中广东省达到 200 分以

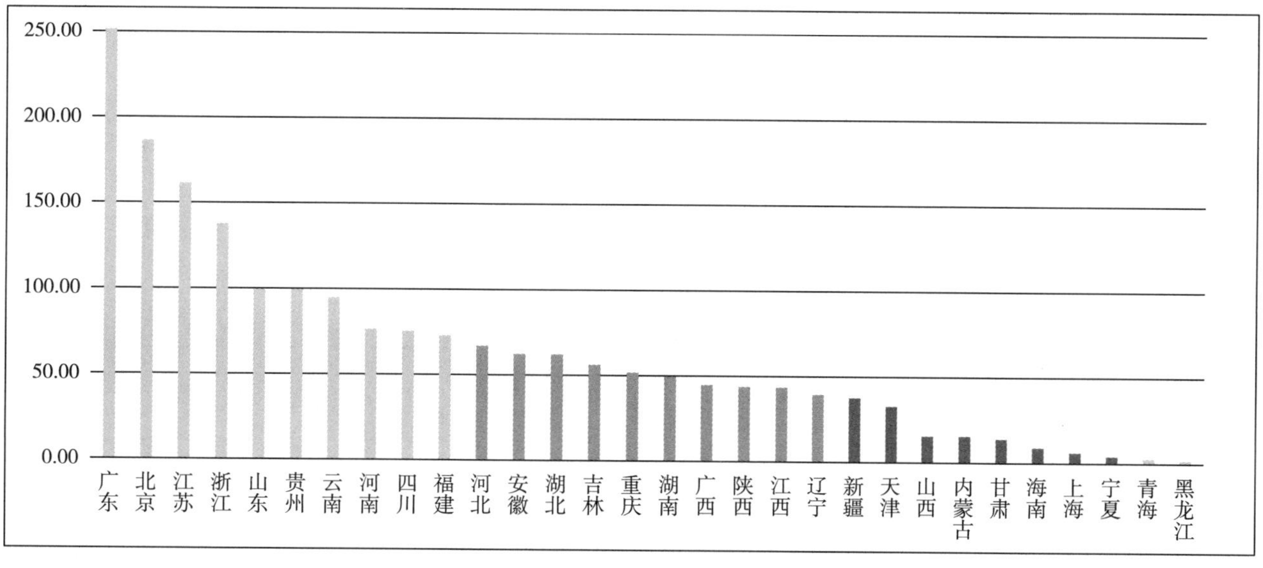

图 7－13　各省（区、市）科技贷款额熵值得分

上。这些省（区、市）的科技贷款额很充足，明显高于全国其他省（区、市）的熵值得分，科技型企业的发展较好。山东、贵州、云南等省（区、市）的科技贷款额熵值得分位于第二梯队，均在50～100分的区间范围内。上海、宁夏、青海、黑龙江等省（区、市）的科技贷款额熵值得分最低，均在10分以下。其中，青海和黑龙江的科技贷款额熵值得分要远远低于其他省（区、市），还有很大的提升空间。

7.3.3 科技贷款支持深度

表7－5是各省（区、市）科技贷款支持度和科技贷款比重总体情况。贵州、云南、吉林、新疆、海南的科技贷款支持度最高。贵州的科技贷款支持度最高，为9.45。位于第二梯队的是宁夏、甘肃、福建、河南等省（区、市），这些省（区、市）的科技贷款支持度相差不大。处于第三梯队的是辽宁、青海、浙江、山东、江西等省（区、市），这些省（区、市）的科技贷款支持度水平相当。总体来看，西部地区科技贷款支持度最高，为1.94；中部地区科技贷款支持度位列第二，为0.95；位列第三的东部地区科技贷款支持度为0.78，与中部地区相差不大。科技贷款支持度最低的是东北地区，为0.65。就科技贷款比重来说，位于第一梯队的是贵州、云南、北京、新疆等省（区、市）。科技贷款比重最高的是贵州，为0.81。海南、河北、江西、湖北、四川位列第二梯队。宁夏、甘肃、山东、内蒙古、青海等省（区、市）位列第三梯队，且跟第二梯队的总体差距不大。整体来看，西部地区的科技贷款比重最高，为0.3831；第二是东北地区，科技贷款比重为0.3790；第三是东部地区，科技贷款比重为0.3233；科技贷款比重最低的是中部地区，为0.2843。

表7－5　各省（区、市）科技贷款支持度和科技贷款比重

省（区、市）	科技贷款支持度	科技贷款比重	省（区、市）	科技贷款支持度	科技贷款比重
北京	1.13	0.56	河南	1.72	0.32
天津	0.79	0.23	湖北	0.68	0.29
河北	0.79	0.29	湖南	0.72	0.28
山西	0.72	0.14	广东	0.70	0.35
内蒙古	0.70	0.14	广西	1.51	0.35
辽宁	0.95	0.19	海南	3.28	0.29
吉林	4.75	0.63	重庆	1.33	0.33
黑龙江	0.18	0.02	四川	1.65	0.28
上海	0.72	0.02	贵州	9.45	0.81
江苏	0.76	0.28	云南	4.95	0.71
浙江	0.87	0.26	陕西	1.16	0.38
安徽	1.12	0.33	甘肃	2.25	0.18
福建	2.11	0.33	青海	0.94	0.10
江西	0.82	0.29	宁夏	2.41	0.19
山东	0.84	0.27	新疆	3.75	0.45

图7-14是各省（区、市）科技贷款比重熵值得分总体情况。贵州、云南、吉林、北京、新疆五个省（区、市）的科技贷款比重熵值得分最高，位于第一梯队，得分呈等差数列分布。而广西、广东、福建、重庆等超过十个省（区、市）的科技贷款比重熵值得分几乎相同，都在30分左右。山西、内蒙古、青海、上海、黑龙江等省（区、市）的科技贷款比重熵值得分最低。上海的科技贷款比重熵值得分很低，是因为相比于上海的总体贷款额来说，科技贷款只占很小的一部分。这也符合上海作为国际化都市的发展状况。另外，青海和黑龙江的科技贷款比重熵值得分低于10分，发展空间较大。

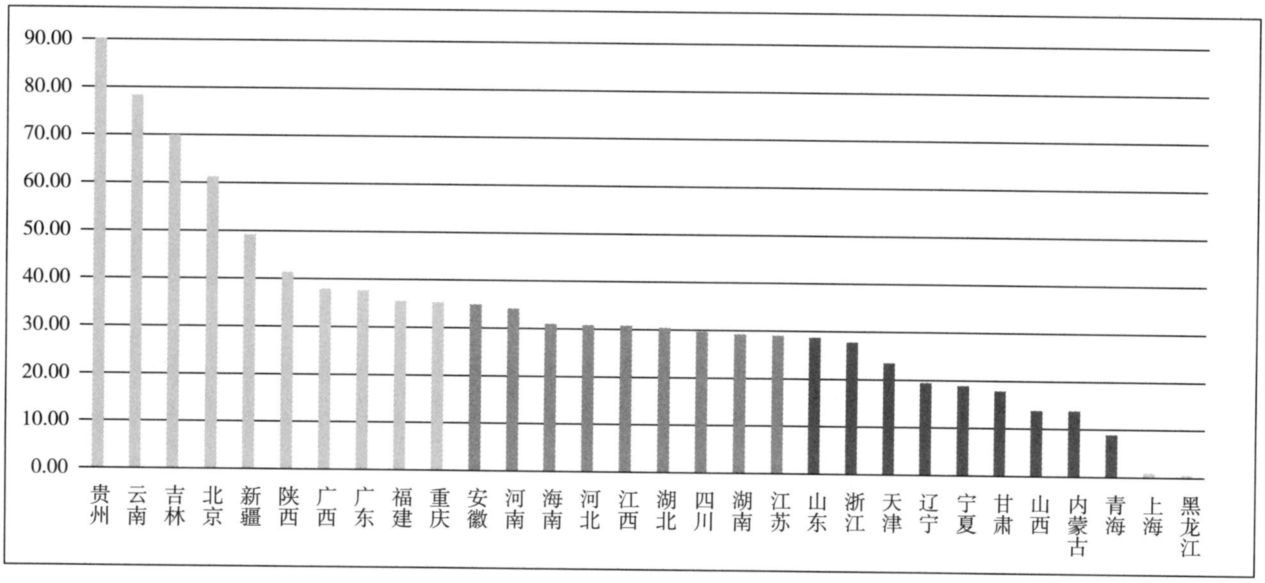

图7-14 各省（区、市）科技贷款比重熵值得分

图7-15是各省（区、市）科技贷款支持度熵值得分总体情况。贵州、云南、吉林、新

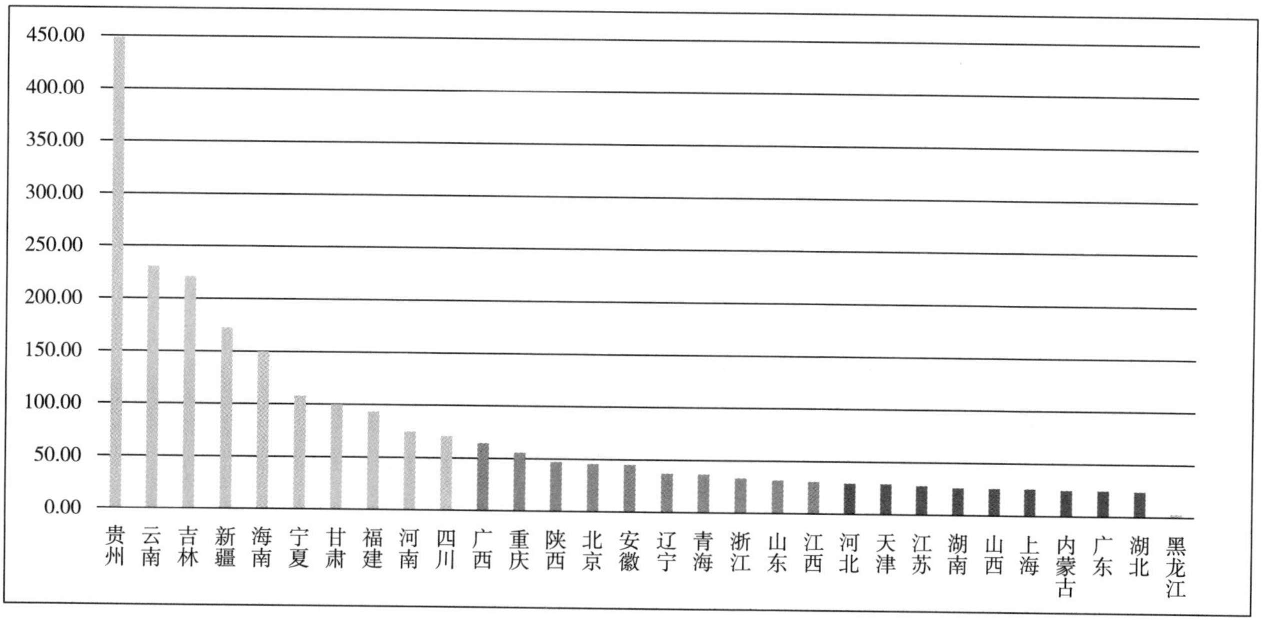

图7-15 各省（区、市）科技贷款支持度熵值得分

疆、海南等省（区、市）科技贷款支持度熵值得分处于第一梯队。贵州的科技贷款支持度熵值得分最高，是因为贵州的高新技术企业收入较低而科技贷款额相对较高。吉林、新疆、海南也是同样的情况。广西、重庆、陕西、北京、安徽等省（区、市）的科技贷款支持度熵值得分位于第二梯队。这些省（区、市）的科技贷款支持度熵值得分相差不大。河北、天津、江苏、湖南、山西等省（区、市）的科技贷款支持度熵值得分位于末尾。

7.3.4 科技贷款参与广度

表 7-6 是各省（区、市）科技贷款机构密度总体情况。第一梯队是上海、北京、天津、江苏、浙江、山东、广东。河南、安徽、辽宁、河北、湖南、福建、山西、江西、湖北、海南位列第二梯队。重庆、陕西、四川、贵州、吉林、宁夏、广西、黑龙江、云南、甘肃、内蒙古、新疆、青海是第三梯队。第二梯队与第三梯队总体差距很小。总体来看，东部地区科技贷款机构密度最高，为 9.21；中部地区科技贷款机构密度位列第二，为 4.93；位列第三的东北地区科技贷款机构密度是 2.36；科技贷款机构密度最低的是西部地区，为 0.84。

表 7-6 各省（区、市）科技贷款机构密度

省（区、市）	科技贷款机构密度	省（区、市）	科技贷款机构密度
北京	24.59	河南	7.02
天津	23.89	湖北	4.15
河北	5.01	湖南	4.62
山西	4.24	广东	8.92
内蒙古	0.38	广西	1.28
辽宁	5.67	海南	3.86
吉林	2.44	重庆	3.23
黑龙江	1.23	四川	2.67
上海	47.21	贵州	2.61
江苏	12.57	云南	1.12
浙江	12.03	陕西	2.82
安徽	5.90	甘肃	0.81
福建	4.60	青海	0.15
江西	4.17	宁夏	1.91
山东	9.73	新疆	0.19

图 7-16 是各省（区、市）科技贷款机构密度熵值得分相关情况。上海、北京、天津、江苏、浙江、山东、广东、河南、安徽、辽宁的科技贷款机构密度熵值得分最高，位于第一梯队。河北、湖南、福建、山西、江西、湖北、海南、重庆、陕西的科技贷款机构密度熵值得分位于第二梯队。第二梯队的这些省（区、市）科技贷款机构密度熵值得分相差无几。四川、贵州、吉林、宁夏、广西、黑龙江、云南、甘肃、内蒙古、新疆、青海的科技贷款机构密度熵值得分最低。这些省（区、市）的科技贷款机构密度得分与第一梯队差距较大。

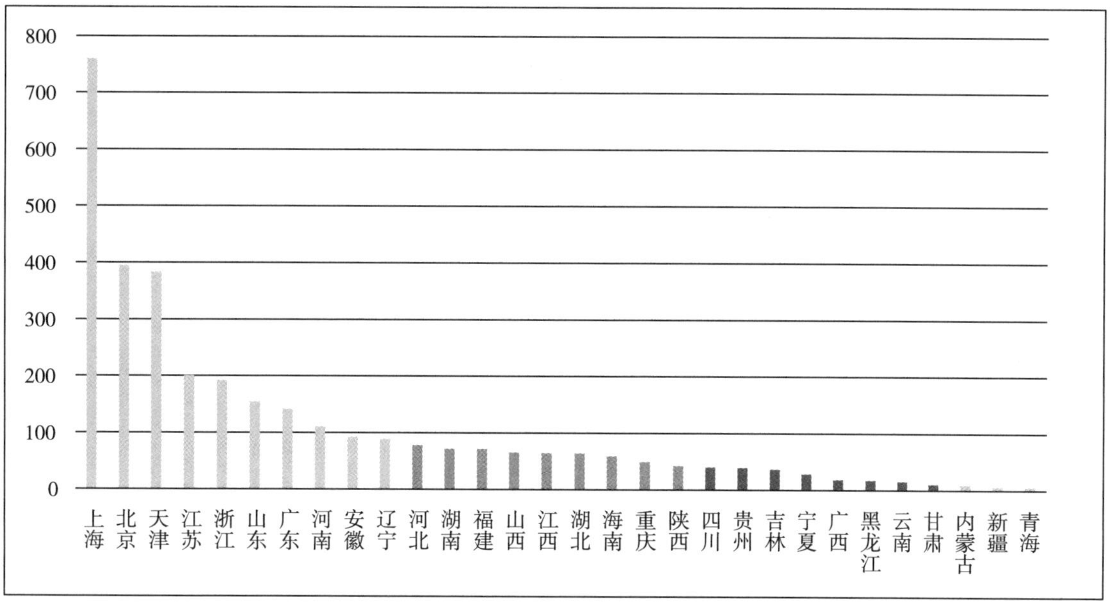

图 7－16　各省（区、市）科技贷款机构密度熵值得分

7.4　科技保险发展情况

7.4.1　科技保险得分总体情况

基于前文总体评价的结果，笔者分析各省（区、市）科技保险熵值得分维度具体情况，从科技保险各项模块的得分与排名出发，将各省（区、市）间的数据进行比较，明确各省（区、市）科技保险发展过程中所处的位置，以及需要加强巩固的方面，以期在后期科技保险发展建设中找到突破口，均衡各项能力的发展，加强在弱势方面的关注与投入，保障科技保险活动顺利开展。

各省（区、市）科技保险熵值得分如图 7－17 所示。从整体角度来看，位于第一梯队的省（区、市）有上海、四川、北京、广东、安徽、浙江、江苏、山东、海南、天津，其科技保险熵值得分较高，表明这些省（区、市）具有较为成熟的科技保险发展环境，利用多种科技金融分散风险的手段，让更多的资金、更多的人才在科技事业发展中充分发挥作用，为科技创新提供风险保障；位于第二梯队的省（区、市）有河南、宁夏、河北、甘肃、新疆、贵州、黑龙江、辽宁、湖南、云南，其科技保险熵值得分一般，表明这些省（区、市）具有一定条件的科技保险发展环境，科技型企业可根据自身的风险需求合理安排风险转移；位于第三梯队的省（区、市）有吉林、福建、山西、湖北、江西、青海、内蒙古、重庆、广西、陕西，其科技保险熵值得分较低，表明这些省（区、市）科技保险发展环境较差，为科技型企业提供保险保障的基础条件不足，给予保险赔偿或给付保险金的保险保障方式较少，科技保险活动的发展有限。

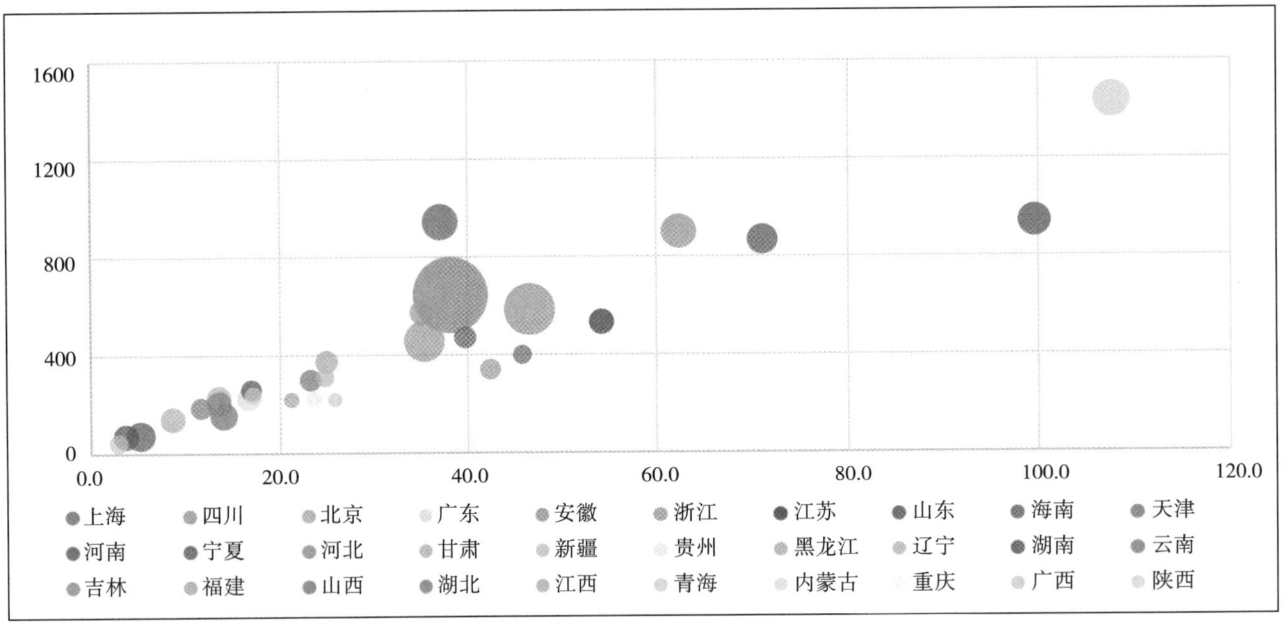

图 7－17　各省（区、市）科技保险熵值得分

注：横坐标表示 GDP（千亿），纵坐标表示科技保险保费（亿元），气泡图表示科技保险熵值得分

各省（区、市）科技保险各维度熵值得分如图 7－18 所示。在科技保险基础规模熵值得分中，位于第一梯队的省（区、市）得分较高，具有较好的科技保险基础发展条件，促进科技保险活动顺利开展，熵值得分数值范围处于 102 至 324 之间。其中，广东省以 324 的科技保险基础规模熵值得分位列第一。位于第二梯队的科技保险基础规模熵值得分一般，具有一定的科技保险基础发展条件，熵值得分数值范围处于 44 至 100 之间。位于第三梯队的科技保险基础规模熵值得分较低，科技保险发展受限，熵值得分数值范围低于 44。

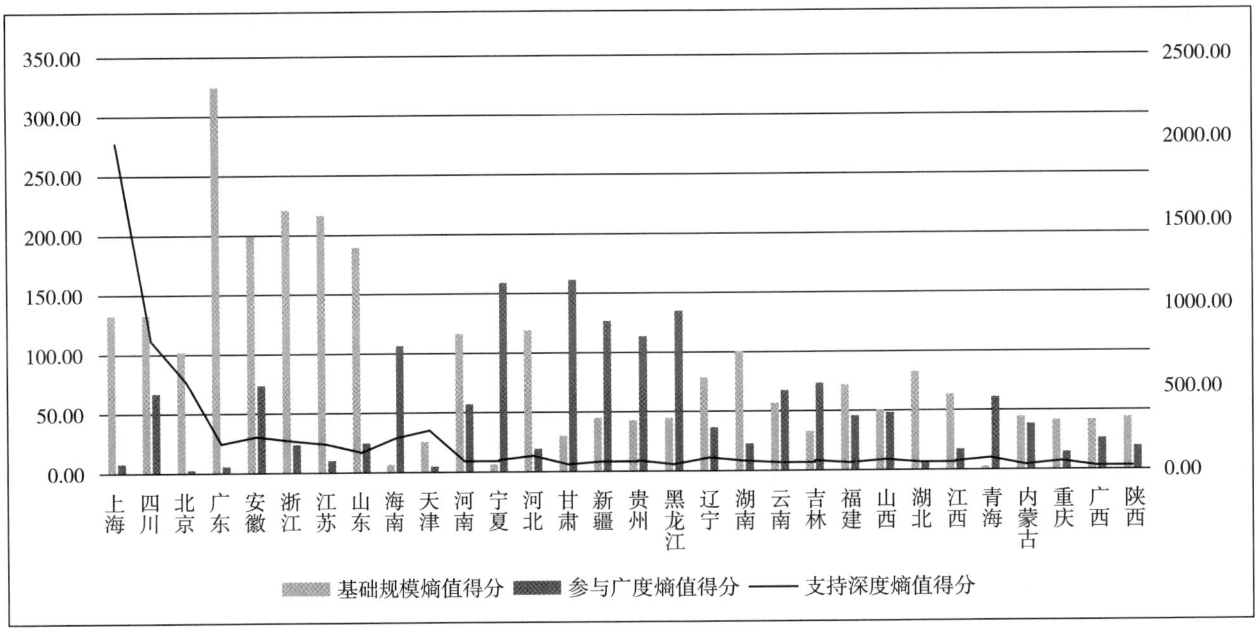

图 7－18　各省（区、市）科技保险各维度熵值得分

7.4.2　科技保险基础规模

由表 7-7 可知，在各省（区、市）的科技保险保费指标中，广东、江苏、安徽、浙江、山东、上海、四川、河北、河南、湖南的科技保险保费分别以 1433 亿元、941 亿元、941 亿元、900 亿元、866 亿元、643 亿元、584 亿元、573 亿元、532 亿元、470 亿元依次位于前十；北京、湖北、辽宁、福建、江西、云南、山西、内蒙古、新疆、贵州的科技保险保费则排名第十一至第二十位；重庆、陕西、广西、黑龙江、吉林、天津、甘肃、海南、宁夏、青海的科技保险保费较低，排名靠后。在各省（区、市）的科技保险保额指标中，广东、浙江、江苏、安徽、山东的科技保险保额较高，其中广东以 766 亿元的科技保险保额位列第一；而吉林、天津、宁夏、海南、青海的科技保险保额较低，排名后五位。

表 7-7　各省（区、市）科技保险保费和保额

省（区、市）	保额（亿元）	保费（亿元）	省（区、市）	保额（亿元）	保费（亿元）
广东	766	1433	云南	144	297
江苏	535	941	山西	139	256
安徽	453	941	内蒙古	123	235
浙江	580	900	新疆	130	225
山东	449	866	贵州	120	223
上海	306	643	重庆	116	220
四川	342	584	陕西	130	217
河北	282	573	广西	119	217
河南	293	532	黑龙江	142	202
湖南	254	470	吉林	96	184
北京	269	455	天津	79	152
湖北	210	398	甘肃	109	138
辽宁	206	372	海南	36	71
福建	194	338	宁夏	37	68
江西	172	307	青海	21	42

如图 7-19 所示，在各省（区、市）的科技保险保额熵值得分中，位于第一梯队的有广东、浙江、江苏、安徽、山东、四川、上海、河南、河北、北京，这些省（区、市）的得分较高，其中广东省以 156 的科技保险保额熵值得分排名第一；位于第二梯队的有湖南、湖北、辽宁、福建、江西、云南、黑龙江、山西、新疆、陕西，这些省（区、市）的科技保险保额熵值得分一般，且熵值得分处于 20 至 50 之间；位于第三梯队的有内蒙古、贵州、广西、重庆、甘肃、吉林、天津、宁夏、海南、青海，这些省（区、市）的科技保险保额熵值得分较低，且熵值得分低于 21。在各省（区、市）的科技保险保费熵值得分中，广东、浙江、江苏、安徽、山东的得分较高，其中广东省以 169 的得分排名第一；而天津、宁夏、海

南、青海的科技保险保费熵值得分较低，均低于14，与排名靠前的省（区、市）差距较大。

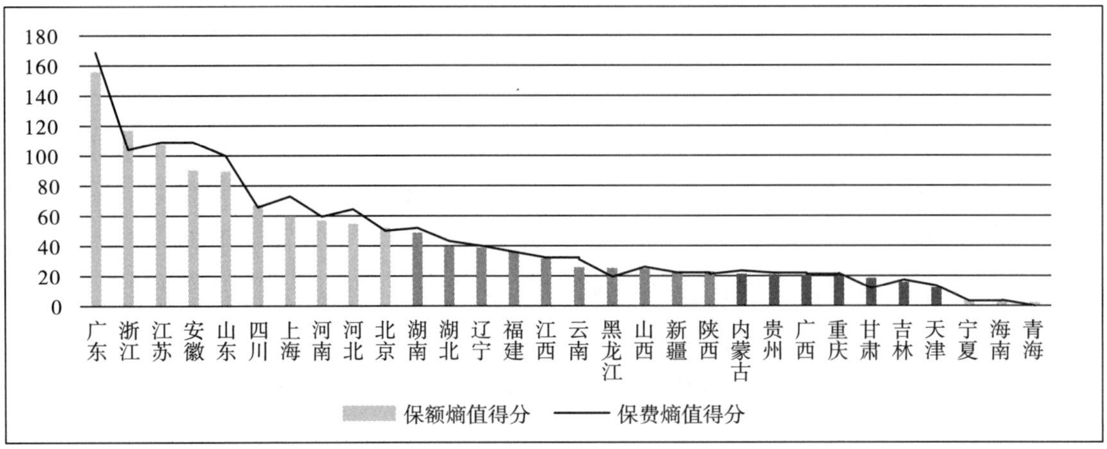

图7-19 各省（区、市）科技保险保额和保费熵值得分

7.4.3 科技保险参与广度

由表7-8可知，在各省（区、市）的科技保险风险保额比率指标中，甘肃、宁夏、黑龙江、新疆、贵州、海南、安徽、吉林、云南、四川分别以6.72%、6.64%、5.74%、5.43%、4.94%、4.68%、3.46%、3.45%、3.23%、3.20%依次位于前十；青海、河南、山西、福建、内蒙古、辽宁、广西、山东、浙江、湖南则排名第十一至第二十位；陕西、河北、江西、重庆、江苏、上海、湖北、广东、天津、北京排名靠后。

表7-8 各省（区、市）科技保险风险保额比率

省（区、市）	科技保险风险保额比率（%）	省（区、市）	科技保险风险保额比率（%）
甘肃	6.72	辽宁	2.07
宁夏	6.64	广西	1.69
黑龙江	5.74	山东	1.64
新疆	5.43	浙江	1.59
贵州	4.94	湖南	1.56
海南	4.68	陕西	1.45
安徽	3.46	河北	1.43
吉林	3.45	江西	1.35
云南	3.23	重庆	1.26
四川	3.20	江苏	1.09
青海	2.98	上海	1.01
河南	2.84	湖北	0.99
山西	2.50	广东	0.92
福建	2.41	天津	0.79
内蒙古	2.14	北京	0.71

由图 7－20 可知，在各省（区、市）的科技保险参与广度熵值得分中，位于第一梯队的有甘肃、宁夏、黑龙江、新疆、贵州、海南、安徽、吉林、云南、四川，这些省（区、市）的得分较高，其中甘肃省以 161 的科技保险参与广度熵值得分排名第一；位于第二梯队的有青海、河南、山西、福建、内蒙古、辽宁、广西、山东、浙江、湖南，这些省（区、市）的科技保险参与广度熵值得分一般，且熵值得分处于 22 至 61 之间；位于第三梯队的有陕西、河北、江西、重庆、江苏、上海、湖北、广东、天津、北京，这些省（区、市）的科技保险参与广度熵值得分较低，均低于 20。

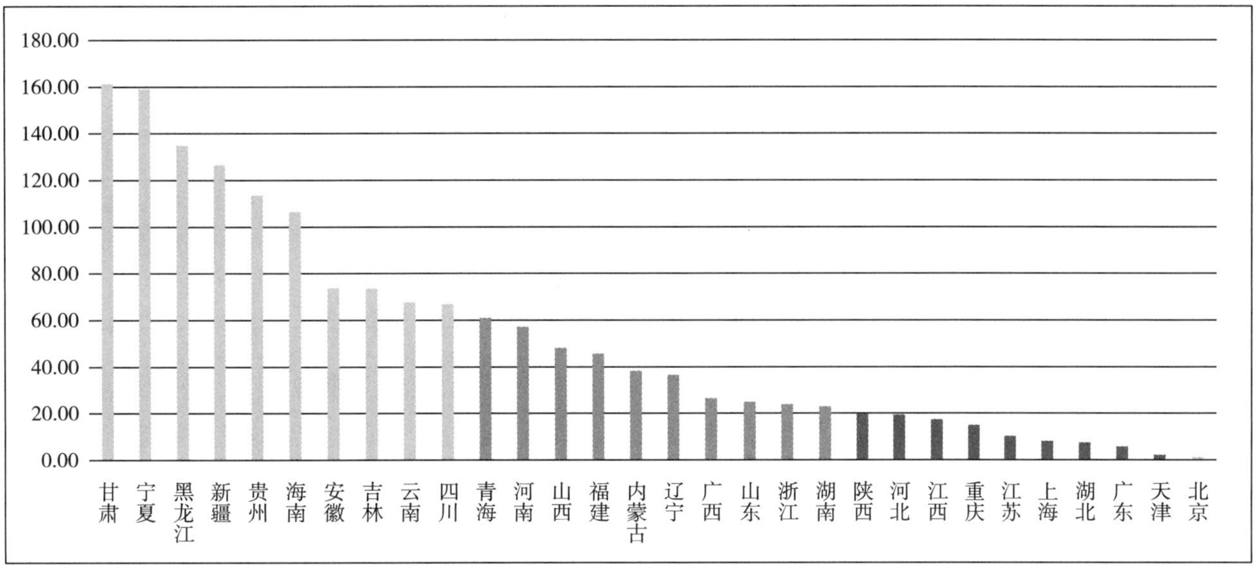

图 7－20　各省（区、市）科技保险参与广度熵值得分

7.4.4　科技保险支持深度

由表 7－9 可知，在各省（区、市）的科技保险保险深度指标中，安徽、宁夏、上海、新疆、河北、甘肃、吉林、山西、辽宁、黑龙江分别以 2.54％、1.82％、1.69％、1.65％、1.63％、1.58％、1.57％、1.51％、1.49％、1.49％依次位于前十；浙江、青海、内蒙古、海南、贵州、广东、北京、云南、四川、江西则排名第十一至第二十位；而山东、湖南、天津、广西、河南、江苏、重庆、湖北、陕西、福建的科技保险保险深度排名靠后。在各省（区、市）的科技保险保险密度指标中，上海、四川、北京、天津、海南排名靠前，其中上海以 1014.65％的保险密度排名第一，大幅领先于其他省（区、市）；而新疆、广西、黑龙江、甘肃、内蒙古排名靠后，指标均低于 10％，与排名靠前的省（区、市）差距较大。

表 7－9　各省（区、市）科技保险保险深度和科技保险保险密度　　（单位：％）

省（区、市）	科技保险保险深度	科技保险保险密度	省（区、市）	科技保险保险深度	科技保险保险密度
安徽	2.54	67.12	广东	1.33	79.70
宁夏	1.82	11.52	北京	1.29	277.15

（续表）

省（区、市）	科技保险保险深度	科技保险保险密度	省（区、市）	科技保险保险深度	科技保险保险密度
上海	1.69	1014.65	云南	1.28	15.20
新疆	1.65	9.85	四川	1.25	407.12
河北	1.63	30.08	江西	1.24	18.38
甘肃	1.58	3.59	山东	1.22	54.69
吉林	1.57	12.43	湖南	1.18	23.90
山西	1.51	16.34	天津	1.08	127.17
辽宁	1.49	25.00	广西	1.02	9.07
黑龙江	1.49	5.08	河南	0.98	32.43
浙江	1.44	85.17	江苏	0.94	88.87
青海	1.41	23.27	重庆	0.93	26.73
内蒙古	1.37	3.54	湖北	0.87	26.22
海南	1.34	95.11	陕西	0.84	10.58
贵州	1.33	21.72	福建	0.80	27.35

由图 7-21 可知，在各省（区、市）的科技保险保险深度熵值得分中，位于第一梯队的有安徽、宁夏、上海、新疆、河北、甘肃、吉林、山西、辽宁、黑龙江，这些省（区、市）的得分较高，其中安徽省以 96 的科技保险保险深度熵值得分位列第一；位于第二梯队的有浙江、青海、内蒙古、海南、贵州、广东、北京、云南、四川、江西，这些省（区、市）的得分一般，且熵值得分处于 24 至 35 之间；位于第三梯队的有山东、湖南、天津、广西、河

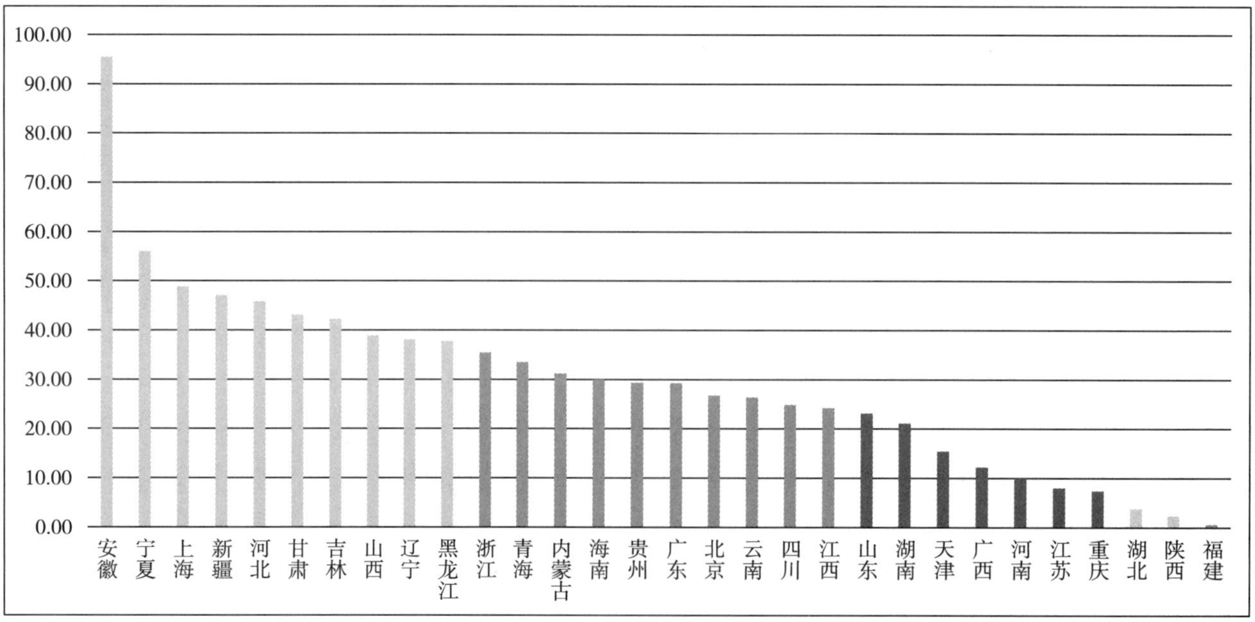

图 7-21　各省（区、市）科技保险保险深度熵值得分

南、江苏、重庆、湖北、陕西、福建，这些省（区、市）的得分较低，均低于 23。由图 7－22可知，在各省（区、市）的科技保险保险密度熵值得分中，上海、四川、北京、天津、海南的得分较高，其中上海以 1933 的得分排名第一；而山西、云南、吉林、宁夏、陕西、新疆、广西、黑龙江、甘肃、内蒙古的得分较低，均低于 25，与排名靠前的省（区、市）差距较大。

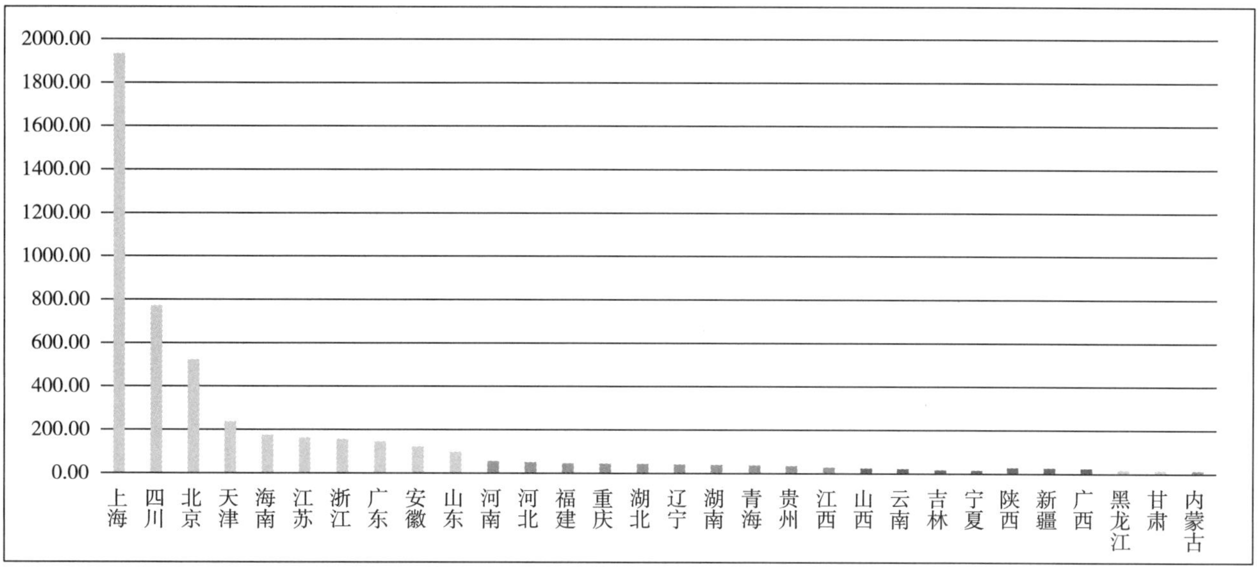

图 7－22　各省（区、市）科技保险保险密度熵值得分

7.5　科技资本市场发展情况

7.5.1　科技资本市场得分总体情况

基于前文总体评价的结果，笔者分析各省（区、市）科技资本市场熵值得分维度的具体情况，从科技资本市场各项模块的得分与排名出发，将各省（区、市）间的数据进行比较，明确各省（区、市）科技资本市场发展过程中所处的位置，以及需要加强巩固的方面，以期在后期科技资本市场发展建设中找到突破口，均衡各项能力的发展，加强在弱势方面的关注与投入，保障科技资本市场活动顺利开展。

各省（区、市）科技资本市场熵值得分如图 7－23 所示。从整体角度来看，位于第一梯队的有广东、浙江、北京、江苏、上海、福建、山东、湖南、四川、安徽，其科技资本市场熵值得分较高，表明这些省（区、市）具有较为成熟的科技资本市场发展环境，科技与资本结合度较高，能充分发挥资本市场支持科技创新体系的枢纽作用，更好推动科技金融活动的开展；位于第二梯队的有新疆、湖北、海南、陕西、河南、云南、天津、重庆、辽宁、江西，其科技资本市场熵值得分一般，表明这些省（区、市）具有一定条件的科技资本市场发展环境，为企业提供资本助力以保障企业的科学技术进步；位于第三梯队的有吉林、贵州、河北、黑龙江、宁夏、山西、甘肃、内蒙古、广西、青海，其科技资本市场熵值得分较低，表明这些省（区、市）的科技资本市场发展水平较为落后，科技型企业对资本市场的利用程度有限。

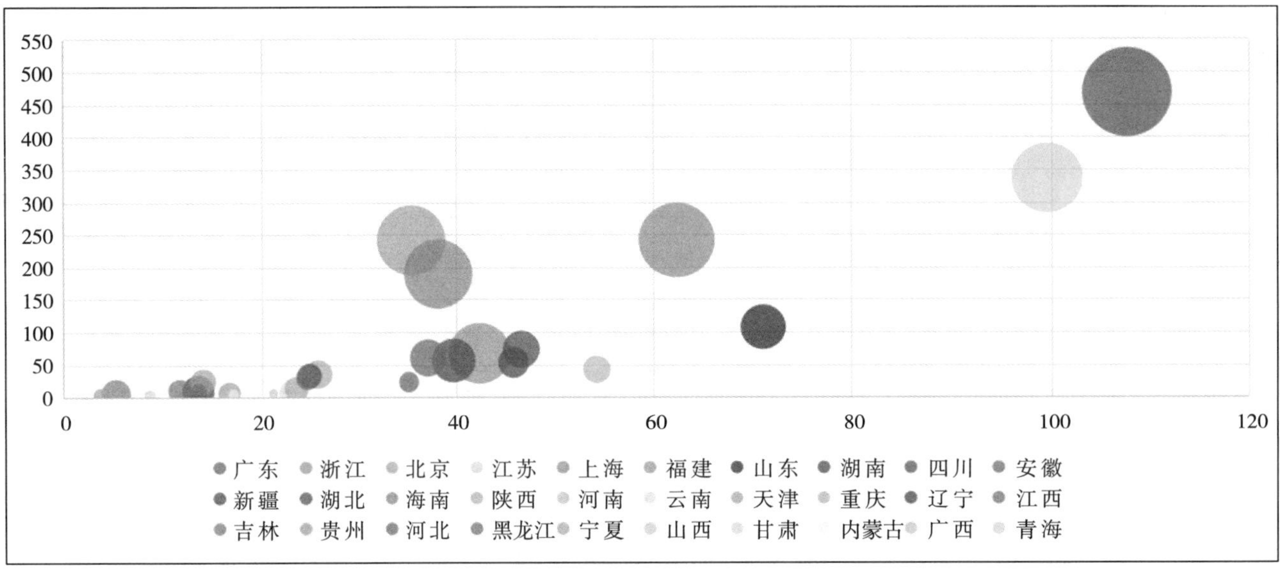

图 7-23　各省（区、市）科技资本市场熵值得分

注：横坐标表示 GDP（千亿），纵坐标表示上市高新技术企业数，气泡图表示科技资本市场熵值得分

7.5.2　科技资本市场基础规模

由表 7-10 可知，在各省（区、市）的双创板上市企业数指标中，广东、江苏、北京、浙江、上海、山东、四川、福建、安徽、湖南分别以 468 家、336 家、241 家、241 家、189 家、107 家、73 家、67 家、60 家、56 家位列前十；湖北、河南、陕西、辽宁、江西、天津、河北、重庆、吉林、新疆的双创板上市企业数则排名第十一至第二十位；其他省（区、市）的双创板上市企业数量较少，排名靠后。在双创板上市企业融资额指标中，浙江、广东、北京、上海、江苏、福建、山东、湖南、四川、安徽分别以 2217.21 亿元、2062.71 亿元、1379.35 亿元、1310.75 亿元、1183.41 亿元、526.17 亿元、444.33 亿元、322.88 亿元、258.55 亿元、230.41 亿元依次位列前十；湖北、天津、河南、陕西、江西、河北、辽宁、新疆、云南、吉林则排名第十一至第二十位；其他省（区、市）的双创板上市企业融资额较低，排名靠后。在双创板上市企业证券市值指标中，广东、上海、北京、江苏、福建排名靠前，位列前五；内蒙古、甘肃、广西、宁夏、青海排名靠后。

表 7-10　各省（区、市）双创板上市企业数、融资额和证券市值

省（区、市）	双创板上市企业数（家）	双创板上市企业融资额（亿元）	双创板上市企业证券市值（亿元）
北京	241	1379.35	21740.73
天津	24	147.61	1625.38

（续表）

省（区、市）	双创板上市企业数（家）	双创板上市企业融资额（亿元）	双创板上市企业证券市值（亿元）
河北	23	105.14	1233.19
山西	8	26.45	214.09
内蒙古	4	11.27	145.08
辽宁	33	98.22	1282.31
吉林	10	53.50	700.26
黑龙江	8	26.85	234.95
上海	189	1310.75	22565.74
江苏	336	1183.41	19725.69
浙江	241	2217.21	14629.04
安徽	60	230.41	5338.65
福建	67	526.17	15237.36
江西	30	114.93	1414.95
山东	107	444.33	8220.61
河南	42	136.09	1780.83
湖北	53	214.67	3280.19
湖南	56	322.88	10060.85
广东	468	2062.71	39624.87
广西	6	11.56	64.60
海南	5	37.93	370.88
重庆	13	39.86	3253.67
四川	73	258.55	3375.53
贵州	6	21.04	1160.69
云南	7	69.80	2507.67
陕西	35	130.93	2314.02
甘肃	3	10.76	84.52
青海	0	0.00	0.00
宁夏	3	2.13	31.97
新疆	9	83.60	1492.75

由图 7-24 可知，在各省（区、市）的科技资本市场双创板上市企业数熵值得分中，位于第一梯队的有广东、江苏、浙江、北京、上海、山东、四川、福建、安徽、湖南，这些省（区、市）的得分较高，其中广东省以 510 的得分排名第一；位于第二梯队的有湖北、河南、陕西、辽宁、江西、天津、河北、重庆、吉林、新疆，这些省（区、市）的得分一般，均处于 9 至 58 之间；位于第三梯队的有黑龙江、山西、云南、贵州、广西、海南、内蒙古、甘肃、宁夏、青海，这些省（区、市）的得分较低，均低于 9。

由图 7-25 可知，在各省（区、市）科技资本市场双创板上市企业融资额熵值得分中，位于第一梯队的有浙江、广东、北京、上海、江苏、福建、山东、湖南、四川、安徽，这些

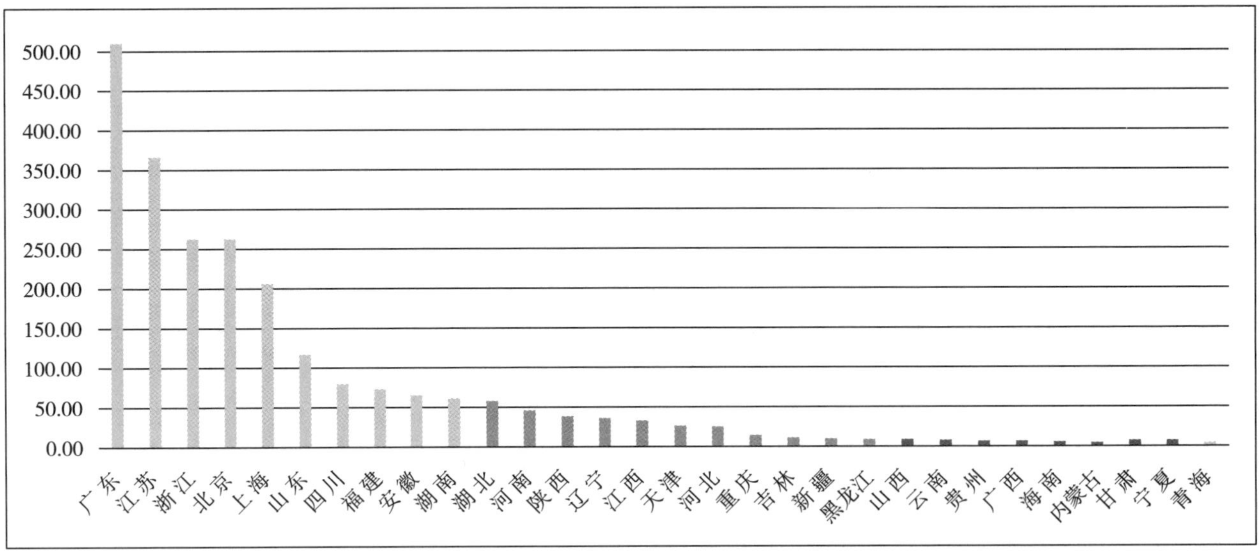

图 7-24 各省（区、市）科技资本市场双创板上市企业数熵值得分

省（区、市）的得分较高，其中广东省以 509 的双创板上市企业融资额熵值得分排名第一；位于第二梯队的有湖北、天津、河南、陕西、江西、河北、辽宁、新疆、云南、吉林，这些省（区、市）的得分一般，均处于 12 至 49 之间；其他省（区、市）位于第三梯队，这些省（区、市）的得分较低，均低于 12。在双创板上市企业证券市值熵值得分中，广东、上海、北京、江苏、福建的双创板上市企业证券市值熵值得分较高，位列前五；内蒙古、甘肃、广西、宁夏、青海的双创板上市企业证券市值熵值得分较少，排名靠后。

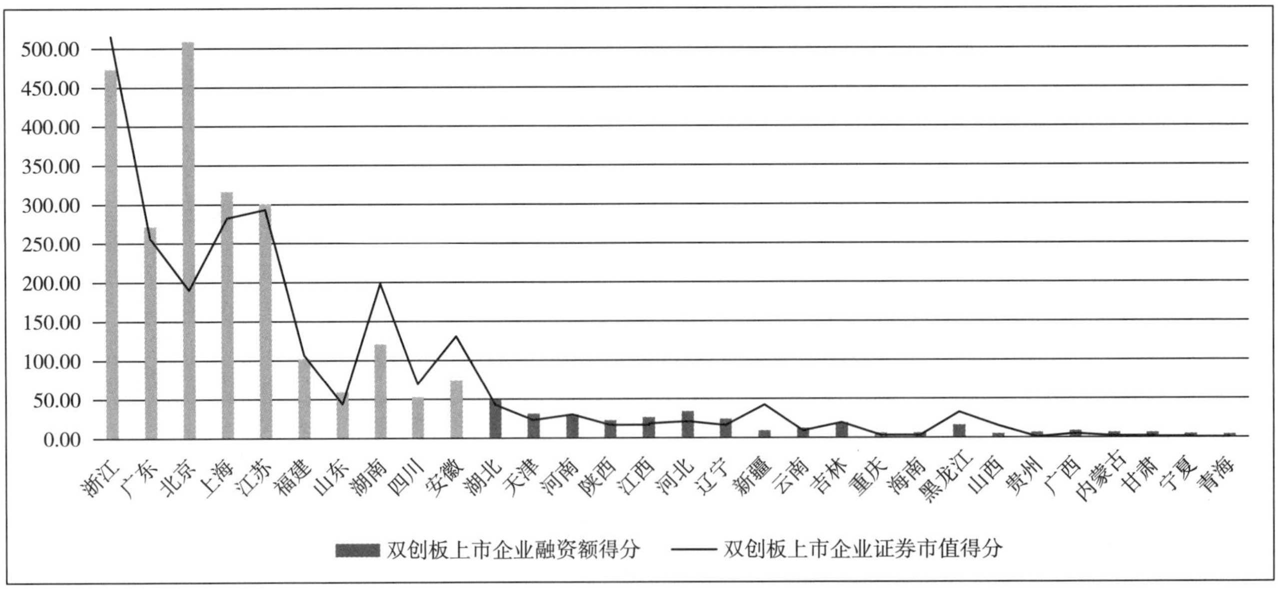

图 7-25 各省（区、市）科技资本市场双创板上市企业融资额和证券市值熵值得分

7.5.3 科技资本市场参与广度

由表 7-11 可知，在各省（区、市）的科技资本市场双创板上市企业高新技术企业比重指标中，上海、宁夏、浙江、福建、江苏、新疆、四川、北京、山东、广东的双创板上市企

业高新技术企业比重分别以1.50%、1.49%、1.49%、1.41%、1.40%、1.40%、1.30%、1.04%、0.94%、0.94%位于前十；安徽、湖南、海南、河南、陕西、湖北、黑龙江、辽宁、江西、吉林的双创板上市企业高新技术企业比重则排名第十一至第二十位；其他省（区、市）的双创板上市企业高新技术企业比重较低，排名靠后。

表7-11　各省（区、市）科技资本市场双创板上市企业高新技术企业比重

省（区、市）	上市企业高新技术企业比重（%）	省（区、市）	上市企业高新技术企业比重（%）
上海	1.50	湖北	0.69
宁夏	1.49	黑龙江	0.65
浙江	1.49	辽宁	0.64
福建	1.41	江西	0.59
江苏	1.40	吉林	0.59
新疆	1.40	云南	0.48
四川	1.30	内蒙古	0.45
北京	1.04	重庆	0.42
山东	0.94	天津	0.40
广东	0.94	贵州	0.37
安徽	0.92	山西	0.32
湖南	0.90	河北	0.30
海南	0.89	甘肃	0.29
河南	0.88	广西	0.25
陕西	0.80	青海	0.00

由图7-26可知，在各省（区、市）的科技资本市场双创板上市企业高新技术企业比重熵值得分中，位于第一梯队的有上海、宁夏、浙江、福建、江苏、新疆、四川、北京、山

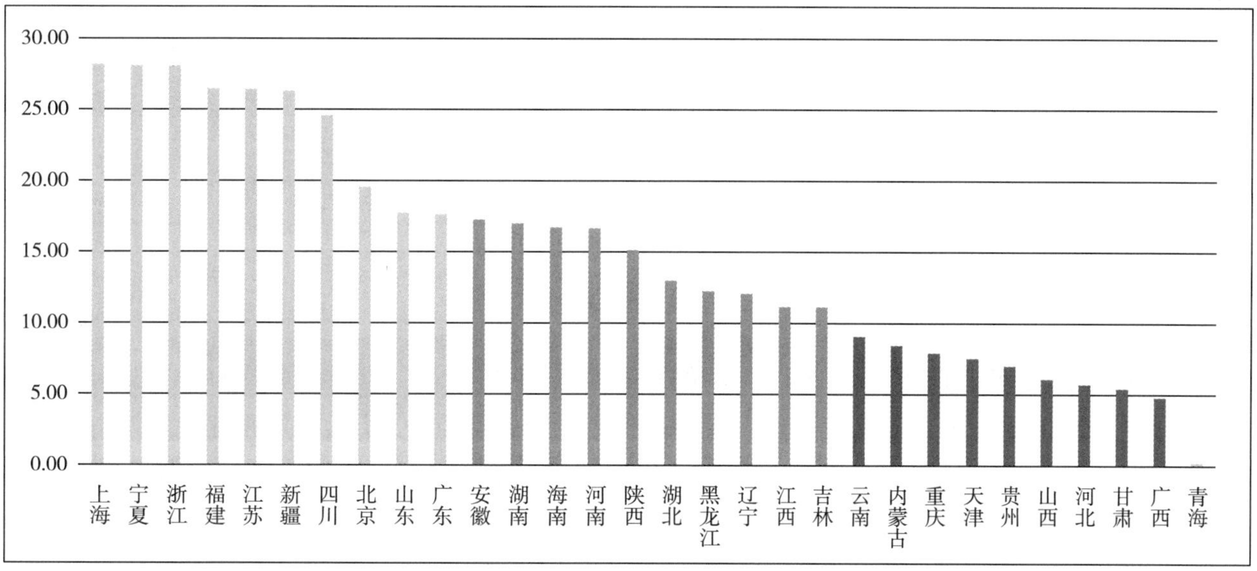

图7-26　各省（区、市）科技资本市场双创板上市企业高新技术企业比重熵值得分

东、广东，这些省（区、市）的得分较高，其中上海以28的熵值得分排名第一；位于第二梯队的有安徽、湖南、海南、河南、陕西、湖北、黑龙江、辽宁、江西、吉林，这些省（区、市）的得分一般，均处于11至17之间；其他省（区、市）位于第三梯队，这些省（区、市）的得分较低，均低于11。

7.5.4 科技资本市场支持深度

由表7-12可知，在各省（区、市）的科技资本市场支持力度指标中，福建、浙江、海南、上海、北京、新疆、广东、四川、江苏、湖南分别以6.55%、6.10%、4.95%、4.33%、3.63%、3.48%、2.49%、2.42%、2.42%、1.99%的比率位于前十；吉林、安徽、山东、云南、天津、陕西、河南、黑龙江、湖北、辽宁排名第十一至第二十位；其他省（区、市）的比率较低，排名靠后。在高新技术企业资本化率指标中，福建、上海、新疆、湖南、北京的比率较高，位列前五；甘肃、山西、内蒙古、广西、青海的比率较低，排名靠后。

表7-12 各省（区、市）科技资本市场支持力度及高新技术企业资本化率 （单位：%）

省（区、市）	科技资本市场支持力度	高新技术企业资本化率	省（区、市）	科技资本市场支持力度	高新技术企业资本化率
福建	6.55	189.64	陕西	1.45	25.69
浙江	6.10	40.23	河南	1.32	17.24
海南	4.95	48.41	黑龙江	1.09	9.52
上海	4.33	74.52	湖北	1.01	15.40
北京	3.63	57.18	辽宁	0.99	12.92
新疆	3.48	62.12	江西	0.91	11.16
广东	2.49	47.81	贵州	0.86	47.64
四川	2.42	31.65	甘肃	0.66	5.21
江苏	2.42	40.28	河北	0.53	6.24
湖南	1.99	61.91	山西	0.48	3.86
吉林	1.92	25.17	重庆	0.43	35.46
安徽	1.76	40.81	宁夏	0.38	5.72
山东	1.62	29.95	内蒙古	0.20	2.53
云南	1.57	56.35	广西	0.16	0.92
天津	1.47	16.19	青海	0.00	0.00

由图7-27可知，在各省（区、市）的科技资本市场支持力度熵值得分中，位于第一梯队的有福建、浙江、海南、上海、北京、新疆、广东、四川、江苏、湖南，这些省（区、市）的得分较高，其中福建以115的熵值得分排名第一；位于第二梯队的有吉林、安徽、山东、云南、天津、陕西、河南、黑龙江、湖北、辽宁，这些省（区、市）的得分一般，均处于17至34之间；其他省（区、市）位于第三梯队，这些省（区、市）的得分较低，均低于17。由图7-28可知，在各省（区、市）的高新技术企业资本化率熵值得分中，福建、上

海、新疆、湖南、北京的得分较高，位列前五；甘肃、山西、内蒙古、广西、青海的得分较低，排名靠后。

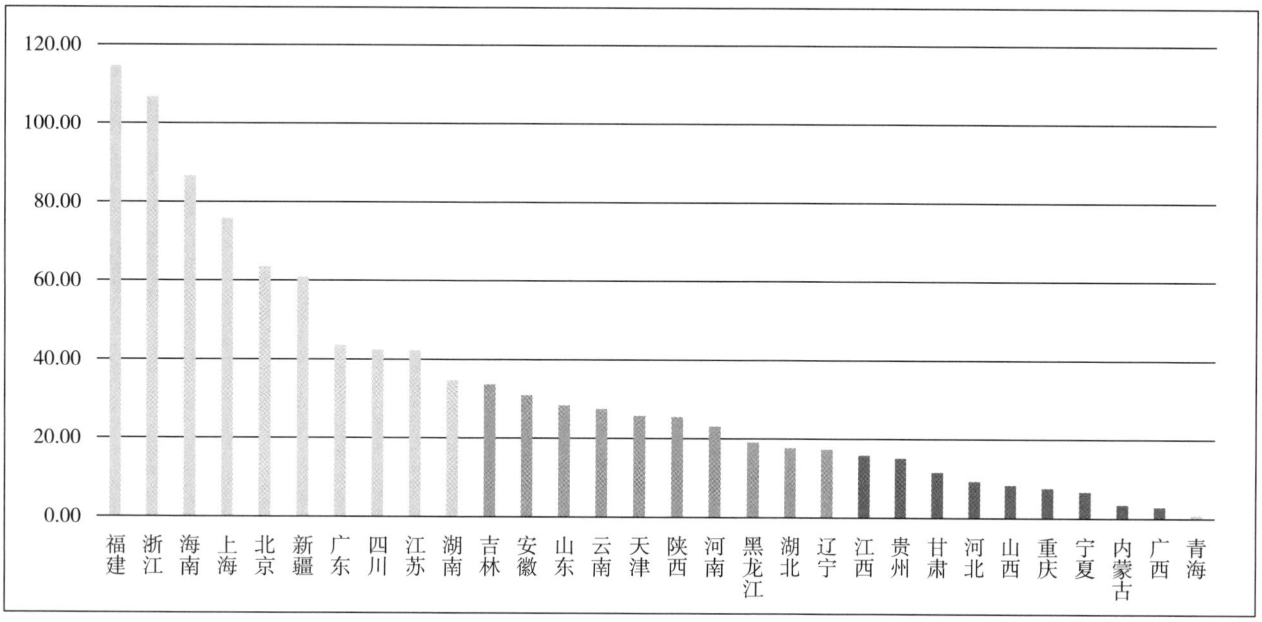

图 7-27　各省（区、市）科技资本市场支持力度熵值得分

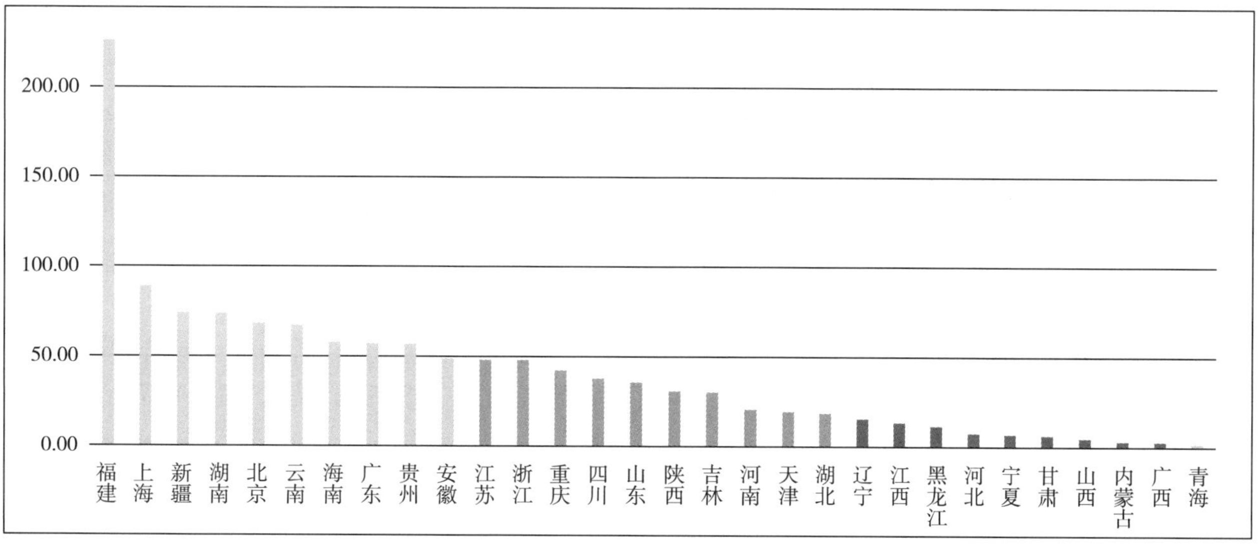

图 7-28　各省（区、市）高新技术企业资本化率熵值得分

7.6　科技金融环境发展状况

7.6.1　科技金融环境得分总体情况

图 7-29 表示各省（区、市）科技金融环境指数，是依据气泡大小从左向右降序排列。图例第一行的省（区、市）科技金融环境得分最高，具有成熟的科技创新发展环境，科技创

新各方面的基础条件充足，可以更好地推动科技创新活动的开展；图例第二行的省（区、市）科技金融环境得分较高，科技创新各方面的基础条件较为充足，可以带动科技创新活动的开展；图例第三行的省（区、市）科技金融环境得分较低，科技创新各方面的基础条件不足，不利于科技创新活动的开展。

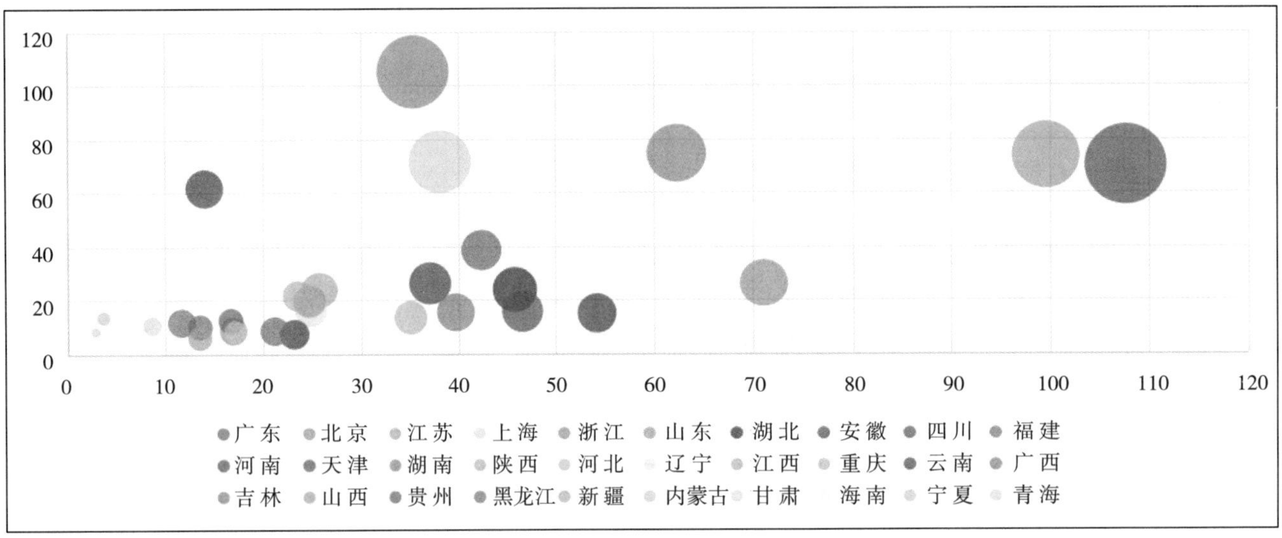

图 7－29　各省（区、市）科技金融环境指数

注：横轴表示 GDP，纵轴表示人均专利数，气泡大小表示科技金融环境发展情况

各省（区、市）科技金融环境发展情况如图 7－30 所示。北京、天津、河北、山西、内蒙古等省（区、市）创新基础环境得分最高，科技创新各方面的基础条件充足，可以更好地推动科技创新活动的开展；浙江、安徽、福建、江西、山东等省（区、市）创新基础环境得分较高，科技创新各方面的基础条件较为充足，可以带动科技创新活动的开展；海南、重庆、四川、贵州、云南等省（区、市）创新基础环境得分较低，科技创新各方面的基础条件不足，不利于科技创新活动的开展。

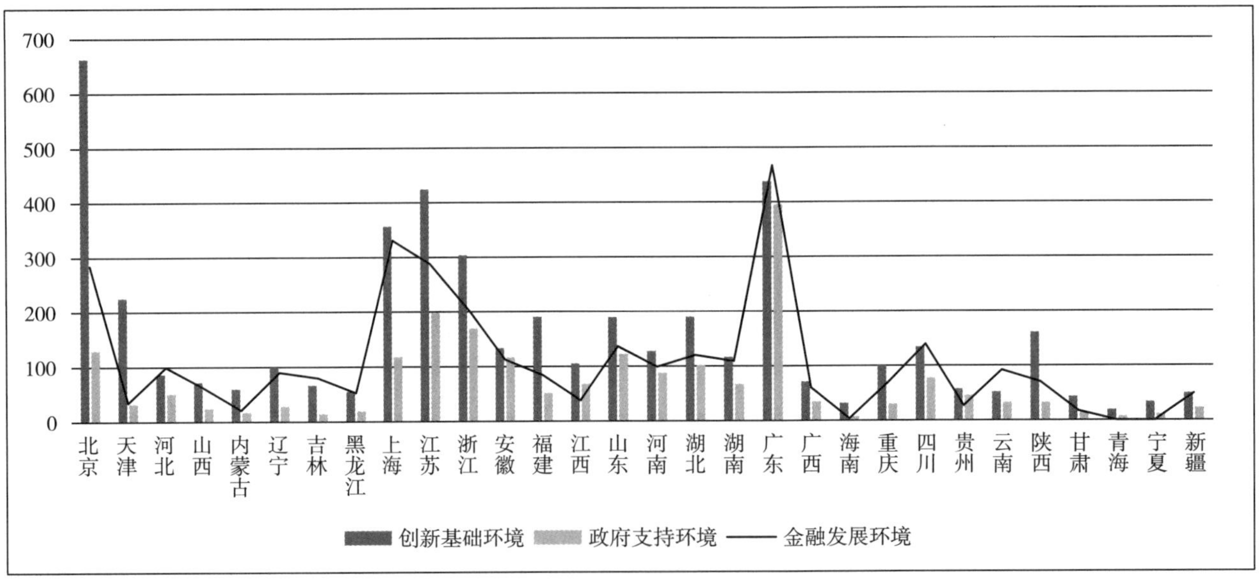

图 7－30　各省（区、市）科技金融环境发展情况

7.6.2 创新基础环境

1. 人均 GDP

在图 7-31 中，标记为蓝色的省（区、市）人均 GDP 较高，经济发展状况较好，有更好的经济基础支撑科学技术的发展；标记为绿色的省（区、市）人均 GDP 中等，经济发展状况一般，有一定的经济基础支撑科学技术的发展；标记为橙色的省（区、市）人均 GDP 较低，经济发展状况较差，对科学技术的发展支撑不足。

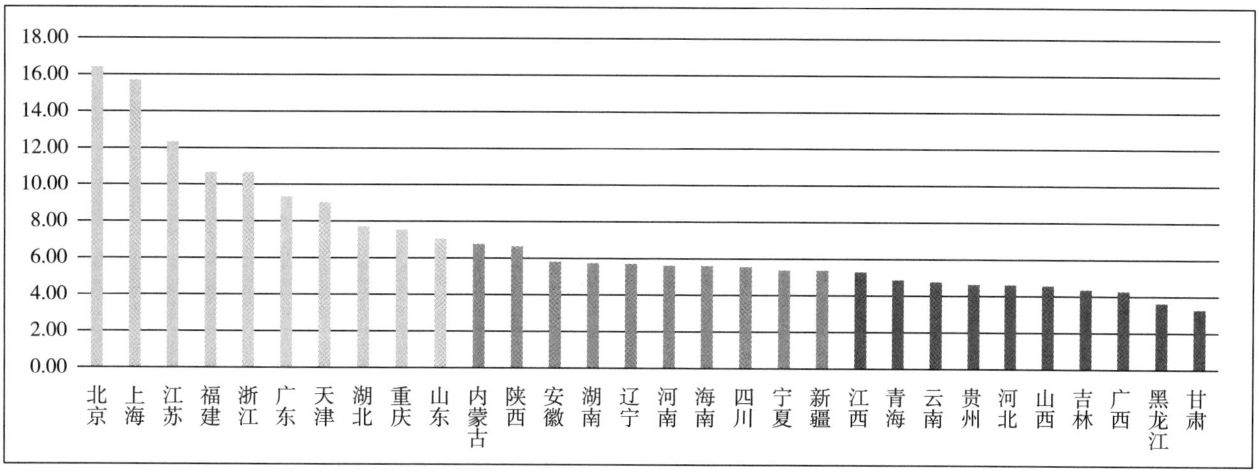

图 7-31 各省（区、市）人均 GDP

2. 高等院校数量

在图 7-32 中，标记为蓝色的省（区、市）高等院校数量较多，具有坚实的人才培养基础和丰富的前沿资源，有利于科技创新活动的开展；标记为绿色的省（区、市）高等院校数量中等，具有较好的人才培养基础和较多的前沿资源，可以推动科技创新活动的开展；标记为橙色的省（区、市）高等院校数量较少，相对具有较差的人才培养基础和较少的前沿资源，对科技创新活动的开展支撑不足。

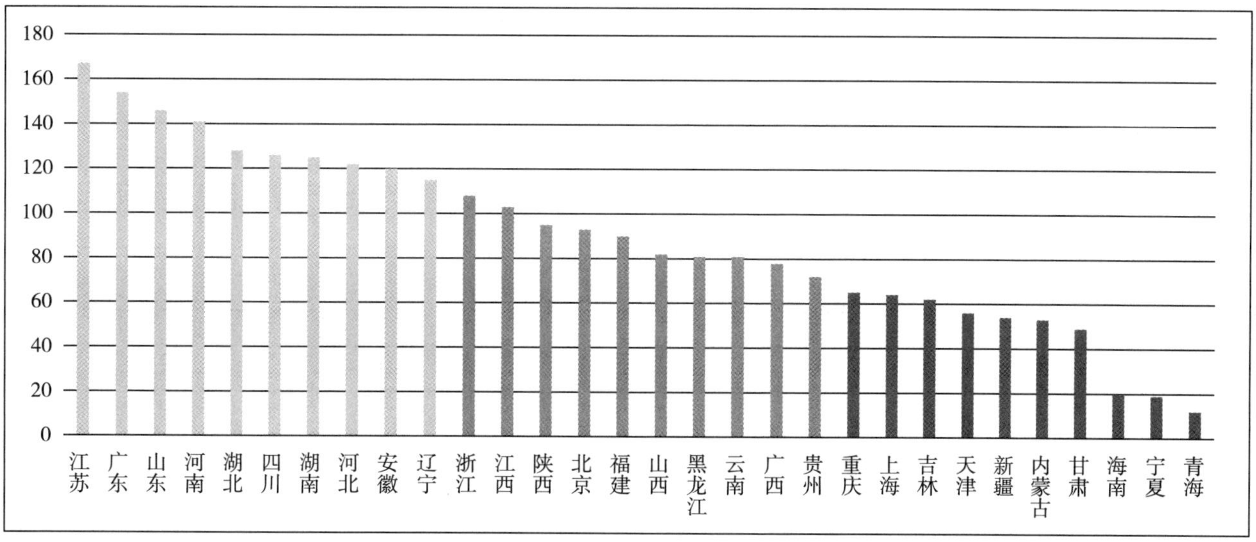

图 7-32 各省（区、市）高等院校数量

3. 研发机构数量

在图 7－33 中，标记为蓝色的省（区、市）研发机构数量较多，有利于为企业、政府等提供更多的高质量科研成果，可以推动科技创新活动高质量开展；标记为绿色的省（区、市）研发机构数量中等，有利于为企业、政府等提供较多的高质量科研成果，可以在一定程度上推动科技创新活动高质量开展；标记为橙色的省（区、市）研发机构数量较少，不利于为企业、政府等提供高质量科研成果，对科技创新活动的开展推动作用较弱。

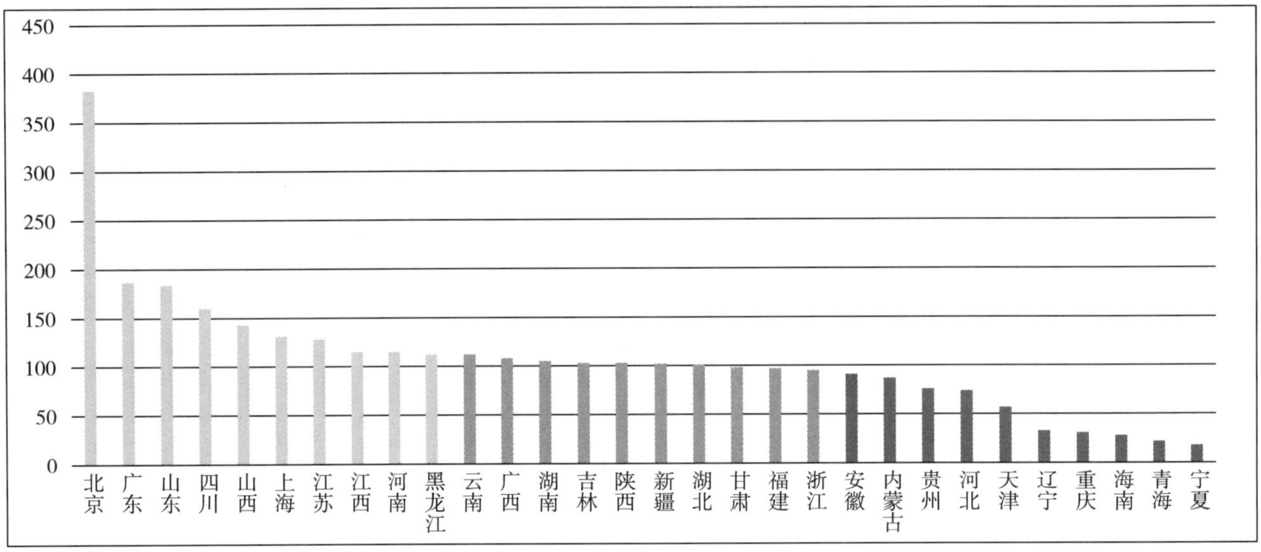

图 7－33 各省（区、市）研发机构数量

4. 高新技术企业数量

在图 7－34 中，标记为蓝色的省（区、市）高新技术企业数量较多，有利于促进更多科技成果的转化，可以更好地促进科技创新活动的开展；标记为绿色的省（区、市）高新技术企业数量中等，有利于促进较多科技成果的转化，可以在一定程度上促进科技创新活动的开展；标记为橙色的省（区、市）高新技术企业数量较少，相对不利于促进科技成果的转化，对科技创新活动的开展推动作用有限。

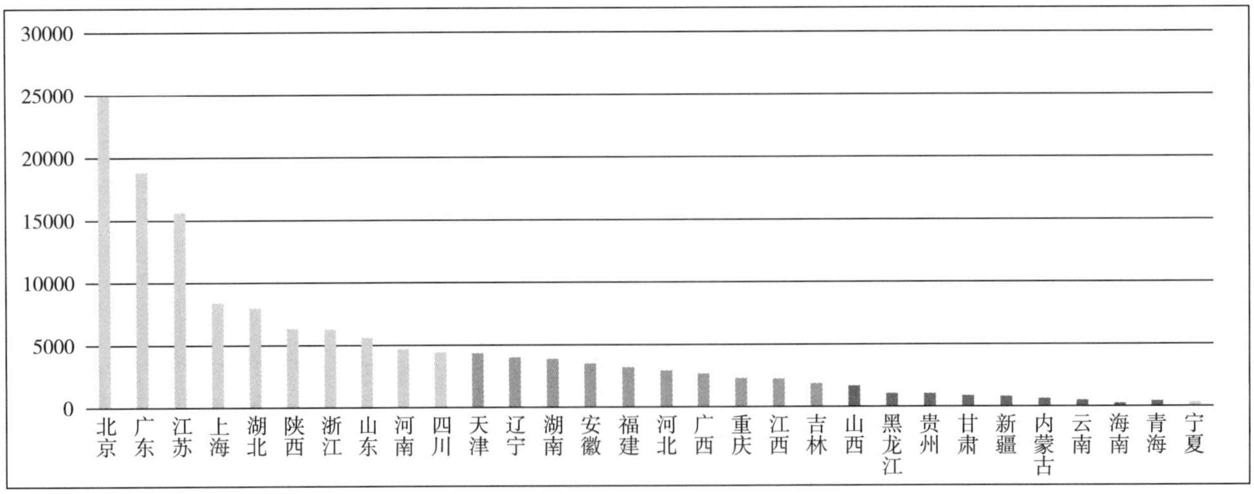

图 7－34 各省（区、市）高新技术企业数量

5. 人均专利数量

在图7-35中，标记为蓝色的省（区、市）人均专利数较多，具有较多的研究开发成果，具有浓厚的科技创新氛围，有利于促进科学技术水平的提高；标记为绿色的省（区、市）人均专利数中等，具有一定的研究开发成果规模，相对科技创新氛围一般，可以在一定程度上推动科技创新活动的开展；标记为橙色的省（区、市）人均专利数较少，科技创新氛围较差，对科学技术的推动作用有限。

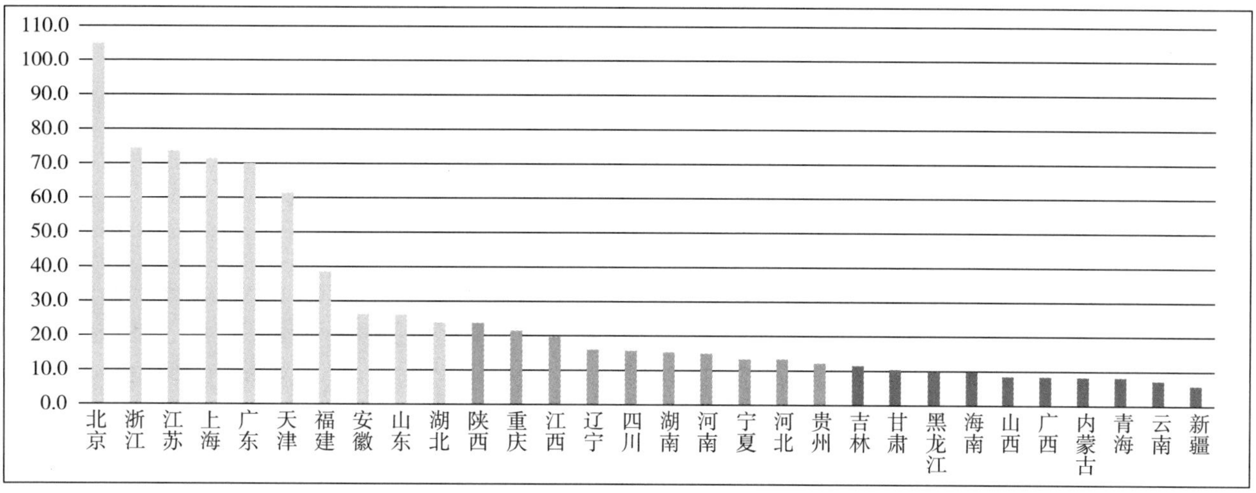

图7-35 各省（区、市）人均专利数量

7.6.3 政府支持环境

1. 财政科技支出

在图7-36中，标记为蓝色的省（区、市）财政科技支出规模较大，政府对科技创新活动的支持力度较大，能更好地促进科学技术水平的提高；标记为绿色的省（区、市）财政科技支出规模中等，政府对科技创新活动的支持力度一般，有利于促进科学技术水平的提高；标记为橙色的省（区、市）财政科技支出规模较小，政府对科技创新活动的支持力度较小，对科学技术的发展推动作用有限。

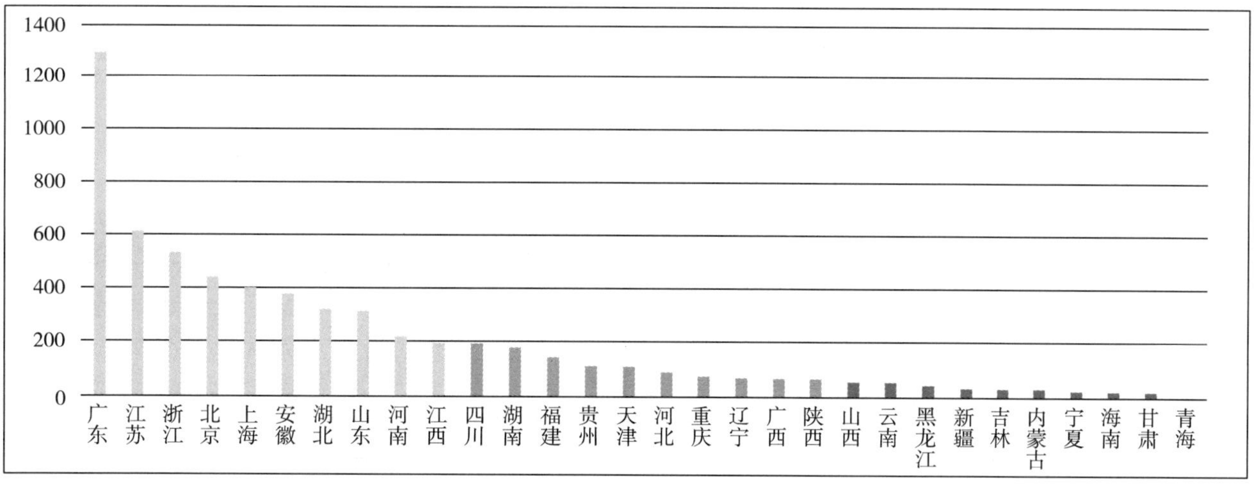

图7-36 各省（区、市）财政科技支出

2. 财政教育支出

在图 7－37 中，标记为蓝色的省（区、市）财政教育支出规模较高，有利于提高地方居民的综合素质，向社会输送更多的人才，可以更好地推动科学技术的发展；标记为绿色的省（区、市）财政教育支出规模一般，有利于提高地方居民的综合素质，向社会输送一定数量的人才，有利于推动科学技术的发展；标记为橙色的省（区、市）财政教育支出规模较小，不利于提高地方居民的综合素质，向社会输送的人才有限，推动科学技术发展的作用较弱。

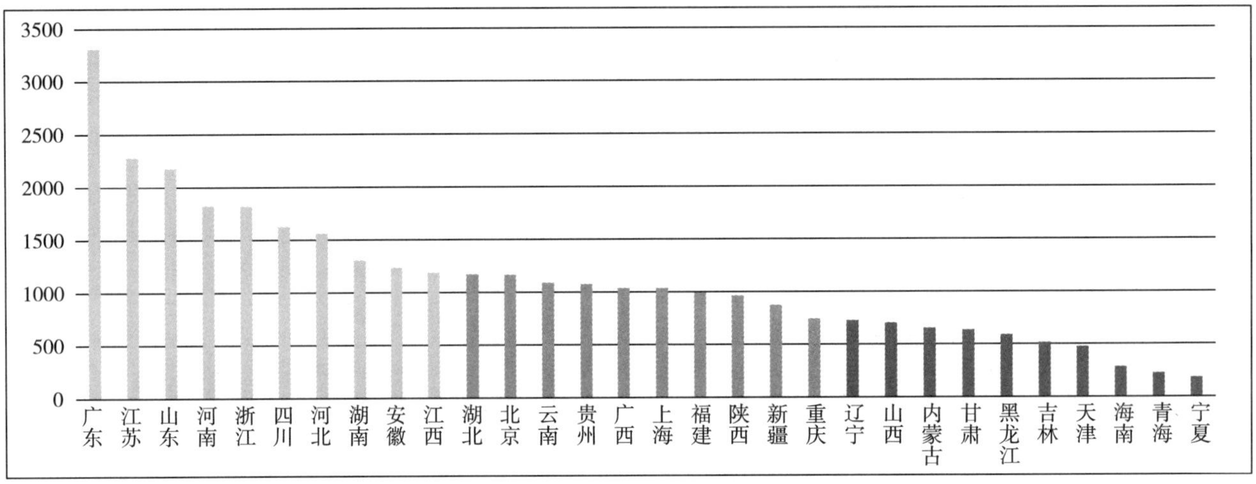

图 7－37　各省（区、市）财政教育支出

7.6.4　金融发展环境

1. 上市证券机构数量

在图 7－38 中，标记为蓝色的省（区、市）上市证券机构数量较多，证券业务发展成熟，可以更好地为科技创新活动的开展提供支持；标记为绿色的省（区、市）上市证券机构数量一般，证券业务发展不够成熟，可以为科技创新活动的开展提供一定的支持；标记为橙色的省（区、市）上市证券机构数量较少，证券业务发展一般，对科技创新活动的开展促进作用有限；而天津、内蒙古、江西等省（区、市）上市证券机构数量为零，证券业务发展较差，不利于为科技创新活动的开展提供支持。

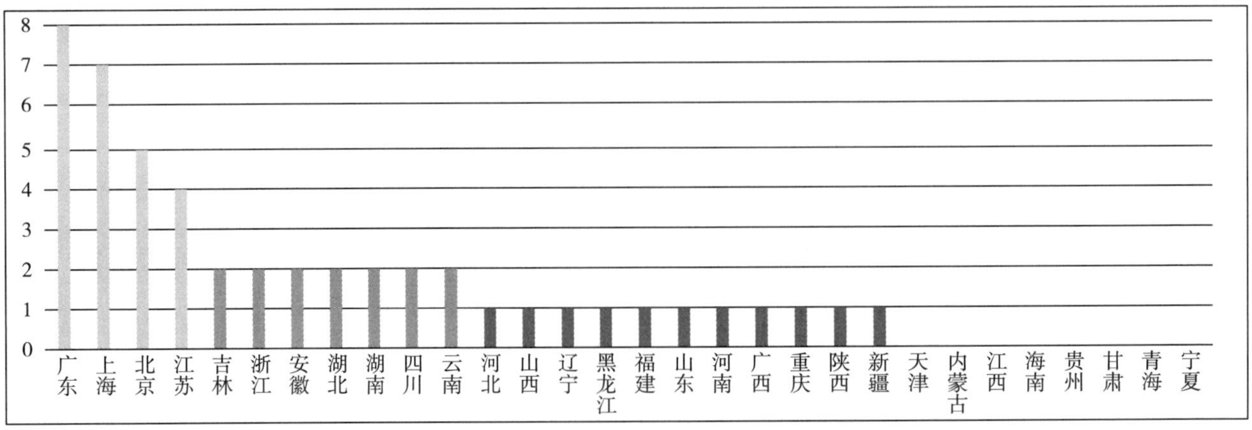

图 7－38　各省（区、市）上市证券机构数量

2. 金融机构存款余额

在图 7－39 中，标记为蓝色的省（区、市）金融机构存款余额较高，金融机构存款业务发展水平较高，金融机构有更多的存款资金支持科技创新活动；标记为绿色的省（区、市）金融机构存款余额一般，金融机构存款业务发展水平一般，金融机构有一定的存款资金支持科技创新活动；标记为橙色的省（区、市）金融机构存款余额较少，金融机构存款业务发展水平较低，金融机构对科技创新活动的支持力度有限。

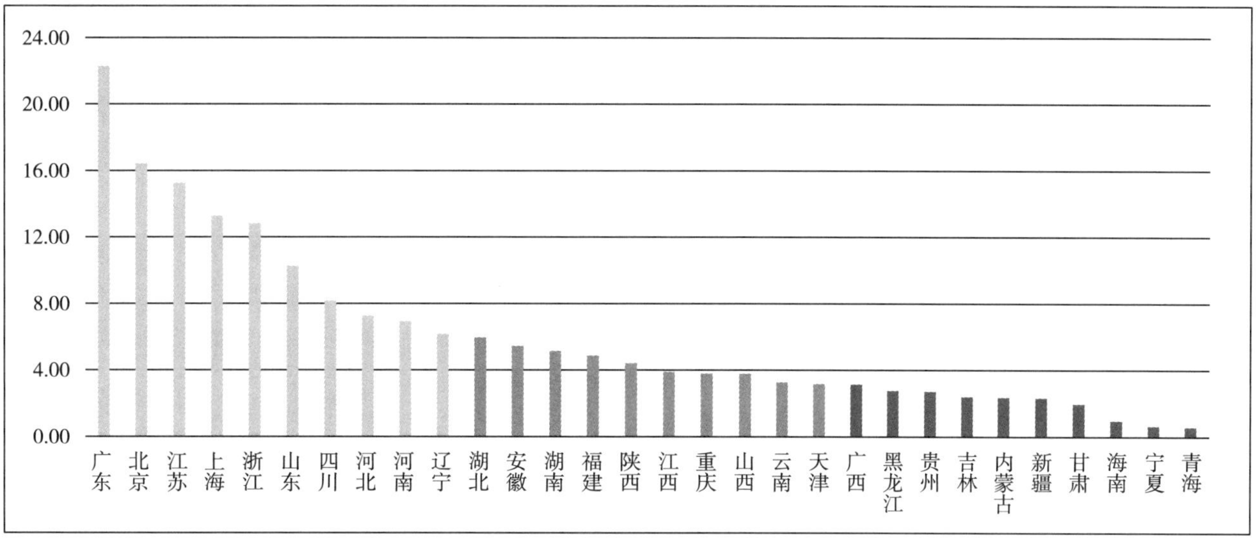

图 7－39 各省（区、市）金融机构存款余额

3. 金融机构贷款余额

在图 7－40 中，标记为蓝色的省（区、市）金融机构贷款规模较大，金融机构贷款业务发展水平较高，金融机构有更多的贷款资金支持科技创新活动；标记为绿色的省（区、市）金融机构贷款规模一般，金融机构贷款业务发展水平一般，金融机构有一定的贷款资金支持科技创新活动；标记为橙色的省（区、市）金融机构贷款规模较小，金融机构贷款业务发展水平较低，金融机构对科技创新活动的支持力度有限。

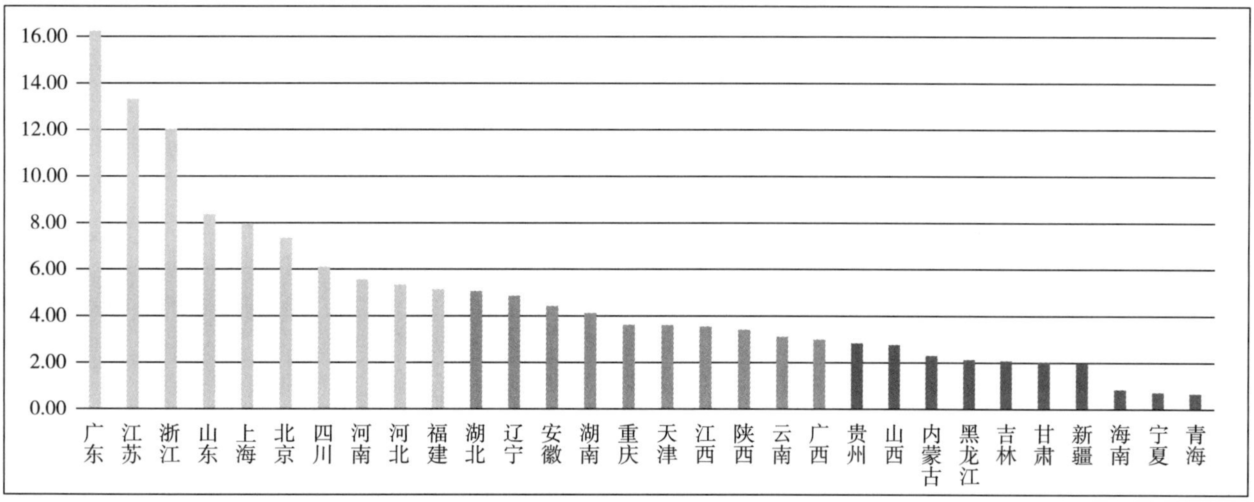

图 7－40 各省（区、市）金融机构贷款余额

第 4 篇　趋势篇

第 8 章　科技金融发展趋势展望

近年来，新一轮科技革命和产业变革的创新浪潮席卷而来，尤其是综合性国家科学中心的建设，引领起全国各行业科学创新的积极性。我国建设综合性国家科学中心有助于完善原有的创新基础体系，着力突破重大创新难点，打破科技发展瓶颈，为全国各行业发展提供创新性的科学支撑。在此趋势下，与综合性国家科学中心相关的科技金融也迎来了新的历史发展机遇，金融数字化转型向纵深发展，科技创新不断为中小企业的融资活动提供有力支撑，逐渐形成了“千帆竞发、创新者胜”的发展态势，科技金融惠民利企的能力得以充分发挥作用。

纵观全局，我国科技金融的发展虽然还面临着一些阻碍因素，但无论是在技术手段方面，还是从政策监管的角度来看，其发展都向着更加创新、更加包容的方向不断前进。本章基于综合性国家科学中心建设的背景，综合前文所述的理论和实践，对科技金融发展面临的阻碍因素、科技金融技术手段的发展趋势和科技金融政策监管的发展趋势进行研究。

8.1　科技金融发展面临的阻碍因素

依托综合性国家科学中心的创新平台，科技金融活动所能调动的技术手段可谓日新月异。科技金融作为科学技术赋能金融的新兴业态，其本身并未达到一种成熟的状态。因此，科技金融的发展无论是在技术还是在金融方面都存在着一些来自内部和外部的阻碍因素。

8.1.1　科技金融受到的内部阻碍因素

正如前文所提到的，综合性国家科学中心致力于创新活动，而科技金融依托于创新性的科学技术，这为其本身带来了高风险性、高门槛、匹配性和阶段演进性等特征。科技金融的这些特征为自身发展带来了许多阻碍因素：

1. 科技给金融带来新的风险因子

科技为金融企业获得资金提供了灵活手段，也给金融业带来了普惠、绿色和信任等优点，但同时也放大了金融参与人的有限理性。人为原因或是认知不全，技术不健全或是监管者的认知局限，均会使科技在金融业中寻找和结合新领域产生新应用时出现新的风险。其风险主要有：①监管者的“有限理性”，包括监管信息不完善、监管规则制定时依据不足、监管职能存在边界模糊问题、监管能力不足、绩效评估和决策困难等；②技术发展成熟度参差不齐、技术漏洞带来的安全问题；③科技金融发展不平衡、区域间技术分布和金融分布不平衡、认知存在差异导致的金融欺诈等违法犯罪问题；④企业投资成功后可能产生的经济效益的不确定性风险，以及多数科技型企业处于生命周期的萌芽和初创期，其面临较大的市场不确定性风险等。这些现实问题都增加了科技型企业资本的投资风险。

2. 融资渠道和成本垒高了科技金融门槛

综合性国家科学中心聚焦于前沿技术研究，而前沿技术无论从成本还是创新性来讲都具有极高的门槛。科技金融区别于普通投资有更高的门槛，其创新的高风险性和技术创新的外部性使得个体投资者和小规模机构投资者望而却步。这进一步限制了科技型企业融资的可得性，造成了融资渠道缺乏的困境。目前，我国的金融体系仍以间接融资为主，银行信贷是主要的间接融资方式，而这些商业银行的本质依然是盈利。因此，在考虑这些信贷项目时，商业银行会着重考察放款对象的资质，包括信用资质、抵押物的数量种类以及偿款能力，避免将来出现大规模的违约而对银行的经营造成影响。在这种背景下，没有合格担保的科技型企业就难以从商业银行获得信贷支持。另外，由于我国的资本市场制度尚未完善，大量科技型企业尤其是中小科技型企业难以在资本市场上获得直接融资。这就造成了科技型企业越需要融资时，因为达不到门槛而越得不到融资支持。

此外，由于这些科技型企业进行借贷的主要目的是解决当前经营生产的现金流问题，因此其融资特点带有短期的性质，规模也比较小。同时，科技型企业主要持有无形资产，而在固定资产等合格抵押物方面存在匮乏，这样的资产结构不符合金融机构甄选合格投资项目的条件，因此降低了其投资放款的意愿。投资机构为了确认其贷款真实性和当前资产的资质，需要进行严格的审批调查程序，这个过程进一步加大了科技型企业融资的时间成本。同时，由于科技型企业缺少合格的抵押物，考虑投资或者贷款风险，投资机构会提高贷款利率水平，这也造成了科技型企业因融资成本陷入难以融资的困境。

3. 错配带来结构性难题

如前文所述，综合性国家科学中心的特点可能为科技型企业的金融活动带来结构性错配的问题。一般情况下，科技型企业的财报信息不够完善，其本身经营的收益和风险就具有高度的不确定性，形成了内部的风险与收益的错配。与此同时，在现阶段的融资情况下，新型科技金融公司依然主要依靠股权融资和银行注资，许多企业的融资目的也具有复杂性，这就导致了投融资双方信息不对称等造成结构性的错配。创业风险投资退出机制大多是依靠设定短期投资目标、市场 IPO 上市结束后退出的方法。对于科技担保和科技信贷等这类金融服务，信用机制不完善、信息不对称等问题干扰了资金支持主体的评估和定价能力。科技中小型企业质量参差不齐且初期经营和管理等不够规范，这就使得中小企业“轻资产，少信用”和资金追求“低风险”之间出现矛盾。这种矛盾导致担保机构不愿担保、贷款机构不愿放贷、银行没有多少合作意愿等问题，进一步阻碍了科技金融的自身发展。

4. 科技创新不同阶段的操作复杂性因素

科技创新的每个阶段都具有独特的特点，企业的科技创新活动在不同的演进阶段都要对该阶段的风险变化做出有针对性的调整。与此同时，融资外部环境和自身企业的特点也增加了企业面临问题的复杂性，科技型企业在转移和控制风险操作时就需要极其谨慎，这也阻碍了科技金融的发展进程。

5. 科技和金融的耦合问题

在人工智能、大数据等新兴技术的影响下，金融业发生了深刻的变化，从金融理念到金融工具都有了创新性发展：一是大数据技术将金融数据转化为一种宝贵资源；二是技术支撑下形成了高频交易、供应链金融等新生态和新工具；三是新型媒体和网络平台为金融企业融资提供了多种渠道，为金融发展提供了沟通途径。但是，面对如此跨越式的发展以及层出不穷的短期创新方式，传统的金融机构和企业都没有做好充足的准备。例如，很多企业对金融的理解还停留在传统的支付、信用和资产的形式上，而金融资源的去中心化、移动支付、智能投顾、创业风险投资等新兴资源配置机制都超越了其目前认知水平。再如，传统金融机构手里掌握着宝贵的数据资源却没有强大的数据发掘能力，导致了其资金支持与企业融资需求匹配差的问题。这些问题造成了无论是融资需求企业还是资金支持机构都对技术认知不全面，对新兴技术带给金融业的创新发展没有充足准备。与此同时，监管者也难以做到监管的与时俱进，从而无法及时更新和适配相应的专业资源，导致金融监管边界也出现模糊不清的问题。科技的创新性变革得益于综合性国家科学中心的建设发展迅速，而金融业与科技发展的速度差就会导致科技与金融的协调配合出现问题。总的来说，这也就是科技和金融在耦合过程中出现了磨合问题。

8.1.2　科技金融受到的外部阻碍因素

1. 政府干预问题

政府在支持科技金融发展时，存在拨款机制不合理、财政扶持治标不治本和公共创业投资引导基金投入不足等问题。2007 年，我国政府为引导科技型中小企业创业投资建立了公共创业投资引导基金，该基金的运作模式主要有风险补贴和政府参股等。但是，随后出现了资金支持强度低、覆盖规模小等问题。中小企业融资问题在政府参与后得到缓解，但想要继续发展就需要持续的资金支持。我国政府采取税收减免、转移支付等方式扶持科技贷款、科技保险、创业风险投资等手段的发展并不能达到可持续的目的。融资难、融资贵问题要想得到根本性解决，还是要靠政府各部门在立法、制度等层面努力探索，不能停留在指导意见、规章规范的层面。最后，我国对诸如创业风险投资等科技金融手段的扶助大多停留在财政支出方面，且大多数拨款资金流向了发达地区，更需要资金支持的经济落后地区获得的优惠款项反而很少。与此同时，这类专项资金又具有高门槛的特点，这就造成了无论是中小企业，还是为中小企业提供科技贷款等金融服务的机构，它们都难以获得资金支持，流向发达地区的资金发挥的扩散效应有限。因此，我国政府有待于进一步优化拨款机制的合理性。

2. 区位差异问题

经济发达地区对科技创新投入高，金融体系也较为成熟，从事科技担保、科技保险、创业风险投资等业务的机构较多，科技手段更迭速度快，而西部等落后地区恰恰相反。这既有行政管理的因素，也有体制问题带来的抑制作用。因此，要想实现科技金融的多样化发展，就要解决好这种资源区域配置失衡的问题。

3. 监管问题

科技金融业的发展对金融业的监管提出了新的挑战：一是科技金融的市场化、交叉化特征，使得主要金融服务市场主体多元化，传统的“栅栏式商业银行与网上贷款风险传导渠道简单分离”面临重大挑战；二是随着科技金融发展呈现出分散化趋势，金融风险也呈现出分散化的特点，现存的“自下而上”式监管路径也面临新的挑战；三是监管部门对新型金融业态的认知无法达到专业性要求以及实时跟进，对新兴金融业态的逻辑架构和业务模式等缺乏全面成熟的理解，致使监管部门往往无法及时做出准确判断。显然，金融技术的健康有序发展必须伴随着适当的金融监管政策，其挑战在于如何打造灵活前瞻的监管框架，在满足科技型中小企业合理融资活动的同时实时追踪资金状态，确保市场环境稳定，推动金融创新活动健康有序发展，维护金融消费者权益。

以前文所述的“监管沙盒”为例，我国虽然借鉴了英国的“监管沙盒”模式，但仍存在许多不足之处。一是监管主体有待明确。就沙盒项目而言，其具有类型多、范围广的特点。沙盒项目所涉及范围已经不是单一行业，而是多个行业的联合体。就沙盒监管主体而言，目前监管沙盒有关政策的制定由中国人民银行发布，而主管银行保险业、证券期货业的银保监会和证监会并未参与其中，涉及银行保险、证券期货的沙盒项目可能无法得到相应的监管。“监管沙盒”的监管责任主体不明确会不利于“监管沙盒”的监督和指导。二是准入机制有待完善。中国的“监管沙盒”内获得准入资格的都是拥有许可证的金融机构。非持牌金融机构不能独立申请进入“监管沙盒”，必须与持牌金融机构一起申请。事实上，对于相同的创新产品或服务，根据竞争中立的原则，合格的非金融机构也应该有资格申请盒子测试。目前，英国、澳大利亚和新加坡等国家的非金融机构均享有独立进入“监管沙盒”的资格，但是中国对于企业申请进入“监管沙箱”还未制定明确的标准，这可能会导致真正具备创新技术的企业缺乏相应的渠道进入沙盒测试。三是退出机制有待明确。其他国家和地区“监管沙盒”往往对沙盒退出机制有较明确的规定，而我国“监管沙盒”在这些方面未能做出明确规定，这可能产生以下影响：一是测试失败产品若仍在沙盒里，可能会侵犯消费者的权益；二是测试成功产品的市场推广可能会受到影响。因此，我国未来的监管实践还有很长的路要走。

4. 现存金融体系模式受限问题

现行的金融体系运行模式对科技金融发展的限制主要体现为金融体系的信用评估机制不健全。对于初创期等发展前期的中小企业难以进行估值，对于企业的知识产权也难以定价。现存金融体系内的信用评估机制无法全面甄别企业的优劣，对于失信企业的惩戒机制也不能有效运行。这就导致了企业诚信缺失，资金没有流向有价值的企业，出现资源配置效率低下的问题。

8.2 科技金融技术手段的发展趋势

现阶段我国科技金融虽然面临复杂多样的问题，受到内外部阻碍因素的影响，但是蓬勃发展的趋势依然强劲。尤其是在综合性国家科学中心引领的科学创新浪潮下，科技金融的相关技术将不断得到系统化整合，手段将不断更新、功能不断融合、保障体制不断完善、各金融主体参与更加高效。

8.2.1 将建设技术协同的高效互联系统

得益于综合性国家科学中心的引领，我国科技创新链条为金融不断输送新鲜的血液。大数据技术作为基底可以完成底层数据的搜集与分析，在经营分析和精准营销等领域的应用也没有太高的门槛；云计算能够快速高效地实现数据的深度分析；人工智能技术能够参与重构金融模式、程序化信息匹配和自动化服务等过程；区块链技术保证交易安全性并降低了金融交易的中介价值。

1. 多技术趋于系统性整合，协同服务金融

四种技术是科技金融不可或缺的重要组成部分，但是目前的科技金融模式大多仍处在各自为战的状态。在整个金融运行链条上，这些技术都能找到可以协同发展的部分，进而组成技术系统，共同服务于金融创新发展。大数据技术作为基底提供金融企业的交易需求、信用状况等数据，充当技术系统的起始端；云计算负责对数据进行快速收集、清洗、处理、分析、评估等环节；人工智能技术进行信息匹配、超前性数据洞察、交易模式重构、自动化服务等工作；区块链技术以其独特的信用传递机制去除金融中介化，提高交易和服务效率，保障金融安全。由此可见，技术系统性融合后协同服务于金融活动，将进一步补足综合性国家科学中心的生态建设。如此，技术整合带给金融体系更高的效率和安全性，技术进行系统性整合以支持金融资本活动才是未来趋势。

2. 以技术为基础的“企业—网—金融”高效互联系统将在未来成型

5G 技术的出现为已有技术提速，使“万物互联”成为耳熟能详的概念，同时为科技金融带来相同的发展机遇。互联网技术大大提高了不同区域尤其是城乡中小企业对金融服务的可得性，也促进了金融资本服务空间进一步扩张到城乡区域，助力形成金融的区域互联。此外，大数据、人工智能等技术能将农业生产、城市运营等不同行业连接为一个系统，实现各行业企业数据整合、智能决策等功能。综上所述，未来科技金融势必也会建立起“企业—网—金融”的高效互联系统。

8.2.2 科技金融将实现功能联合

科技金融一旦拥有了系统化技术的支撑，就能将每个参与金融活动的主体由点连成片，形成网状结构。科技金融也将实现手段多元化融合、功能区块融合、产业集群化，进而促进科技金融提速发展。

1. 功能区块融合和产业集群化

无论是国外综合性国家科学中心的经验，还是我国综合性国家科学中心的实践来看，科技金融都会朝着功能融合的方向发展。例如北京和合肥等城市的实践预示着统筹推进科技金融功能区建设，通过搭建科学城园区、服务平台、金融城等，挖掘并充分发挥片区特色功能，将科技金融资源有机融合，集中力量引出各地特色功能的潜力，各功能相互呼应配合，

构建动态的科技金融产业生态圈。

此外，我国综合性国家科学中心的实践经验显示，金融资源配置和产业结构等也是需要关注的重要问题。未来依托现有政府引导的基金为基础，引导投资机构为创新产业链集聚蓄力，投资机构将加强与科技园区的联系，构建科技金融信息和服务平台，搭建起区域间和产业间的沟通桥梁，让中心园区带动片区发展，片区带动整个产业生态建设。科技金融将不断扩大服务范围，加快产业资源集聚，激发出自身创新活力。

2. 手段融合多元化

科技金融随着技术的日新月异，其科技服务于金融的手段也日渐成熟，丰富的技术在未来将具有无限的可能性，其多元化融合将不断演化出新的技术手段，以服务于我国金融建设：①“投、贷、贴、保”联动的投入新方式。传统的以“拨”为主的科技金融投入方式未来将改为“风险投资＋银行贷款＋政府补贴＋信用担保”联动的模式，为科技型企业打造一站式金融服务。单一层次的科技金融投入方式可能导致效率低下、寻租腐败等问题，多层次、多元化的资本投入体系才是解决科技型中小企业融资问题的有效途径，是支撑科技金融发展的成熟模式。②“科技＋供应链融资”是金融手段创新的新方向。未来供应链金融将有效利用大型企业的优秀商誉和履约能力，帮助处于供应链上下游的科技型中小企业进行融资，而科技将提高上下游融资的效率。供应链金融不仅可以解决融资问题，还有助于提升供应链内参与主体的整体质量和稳定性，最终达到银行和供应链内成员多方共赢的效果。③“科技＋知识产权融资”的新手段。目前学者对知识产权融资的研究主要是利用市场法、成本法等方法，以及尝试采用知识产权证券化的方式进行融资。但是知识产权融资具有许多风险，例如法律风险、评估和变现风险等。相关部门可以将这些风险进行控制并利用金融创新额外构建一个知识产权交易市场，或者建立专门的、由多方力量组成的、有完善知识产权评估和风险控制体系的筹融资平台。这将填补科技型企业的融资“死角”，完善现有的科技金融市场融资手段。

结合已有实践经验不难看出，多元化的技术融合可以有效填补单一技术带来的漏洞，多元化的手段互相配合也能更有效率地服务于科技型企业，打造完整高效的服务链条，加快企业创新成果转化，最终促进科技金融实现良性循环。

8.2.3 科技金融体系趋于完善

当科技金融无论是手段还是功能都日趋完善时，就需要一个完善的体系来保障科技金融的有序健康运行。

1. 各主体参与联动更加有效

我国创业投资、担保机构和银行等机构服务体系不够立体且对全国范围内的科技型企业投资和服务并不均衡，各金融主体参与联动效率不高。未来科技金融将着手建立多层次、立体的科技金融服务体系。在这个体系内，创业风险投资机构承担引导投资的作用，担保机构为中小企业进行融资担保，银行开展投保贷联动业务并建立相匹配的项目评估、投贷管理、风险控制和退出机制，商业保理、保险信托机构积极参与，建立知识产权服务机构拓展融资路径，于是“多方参与、共担风险的科技金融体系”便构建成功，以此服务全国范围内科技型中小企业的融资需求。

此外，完善多层次资本市场，建立以资本市场为核心的科技金融体系是我国科技金融发展的核心内容。未来将建成更加活跃的多层次资本市场，建成阶梯式融资机制。该机制一是考虑企业规模、成长阶段和模式等进行阶梯融资；二是推动资本市场分层化，采用“自上而下”的方式完成全国性和集中性市场向地区性和分散化市场的过渡。

值得一提的是，在综合性国家科学中心建设的背景下，金融桥梁既有独特的技术优势，又能发挥其中介作用。金融中介机构是科技金融的重要参与主体。未来将可能出现以银行等金融机构中介作用为主导的一个更为完善、更有效率的科技金融服务链。一方面，综合性的科技金融服务平台内信息交流更加高效流畅，全程参与科技型企业各发展阶段；另一方面，金融中介机构的信息将会与国家实现部分共享，为国家全面有效实施监管提供“反哺”。

2. 科技保障机制更加完善

科技金融的各个参与主体被充分调动起来，有效参与科技型企业的金融活动，就能建立一个灵活有效的体系。为保障这个体系的安全运行，科技金融未来将部署健全的风险防控机制，政府继续加大对科技保险政策的支持力度。此外，科技对于风险补偿机制的助力将可能实现补偿资金池与企业一对一建立服务的机制，降低风险，实现企业增信。

对于联动的金融机构等参与主体而言，一方面，科技型企业的资金风险相较于传统企业要大，监管部门将对参与联动业务的准入标准进行完善并规范，更加积极适当地引导银行与外部规范机构展开合作；另一方面，监管部门将进一步明确监管细则，给予政策支持，加快推进多层次市场以及风险资本退出机制的建设。如此，参与科技金融业务联动的各个主体，既能安全有效地参与和管控风险，又能及时退出，最终以科技为支撑为科技型企业的金融活动构建出一个全流程保障机制。

8.3 科技金融政策监管的发展趋势

如前文所述，综合性国家科学中心既为科技金融注入了创新活力，也带来了很多不确定因素。例如，科技金融关于技术融资的广泛应用不仅加深了金融信息的安全风险，而且对金融信息的安全管控提出了严峻的挑战。科技金融赋予整个金融业务流程的数字化便利却带来了信息披露风险，创新的科学技术在金融投融资活动中不仅提供助力也有滥用风险等，这些嵌在科技金融中的风险给监管政策的制定带来了很大的不确定性。为应对这些风险挑战，国际和国内的监管部门出台了许多有针对性政策，这些政策监管将来仍会继续得到创新发展和灵活实施。

8.3.1 国际监管的发展趋势

国际上，英美作为全球性的科技金融大国，其颁布的监管政策和法律规范都具有很强的代表性。尤其是2008年全球金融危机发生以来，各国反思科技金融的政策监管存在十分突出的内在矛盾，监管手段和监管政策均无法满足发展要求，大多数科技金融活动在监管之外活动进而导致了监管套利的发生。于是以英美为代表的各国开始探索并实践新的科技金融政策监管方式。这些探索和实践给科技金融的发展指明了方向。

1.“监管+科技”将演化出成熟的科技监管方式

目前国际上没有对科技监管达成统一的标准概念。随着区块链、云计算等技术的日新月异，金融机构开始以技术支撑获得极低的监管合规成本，应用的范围也逐渐扩大。为了提高监管效率，监管部门亦可以在监管过程中运用科技方法进行监管活动。科技监管能够有效地识别科技在支持金融活动时的合规风险，对金融机构、企业和监管部门提供技术支持。

时至今日，面对日益复杂的合规监管工作，监管政策已经出现不能及时跟进监管要求的现象。相比之下，科技监管在美联储对金融行业内的资产评估和压力测试中都展现出了高效率和高能力的素质，为合规监管提供了技术效率、数据分享、数据见解和平台发展等方面的支撑。针对科技金融活动中数据质量差异化、信息资源短缺、网络安全威胁等多方面的难题，科技均能使监管减少操作失误、全面监控金融活动。在未来，科技监管将逐渐受到更广泛的青睐，并在管理信息、交易活动、互动监测等多领域发挥作用，监管方式将朝着监管科技方向逐步演进。

2.“监管沙盒”方式将被广泛应用

面对科技金融的突飞猛进，英国金融市场管理局从2014年的“创新项目”中孵化出“监管沙盒”政策。“监管沙盒”为企业活动提供了一个“法外空间”，准入公司在这个空间中测试产品或模式的风险，进而寻找解决方案。与此同时，监管部门也在监管过程中可以评估所见风险，预判未来监管政策是否需要调整，进而为企业健康融资和监管政策适配留出充足的空间。

“监管沙盒”有严格且规范的准入标准：什么样的企业有准入资格，怎样识别科技金融企业是否为真正的创新，如何让金融消费者受益，企业是否真的需要沙盒测试，企业是否为测试做好了准备。可见，“监管沙盒”已具有较为全面且成熟的标准。该监管政策具有创新性和实用性，不仅可以促进科技支持金融进行创新竞争，同时也为各方提供了高效的金融服务。因此，该政策目前已得到许多国家和地区的借鉴学习，例如新加坡、澳大利亚等。相信未来“监管沙盒”政策会得到更广泛的应用。

8.3.2 中国政策监管的发展趋势

1.“政府+”的新模式

近年来，我国的科技金融发展虽然针对中小企业融资问题逐渐出台了许多扶助和监管政策，但是政策多为财税政策且具有单一性，组合型支持政策匮乏。同时，政府和市场缺乏有效合作机制，政策和制度设计并没有有效地引导和监督社会资金流向，融资问题没有得到有效的解决。

为解决以上问题，我国在未来将进一步放松科技金融业务创新的政策管制，积极鼓励金融改革和创新。例如，未来商业银行将由单一债权转变为“股权＋债券”；科技贷款证券化产品逐渐出现在市场上；政府全面放开银行衍生品交易。此外，未来或将构建以政府为主体、多方主体参与的“政府＋”科技金融模式。例如：“政府＋银行”模式，即以政府为主导，建立全国科技金融政策性银行，赋予该银行中介作用，以加强政府对经济的政策传达和导向；“政府＋银企”模式，即以政府为主导，推动搭建银行和企业对接的全国性服务平台，政府依托政策和传统银行的信贷模式，匹配科技型企业的融资需求，进而搭建银企沟通的桥梁；“政府＋各类机构”模式，即以政府为主导，推动实现金融控股集团“全牌照化”，允许这类集团直接参与科技金融业务，或以入股或创投的形式间接参与，如此调动银行、创投和其他金融机构的合作联系。在“政府＋”模式下，政府作为引导各方的主体，不再仅仅以第三方视角来看待科技金融活动，而是在参与科技金融活动的同时获取各方信息，如此监管部门便可以做出更有针对性和时效性的政策，以此实现监管目标。

2. 科技监管将登上监管舞台中央

科学技术不仅能为监管带来风险压力，也能带来变革机会。科技金融的飞速发展催化了大数据、人工智能等新技术与监管方式的不断磨合和合作，并催生出监管科技，这将有力地提高金融监管的质量和效率。其中，监管科技致力于通过使用创新技术，包括数据分析、监管报告、风险管理等领域的自动化解决方案，有效监控、转变和遵守监管标准，或许会成为未来中国制定监管政策时从规则治理到原则治理再到科技治理转变的一个新思路、新方法。

3. 打破跨界混业困境是监管探索的新方向

如今我国企业许多都存在以科技为外壳而实际进行金融业务的现象，未来的监管政策必将克服这种复杂混业经营带来的不确定性风险，如明确划分出科技型企业和金融企业的业务界限等，科技型企业和金融企业、科技创新活动和金融活动将各司其职、各站其位。回看互联网金融时期，企业基本是依靠众筹、P2P 等方式进行融资。科技公司主要以向金融企业或者金融机构提供技术服务为目标，例如数据类服务、基础 IT 供应和互联网门户等。随着科技金融不断演化发展，科技型企业和金融企业的业务范围出现不断交叉混合的现象，不同业务之间的界限被双向打破，这为监管政策的研究和制定带来了巨大困难。因此，未来监管政策如何打破跨界混业监管困难，既实现更具有针对性和时效性的监管，又不阻碍科技金融的正常发展，将成为新的探索方向。

第9章 优化科技金融体系建设的对策建议

党的十九大报告明确指出，中国经济已经由高速增长阶段转向高质量发展阶段。科技创新作为高质量发展的重要驱动力，如何得到有效推动至关重要。综合性国家科学中心是国家科技领域竞争的重要平台，是国家创新体系建设的基础平台。建设综合性国家科学中心，有助于汇聚世界一流科学家，突破一批重大科学难题和前沿科技瓶颈，显著提升中国基础研究水平，强化原始创新能力。科技金融作为一国或地区科技资源配置的核心力量，其发展完善程度决定了科技创新活动的广度与深度。同时，科技金融内容范围庞大，结构复杂，涉及的主体呈现多元化特点。因此，建立一个能为科技创新提供充足支持的科技金融体系至关重要。

基于上述背景，本书以综合性国家科学中心作为研究对象，采用理论与实证相结合的方法，对综合性国家科学中心的科技金融发展现状进行详细分析，找出综合性国家科学中心科技金融发展过程中存在的问题，并进一步结合前文对科技金融系统的基础理论、基本特征、体系构建和绩效评价等方面的考察研究，提出优化综合性国家科学中心科技金融体系的路径和政策建议。

9.1 强化统筹管理，优化平台服务

改革开放40余年来，我国出台了若干政策推动科技金融的发展。2006年出台的《国家中长期科学和技术发展规划纲要（2006—2020年）》、2011年出台的《关于促进科技与金融结合加快实施自主创新战略的若干意见》以及2014年出台的《关于大力推进体制机制创新扎实做好科技金融服务的意见》均是我国推动科技金融发展的有益尝试。经过多年发展，我国科技金融政策日益丰富，为我国构建一个完备的科技金融体系提供了制度保障。但随着进入新时代，我国对科技金融的发展提出了更高的要求。聚焦于综合性国家科学中心，完善科技金融体系有利于资金对人才、信息、数据等创新资源的支持。因此，应进一步强化对科技金融的统筹设计，并提供相应的服务。

9.1.1 完善科技金融体系顶层设计

一个完备的科技金融体系包含多个要素和子系统，其具体业务领域又涉及多个政府职能管理部门。我国中央和地方政府均出台了相关政策法规推动科技金融发展，但这些政策普遍缺乏全局性和系统性，政策之间也缺乏联系，这种现象使得现有政策法规对科技金融发展的

促进作用有限。在我国进入新时代的背景下，高质量发展对科技金融提出了更高的要求。因此，我国需要完善顶层设计，制定配套的指导意见、实施方案和政策措施。

国家有关部委在制定国家科技金融中长期发展规划纲要时，应符合国家进入新时代的背景，应充分发挥政府引导的作用，并以市场配置科技金融资源为基本原则，规划重点应涉及科技保险、科技信贷、资本市场、政府引导资金、政府财政科技投入等内容，同时应大力推动科技金融服务平台的构建，注重科技金融不同领域、业务之间的交叉与融合，并在科技金融政策方面提出发展目标以及相应的任务。各个综合性国家科学中心应结合当地的发展情况制定各有侧重、各具特色的科技金融发展规划，或者结合当地科技金融发展的基础条件制定各项发展规划。综上，国家应进一步推动科技金融体系的顶层设计，制定系统性和全局性的发展规划，为科技金融的发展指明方向。各个综合性国家科学中心要以国家制定的总体发展规划为基础，结合当地情况构建相应的科技金融发展规划。在政策制定过程中，政府各个部门需要相互配合，既要避免“多个部门多个政策”，也要避免政策的单一性，着力提高政策的协同性。

9.1.2　推动区域科技金融协调发展

我国区域经济呈现出明显的波动趋势：东部地区经济发达，生产力水平较高；西部地区经济欠发达，生产力水平低下；中部地区则位于两者之间。经济发展水平是决定科技金融发展程度的重要因素。在经济发达的地区，由于资源聚集、产业集中、技术先进等原因，科技金融发展水平较高；而在经济欠发达地区，由于产业失衡、人才缺失，科技金融发展水平较低。由前文的综合性国家科学中心科技金融发展状况评价分析得出，我国各个综合性国家科学中心之间的科技金融发展存在较大的差异。基于此，笔者提出如下建议。

1. 完善科技金融区域联动机制

(1) 推动科技金融发展水平较高地区和较低地区的联动，推动区域间科技金融资源的流动，有效降低科技金融要素资源流动壁垒。科技金融发展水平相对落后的地区结合自身的发展现状并借鉴发达地区的发展经验，构建适合自身发展的运行模式。

(2) 打造跨区域的科技金融信息交流机制。这包括开展跨区域的信息交流，签订跨区域的科技金融信息资源共享协议，开展实质性的科技金融信息资源共享、开发、交流与合作等。

2. 推动科技金融区域协调发展

根据各个综合性国家科学中心科技金融的发展现状和特点，制定合理化、专业化、适宜化的科技金融体系建设方案和政策支持体系，在整体上促进综合性国家科学中心科技金融的均衡发展。

(1) 科技金融发展水平高的综合性国家科学中心：应进一步发挥引领作用，加强区域间协调合作，推动全国科技金融协调发展。同时，应进一步借鉴学习国外发达国家的科技金融发展经验，并结合自身情况，推动具有国际水平的科技金融体系建设。

(2) 科技金融发展水平低的综合性国家科学中心：一方面，应学习科技金融发展水平高的综合性国家科学中心的建设经验，制定符合自身发展的科技金融政策；另一方面，应推动财政投入机制体制改革，加大科技金融投入规模，围绕创新创业链建设科技金融生态环境，增强科技金融创新功能。

9.1.3 强化政府引导、推动政府转变

我国自改革开放以来，政府在制度变迁中扮演着极其重要的角色。因此，在科技金融发展过程中，各个综合性国家科学中心的地方政府应充分发挥支持引导作用。

第一，我国科技金融的发展需要明确政府的主体地位，充分发挥政府的引导作用。政府在科技金融发展过程中发挥着多重角色。一方面，政府作为科技金融的参与者，在各方面发挥着积极作用；另一方面，政府作为引导者和调控者，通过实施相关政策解决科技金融发展过程中出现的若干问题。政府掌握着政策制定和资源分配的权力，通过制定全国性的科技金融发展政策，打通各个地区科技金融发展的界限，使得资源能够合理流动分配，减少了各地区不同发展模式之间的冲突，有效促进了科技与金融之间的融合。第二，政府应推动职能转变，适当简政放权，给予科技金融自由发展的空间。政府应以市场的需求和供给、竞争和平衡为出发点，充分发挥市场的调节作用。

9.1.4 推动科技金融服务平台的建立

作为金融机构合作模式的创新，科技金融平台通过合理的定价和分配来组织各种金融服务，各个综合性国家科学中心应加强科技金融服务平台的组织架构建设，建立多层次、全方位的科技金融服务体系。具体建议如下：

1. 政策支持

一方面，通过出台推动科技金融服务平台发展的相关政策，为科技金融服务平台的发展指明方向；另一方面，通过财政补贴、税收减免等方式给予科技金融服务平台相应的资金支持。

2. 网络运用

充分运用互联网科技所带来的便捷性与高效性，探索“科技金融服务＋互联网”的运营模式，推动建立信息收集、存储、分析、共享的网络系统。

3. 区域协同

为避免各地区重复建设科技金融服务平台的问题，应建立区域层面的科技金融服务平台，使得科技金融产品、服务和信息资源在区域平台汇聚。同时，支持跨区域科技金融服务平台建设，如建设跨区域综合性国家科学中心的科技金融服务平台以及综合性国家科学中心城市间的科技金融服务平台，为各个综合性国家科学中心创新能力提升提供有力的科技金融支撑。

4. 信息交流

加强与企业、高校、科研院所、行业协会等机构或单位的联系，建立各类服务联盟或战略合作伙伴关系；推动与同类科技金融服务机构的交流合作，通过彼此学习，提升服务能

力；建立跨区域的科技金融信息交流机制，包括定期以会议、报告的形式开展跨区域的信息交流，通过跨区域签订科技金融信息资源共享协议，开展实质性的科技金融信息资源共享、开发、交流与合作等活动。

9.2　提供适宜环境，吸引资本进入

创新具有高投入、高风险以及不可逆的特点。从前期产品研发到小规模试产再到大规模生产，每一步都需要大量的资金投入。企业自有资金往往无法提供创新所需资金，因此外部融资对企业创新至关重要。但金融机构基于自身风险的考虑，往往不愿意将资金贷向高风险领域。因此，企业均面临着不同程度的融资约束。基于此，一方面，综合性国家科学中心应推动地区创新创业环境的建设，从而为企业创新创业提供相应的外部支持；另一方面，应引导各类资本进入科技金融领域，扩展科技金融供给途径。

9.2.1　优化创新创业环境

近些年，国家大力推动创新创业环境建设，以推动创新发展战略。创新创业环境包括以金融、文化和政策支撑为主的软环境和基础设施配套等硬环境，创新创业环境是促进创新创业的主要推手和关键保障。科技金融作为创新创业环境的一个维度，创新创业环境的优化也意味着科技金融体系更加完善，能为企业提供更强大的资金支持。

9.2.2　建设多层次金融服务体系

不同生命周期的企业面临的融资约束程度不同。因此，构建适用于企业不同生命周期的金融服务体系至关重要。具体来看，企业在创业、成长、成熟和衰退的四个不同阶段有着不同的金融需求。各类主体如企业、投融资机构、政府、中介机构都应了解企业生命周期中呈现的规律，创造性地整合不同阶段的金融资源，实现效率最大化。综合性国家科学中心更应该为科技型企业在生命周期的不同阶段规划不同的金融服务平台，形成一体化、多层次的金融服务体系，实现各个综合性国家科学中心、金融机构以及其他科技金融参与主体共同发展的格局，以公共财政体系为技术创新提供良好的发展环境。

9.2.3　完善多层次资本市场

完善多层次资本市场，既是完善科技金融系统的需要，也是抵御系统性金融风险的必然要求。一方面，多层次资本市场体系的建设完善为金融服务实体经济提供了更加完备的渠道，有助于提升服务能力和服务水平；另一方面，多层次资本市场可以更大程度地提高资源配置的效率，充分发挥资本市场直接融资的优势，从而帮助企业更加稳定高效地获得资金。为了进一步促进综合性国家科学中心多层次资本市场的健康发展，笔者给出以下几点建议。

1. 完善资本市场相关制度

重点健全新股发行注册制度、信息披露制度、违规处罚力度等；深化新三板分层制度改

革，充分发挥风险控制功能和为科技型企业提供融资、交易等方面的金融服务功能；适时评估科创板注册制的运行效果。

2. 完善资本市场“转板制度”

“转板制度”是连接各个层次资本市场的桥梁，是资本市场中重要的组成部分，应进一步完善资本市场“转板制度”，设置合理的升板和降板门槛，实现不同板块之间的便携转化。

3. 推动债券市场建设

推动科技金融体系的建设，一个发达的债券市场必不可少。近些年，我国债券市场发展迅速，但总体而言，我国债券市场还不够成熟，主要存在以下问题：①债券一级市场发行规模小，缺乏丰富的债券种类；②缺乏高效的债券二级市场；③缺乏债券评估机构和评级机构。上述债券市场存在的问题也集中于各个综合性国家科学中心。针对债券市场存在的问题，笔者提出如下建议：①进一步推动债券市场的开放程度，推动资管、私募资金、社保基金等来自社会各界的资金进入债券市场；②建立场外和场内分工明确、互联互通的债券市场；③完善债券市场的信息披露、市场监管及惩罚机制；④推动债券评估机构和评级机构的建设。

9.2.4 鼓励社会资本进入

除政府政策性财政资金投入以外，综合性国家科学中心目前并没有形成规模的社会资金与机构。因此，综合性国家科学中心应出台相关政策，引导社会资本进入科技金融领域，从而释放投资潜能，为科技型企业提供更多的资金支持。

在社会各类资本中，应该特别鼓励民间资本的进入。民间资本具有一定的资源配置功能，可以帮助更多企业扩展融资渠道，减轻企业对银行信贷资源的依赖度和压力。因此，综合性国家科学中心所在地方政府应尽快制定促进民间资本流向科技金融的制度法规，明确非银行金融机构的合法地位，积极促进民间资本的流动，使其成为我国企业融资的重要来源。

9.3 创新投入方式，丰富科技信贷

9.3.1 推动“投贷联动”发展

在高速增长转向高质量发展的阶段，“投贷联动”对活跃直接融资市场、推动金融供给和实体需求匹配、破解金融服务实体经济难题具有重要意义。但综合性国家科学中心“投贷联动”仍存在若干问题，如各市场主体参与“投贷联动”业务的对接机制不完善以及“投贷联动”业务的风险防范机制不健全等。

基于“投贷联动”存在的问题，笔者提出如下建议：①完善配套的政策法律体系：遵循改革路线，充分发挥政府部门对金融创新的指引作用。②搭建“投贷联动”业务协助平台：从“投贷联动”整合资源提升投融资能力的初衷出发，以商业银行为要素平台，协力政府部

门、行业协会等，扩大业务联系网络。③强化风险防范能力，“投贷联动”创新业务模式并没有改变传统借贷活动中的信用风险，所以要注重风险识别和控制。

9.3.2　推动知识产权质押融资

知识产权是国家发展的战略性资源和国际竞争力的核心要素。与实物抵押融资相比，综合性国家科学中心知识产权质押融资存在以下风险：①企业对知识产权认识不足。一方面，企业专利保护和技术保密意识薄弱，不注重对商标和专利的注册；另一方面，企业缺少利用知识产权进行质押融资的常识。②知识产权质押融资缺乏有效的风险控制机制。知识产权质押融资风险要远高于传统的融资风险，但是目前综合性国家科学中心各类金融机构缺乏完善的风险管理体系，监控机制不健全。③难以准确评估知识产权的价值。缺乏有效的评估方法和统一的行业标准，缺乏完善的评估中介机构，知识产权价值不确定性较高。

基于知识产权质押融资存在的问题，在综合性国家科学中心目前的发展背景下，应从各个方面采取相应的措施推动知识产权质押融资的发展：①科技型企业创新发展过程中具有高投入、高风险、长周期的特征。因此，科技型企业在创新创业过程中极易面临着资金约束的问题。政府应加大引领和扶持力度，在推动知识产权质押融资发展的同时降低其所带来的风险，扩展科技型企业融资渠道。②增强金融机构的产品创新和风险控制能力。作为知识产权质押融资的授信主体，银行等金融机构应该尽早开展知识产权质押融资业务。此外，考虑到知识产权质押融资的风险远高于传统的抵押融资，在开展知识产权质押融资时需要加强风险防范，完善事前审查和风险考核制度。

9.3.3　推动科技贷款与创业风险投资的结合

科技贷款不仅对区域层面的技术创新效率具有促进作用，同时也是企业开展科技创新活动最主要的融资途径。创业风险投资在创新创业活动中发挥的作用越来越大，不仅对中小企业创新能力具有显著促进作用，同时对我国科技金融发展效率也具有显著正向作用。科技贷款与创业风险投资的结合不仅降低了银行的信贷风险、交易费用和监督成本，也提高了风险投资机构的投资收益率以及满足了企业的资金需求。

1. 加强机构间的合作

加强科技贷款机构与创业风险投资机构的合作，可以使得两者更好地规避风险，发挥自身优势。对于科技贷款机构而言，可以利用创业风险投资机构的技术评估优势和信息优势降低审查成本以及贷款风险。对于创业风险投资机构而言，科技贷款机构的介入一方面降低了创业风险投资的风险，另一方面增加了其收益。

2. 推动科技贷款机构创业风险投资化

科技贷款机构创业风险投资化是指科技贷款机构在开展科技贷款业务时借鉴风险投资机构的营利模式，在签订科技贷款合同的同时，附带债权转换为科技型企业股权的期权，这样既能覆盖风险，又提高了收益。但如果科技贷款机构大量采用创业风险投资化的模式，会加大科技贷款机构的风险，特别是在资本市场出现下滑趋势时，科技贷款机构持有的企业股权可能会大幅贬值，这会使得科技贷款机构的资本金遭到严重腐蚀，造成大幅亏损，运营风险急剧增加。因此，科技贷款机构要严格控制好创业风险投资化的程度。

9.3.4 推动民间科技贷款的发展

民间金融作为正规金融的有益补充，缓解了由于正规金融服务不够全面和深入带来的流动性需求缺口，扩展了企业的融资渠道。民间科技贷款在促进科技型企业的发展、推动科技贷款机构服务水平的提高以及在弥补正规金融服务的不足方面发挥着重要的作用。但综合性国家科学中心民间科技贷款存在着若干问题，如运作机制不完善、缺乏完善的手续、存在较大的风险、可能发展成高利贷等。鉴于民间科技贷款存在的若干问题，笔者提出如下建议：

1. 完善相关法律，为民间科技贷款提供指引

综合性国家科学中心现有的法律法规对民间科技贷款尚不具有普遍的约束力。因此，在法律层面应明确民间科技贷款供求双方的权利义务、交易方式、违约责任、权益保障等。同时允许民间科技贷款参与金融市场交易，正确认识科技贷款机构和民间科技贷款对促进中小企业发展的互补作用，通过法律法规引导民间科技贷款走向规范化发展道路。

2. 扩展民间科技贷款的来源

要进一步解决中小企业以及高科技型企业融资约束的问题，还需要进一步扩展民间科技贷款的渠道。第一，综合性国家科学中心应通过制定相应的政策鼓励并引导非银行的民营金融机构的发展。搭建相应的投资载体吸引社会资本，然后投向中小企业以及高科技型企业中去。引导民间资本进行商业化运作，通过转化经营机制，提高资金运行效率，为中小企业以及高科技型企业的发展开辟新的融资途径。第二，将国外发达国家的经验与我国国情进行结合，将各类社会资本引向正确的轨道，合法地开展民间科技贷款活动。

9.4 发展金融中介，助推深度融合

科技金融中介机构作为联结科技金融需求方和供给方的特殊机构，为科技成果转化提供相应的服务。科技金融中介机构不直接为科技型企业提供资金，但在科技型企业成长过程中发挥着不可替代的作用。

9.4.1 科技担保

从需求角度来看，科技型企业面临着较大的融资约束。同时，综合性国家科学中心的担保系统存在较大的不足。一方面，由于科技型企业以无形资产为主，而无形资产难以准确评估的特征使得担保机构不愿意为科技型企业提供担保；另一方面，由于缺乏相应政策法规的指引，使得相关的科技担保机构以及评级机构匮乏。

针对综合性国家科学中心科技担保存在的问题，笔者提出如下建议：①综合性国家科学中心应推动专门服务于科技型企业的科技担保机构的建立。②推动科技担保机构与综合性国

家科学中心联合建立针对科技型企业的信用担保体系。将综合性国家科学中心的一部分资金用于政策性担保机构的风险补助，形成综合性国家科学中心、担保机构、科技型企业共同承担风险的格局。这样不仅为科技担保机构提供政策指引，也可以在担保项目发生风险时有来自综合性国家科学中心的资金提供相应的资金补助，降低科技型企业的担保费率。③推动科技担保机构产品创新。科技担保机构有必要为科技型企业打造专属的产品与服务，从而推动科技型企业的融资需求。

9.4.2　科技保险

科技保险作为科技金融体系的重要组成部分，其不仅具有一般保险分担风险的功能，而且可以为其他金融工具的使用提供保障。但我国科技保险在发展过程中存在着若干问题：①科技型企业对科技保险缺乏足够的了解。我国的科技型企业大多对科技保险及优惠政策了解不够，因此参保意识薄弱，科技保险意愿低。②科技保险风险的覆盖面较小。我国科技保险发展时间较短，产品种类匮乏，无法覆盖科技型企业运营过程中的各类风险。③科技保险的产品较少。我国科技保险产品单一，且多数险种基本套用传统险种，化解创新过程中各项风险的能力相对有限。综合性国家科学中心在科技保险领域也存在着上述问题。

针对综合性国家科学中心在科技保险方面存在的问题，笔者提出如下建议：①加大宣传力度，使得科技型企业充分认识到科技保险的重要性，增强科技型企业参与科技保险的意愿。②保险机构应针对不同类型、不同生命周期的科技型企业，开发有针对性的科技保险产品。③加强与其他科技金融机构的合作，资源共享，携手防范风险。④加大综合性国家科学中心对保险机构设立科技保险的支持力度，如政府加强财政支持、设立资助资金等。

9.4.3　创业风险投资

近年来，我国的创业风险投资得到飞速发展，对企业融资乃至整个国民经济发展起到了重要的作用。但由于我国创业风险投资市场起步较晚，再加上制度方面的原因，在发展过程中存在着若干问题：①创业风险投资机构数量少、规模小，不足以扶持数量日益增多的科技型企业的发展。②国内创业风险投资大多集中于东部地区以及省会城市，区域不平衡现象严重。③缺乏鼓励创业风险投资发展的相关配套政策以及完善的创业风险投资体系，创业风险投资无法形成集聚效应和规模效应。

综合性国家科学中心建设时间较短，在创业风险投资上也面临着相似的问题。针对创业风险投资存在的问题，笔者提出如下建议：①发挥政府的支持作用。政府需要通过财政资金支持带动社会资金来扩大创业风险投资资金的来源，实现杠杆化经营，为科技型企业融资提供渠道。②发展创业风险投资的机构投资者。我国创业风险投资的主体仍为个人投资者，应进一步发展机构投资者，扩展风险投资机构的数量和服务范围，为科技型企业的融资提供更多机会。③建立全国性的创业风险投资机构。我国创业风险投资起步较晚，整个行业缺乏规范和指导。因此，需要成立一个全国性的行业协会来规范创业风险投资机构的投资行为以及进入退出机制。

9.4.4 科技金融中介机构

科技金融中介机构不直接参与科技型企业融资活动，但在科技型企业成长过程中发挥着重要的作用。目前，我国科技金融中介机构不仅数量不足，而且存在类型上的缺陷，特别是对融资服务具有决定意义的知识产权认证及评估机构、科技项目评估机构及风险投资评估机构更为欠缺。综合性国家科学中心建设时间较短，在科技金融中介机构建设上也面临着相似的问题，

针对科技金融中介机构存在的问题，笔者提出如下建议：①推动科技金融中介机构整体规模的扩张。针对科技金融中介机构整体规模较小的问题，综合性国家科学中心应在财政上给予科技金融中介机构支持，并出台相关政策法规体系，规范科技金融中介机构的发展。②推动各类科技金融中介机构的发展。积极发展科技项目评估机构，推动综合性国家科学中心、商业银行、创投机构等共同建立科技项目评估机构；加快发展知识产权评估机构，加快聚集、培养一批知识产权评估机构，为科技型企业的投融资提供便利；③不断完善融资性信用担保体系，以市场为导向、以科技型企业需求为目标，充分挖掘科技型企业潜在的担保资源，加大对科技型企业的信用支持力度，全面提升融资型担保机构的服务能力。

参 考 文 献

[1] 徐玉莲，赵文洋，张涛．科技金融成熟度评价指标体系构建与应用［J］．科技进步与对策，2017，34（11）：118-124.

[2] 寇明婷，陈凯华，穆荣平．科技金融若干重要问题研究评析［J］．科学学研究，2018，36（12）：2170-2178+2232.

[3] 张玉喜，张倩．区域科技金融生态系统的动态综合评价［J］．科学学研究，2018，36（11）：1963-1974.

[4] 宋梅．金融科技演化发展与未来趋势［J］．贵州社会科学，2019（10）：138-148.

[5] 黄奇帆．数字化、区块链重塑全球金融生态［J］．全球化，2019（12）：9-15+134.

[6] 韩凤芹，罗理．科技金融政策的新进展与新思路［J］．地方财政研究，2018（10）：70-75.

[7] 曹金飞，李芸达．互联网发展趋势研判及其对科技金融的影响［J］．科技管理研究，2020，40（20）：15-21.

[8] 高媛．我国科技金融效率评价及影响因素研究［D］．重庆：重庆工商大学，2021.

[9] 孙雪娇，朱漪帆．科技创新与金融服务协同发展机制研究——基于中国科技金融平台演化视角的多案例分析［J］．金融发展研究，2019（1）：73-79.

[10] 崔海宁．科技金融、科技创新与经济发展［D］．蚌埠：安徽财经大学，2021.

[11] 姜莹，杨洪博．我国科技金融发展现状分析与对策建议［J］．上海立信会计金融学院学报，2018（1）：83-95.

[12] 曲晓芳．科技金融的法律规制［D］．济南：山东大学，2018.

[13] 肇启伟，付剑峰，刘洪江．科技金融中的关键问题——中国科技金融2014年会综述［J］．管理世界，2015（3）：164-167.

[14] 周代数，张俊芳，马宁．科技金融助力中小企业创新发展的机理分析与实践启示——基于成都模式的研究［J］．全球科技经济瞭望，2020，35（4）：27-32+38.

[15] 王策．论科技金融给金融监管带来的法律风险与应对［J］．河北企业，2019（3）：149-150.

[16] 王颖．人工智能技术对科技金融服务平台的促进作用分析［J］．时代金融，2020（26）：6-7.

[17] 郑联盛，艾莺，胡滨．香港“监管沙盒”机制：政策框架、政府职能与启示［J］．新金融，2019（11）：23-29.

[18] 郑步高，林淼，张继行．“监管沙盒”的国际经验及我国的实践［J］．中国经贸导刊（理论版），2021（9）：49-52.

[19] 刘湘云，吴文洋．基于高新技术产业的科技金融政策作用路径与效果评价研究［J］．科技管理研究，2017（18）：23-28.

[20] 易明．科技金融系统理论与实践［M］．北京：科学出版社，2020.

[21] 王瑶琪，刘志东．技术变革视角下科技金融创新与发展［M］．北京：经济科学出版社，2019.

[22] 王霞，常婧，王启利．我国科技金融区域发展差异研究［J］．青岛科技大学学报（社会科学版），2013（4）：84-88.

[23] 周黎安．中国地方官员的晋升锦标赛模式研究［J］．经济研究，2007，42（7）：36-50.

[24] 李健，马亚．科技与金融的深度融合与平台模式发展［J］．中央财经大学学报，2014（5）：23-32.

[25] 余明桂，钟慧洁，范蕊．民营化、融资约束与企业创新——来自中国工业企业的证据［J］．金融研究，2019（4）：75-91.

[26] 夏维力，丁珮琪．中国省域创新创业环境评价指标体系的构建研究——对全国31个省级单位的测评［J］．统计与信息论坛，2017，32（4）：63-72.

[27] 黄宏斌，翟淑萍，陈静楠．企业生命周期、融资方式与融资约束——基于投资者情绪调节效应的研究［J］．金融研究，2016（7）：96-112.

[28] 胡援成，吴江涛．科技金融的运行机制及金融创新探讨［J］．科技进步与对策，2012，29（23）：10-13.

[29] 朱凯．服务实体经济是金融的天职和宗旨［J］．红旗文稿，2018（19）：21-23.

[30] 李昇．美国多层次资本市场的结构及其借鉴作用［J］．经济视角（下），2013（2）：81－83.

[31] 倪民．投贷联动发展提升金融服务实体经济能力［J］．唯实（现代管理），2018（7）：11－14.

[32] 张向阳．构建基于产业链集群的开放式创新平台，促进科技型中小企业创新发展［J］．中国科技论坛，2021（6）：11－14.

[33] 白俊红，江可申，李婧．应用随机前沿模型评测中国区域研发创新效率［J］．管理世界，2009（10）：51－61.

[34] 刘栾云峤，张玉喜．区域科技金融生态系统共生与进化实证研究［J］．科技进步与对策，2021，38（5）：48－58.

[35] 王海芸，刘杨．区域科技金融发展水平测度与分析［J］．技术经济，2019，38（4）：50－56.

[36] 李瑞晶，李媛媛，金浩．区域科技金融投入与中小企业创新能力研究——来自中小板和创业板 127 家上市公司数据的经验证据［J］．技术经济与管理研究，2017（2）：124－128.

[37] 薛晔，蔺琦珠，高晓艳．中国科技金融发展效率测算及影响因素分析［J］．科技进步与对策，2017，34（7）：109－116.

[38] 人民银行泰州市中心支行课题组．科技贷款与风险投资结合模式的动态博弈研究［J］．金融纵横，2012（12）：31－37.

[39] 韩俊华．科技与金融深度融合机制、风险及对策研究［J］．科学管理研究，2020，38（4）：150－156.

[40] 赵建，李奇霖，冯素玲．货币供给、流动性波动与系统性金融风险——微观行为、宏观结构与传导机理［J］．金融评论，2019（6）：15－35＋120－121.

[41] 魏娜．辽宁省战略性新兴产业科技成果产业化的“科技金融”创新支持体系建设研究［J］．科技管理研究，2012（8）：94－97.

[42] 郝清民．融资约束下的研发与长期财务风险［J］．科研管理，2020，41（10）：54－62.

[43] 程新生，修浩鑫．科技型企业并购影响资本结构吗？［J］．山西大学学报（哲学社会科学版），2021，44（1）：124－137.

[44] 肖奎喜，谢玥玥，徐世长．创新驱动背景下实现中国科技金融突破性发展的制度安排及政策建议——基于发达国家和地区科技金融体制创新的借鉴［J］．科技进步与对策，2016，33（23）：105－110.

[45] 王海芸，刘杨．基于波士顿矩阵的科技金融发展分类策略研究［J］．科学学研究，2020，38（6）：1018－1027.

[46] 王黎明，周羽中，王宁，等．基于生命周期的中国科技金融支持体系研究［J］．科技管理研究，2020，40（10）：36－41.

[47] 张玉喜，刘栾云峤．共生视角下科技金融生态系统对科技创新的影响［J］．系统工程，2021，39（3）：25－36.

[48] 邱兆祥．促进科技与金融结合 助推我国经济转型［J］．理论探索，2015（3）：5－9.